财会文库

秦腔汉文·资治新语系列

商业银行审计质量
中国探索与国际比较

Audit Quality of Commercial Banks
China's Exploration and International Comparison

陈汉文　刘思义　杨道广　著

中国人民大学出版社
·北京·

前　言

2023年10月召开的中央金融工作会议强调，金融是国民经济的血脉，是国家核心竞争力的重要组成部分，要加快建设金融强国，全面加强金融监管，完善金融体制，优化金融服务，防范化解风险，坚定不移走中国特色金融发展之路，推动我国金融高质量发展，为以中国式现代化全面推进强国建设、民族复兴伟业提供有力支撑。

商业银行在我国金融体系中占据重要位置，在优化资金融通、资本配置、经济效率、系统性风险防范等方面发挥着重要作用。截至2024年9月，我国社会融资规模存量金额为402.19万亿元，其中，人民币贷款存量金额为 250.87 万亿元，占比 62.4%[①]；截至 2023 年末，商业银行总资产、总负债规模分别为 433.1 万亿元和 397.66 万亿元，同比分别增长 6.6% 和 6.4%[②]。

根据对 2024 年 5 月 14 日前已发布 2023 年度财务报告的上市公司的统计：我国总共有 58 家上市银行，包括 6 家大型银行（中国工商银行、中国建设银行、中国农业银行、中国银行、交通银行、中国邮政储蓄银行）、10 家全国股份制银行（招商银行、兴业银行、中信银行、平安银行、中国光大银行、上海浦东发展银行、中国民生银行、华夏银行、渤海银行、浙商银行）、29 家城市商业银行（江苏银行、北京银行、宁波银行、上海银行、南京银行、徽商银行、杭州银行、成都银行、长沙银行、贵阳银行、重庆银行、苏州银行、齐鲁银行、天津银行、青岛银行、贵州银行、中原银行、厦门银行、西安银行、威海银行、晋商银行、兰州银行、郑州银行、江西银行、泸州银行、哈尔滨银行、盛京银行、九江银行、甘肃银行）、13 家农村商业银行（上海农商行、重庆农商行、东莞农商行、常熟农商行、广州农商行、青岛农商行、无锡农商行、江阴农商行、张家港农商行、瑞丰农商行、苏州农商行、紫金农商行、九台农商行）。截至 2023 年 12 月 31 日，58 家上市商业银行的总资产和净利润分别占中国全部商业银行的 83% 和 91%。

对于上市商业银行而言，注册会计师审计是银行治理体系的重要组成部分。高质量审计有助于提高信息透明度和风险披露及时性，为监管机构、投资者及其他利益相关方提供可靠相关信息，从而改善银行业外部治理监督环境，促进上市商业银行健康发展，更好地服务金融强国建设。对于会计师事务所和注册会计师而言，金融业是注册会计师行业的高端服务领域，加强行业服务金融业发展的能力建设，关系到我国经济金融信息的安全保障，关系到金融行业的

---

① 中国人民银行. http://www.pbc.gov.cn/diaochatongjisi/116219/116319/4780803/4780804/index.html.
② 中国银行业协会. 2024 年度中国银行业发展报告.

风险管理和投资者保护，也关系到行业国际竞争力的提升和社会审计强国目标的实现。因此，我国高度重视审计事业的高质量发展，出台系列政策、制度、规范、规则、指引以及监管措施等着力促进审计质量提升，并就商业银行审计、包括商业银行在内的金融机构审计作了专门规范与要求。

这种探索力度和细致度在世界范围都是极为少见的。例如，中国注册会计师协会（简称"中注协"）2014年12月印发《商业银行审计指引》；财政部2006年2月发布《中国注册会计师审计准则第1611号——商业银行财务报表审计》及其应用指南（2010年、2019年、2023年分别进行了修订），2010年12月印发《金融企业选聘会计师事务所招标管理办法（试行）》，2020年2月印发《国有金融企业选聘会计师事务所管理办法》，以规范包括商业银行在内的金融机构会计师事务所选聘机制；国务院办公厅2021年7月印发《关于进一步规范财务审计秩序促进注册会计师行业健康发展的意见》。任何伟大事业的探索均不是一蹴而就的，必须经历一个融理论论证、现实洞察、经验总结于一体而迭代反思、修正、创新的过程。因此，商业银行审计质量如何提升、如何服务金融强国建设是近期的深刻现实问题和重大学术课题。

基于此，本书聚焦"商业银行审计质量"这一核心命题，以"中国探索与国际比较相结合"为总体思路，以"现状分析→制度梳理→理论辨析→证据佐证→政策建议"为研究范式，在介绍商业银行业务特点与审计难点、审计规范规则及审计质量评价的基础之上，分别围绕审计市场结构、审计任期、审计团队配置、关键审计事项披露等方面，尝试解开影响商业银行审计质量和商业银行审计效能发挥的理论机理与制度诱因，为理论上深入探究商业银行审计质量影响因素、实务上提高商业银行审计质量提供有价值的参考。

本书的主要研究发现包括：

（1）在执业规范制定方面，我国拟定了专门针对商业银行审计的准则、指引，这在世界范围内是少有的，体现了有为政府的力量；

包括国际审计与鉴证准则理事会（IAASB）、美国公众公司会计监督委员会（PCAOB）在内的诸多国际机构、国家和地区的监管部门与协会组织制定了用于指导审计质量评价的框架及指标体系文件，但我国尚未发布类似的文件。

（2）在审计市场结构方面，相较于其他国家和地区的银行业审计市场以及我国其他行业审计市场，我国银行业审计市场呈现高集中度、低均衡度的特征，理论分析和相关证据表明高集中度对审计质量的负面作用有限，但低均衡度会损害审计质量。

（3）在审计任期方面，相较于其他国家和地区，我国审计轮换制度无论在会计师事务所层面还是签字注册会计师层面均最为严格。制度原因导致我国银行业审计任期较短，大型商业银行审计任期的同步性较弱，这增加了审计师工作负荷，不利于会计师事务所提供高质量审计服务。

（4）在审计团队配置方面，从四大行的审计业务周期与核心团队配置来看，同时承担多家银行的审计业务降低了审计团队配置水平，不利于提高审计质量。

（5）在关键审计事项披露方面，相较于英国，我国和美国的会计师事务所披露的关键审计事项数量较少，内容较短，关键审计事项的列报提高了上市银行的信息披露质量和经营谨慎性，并通过影响审计师-管理层的沟通、外部监督、审计投入和审计师动机来提高审计质量。

（6）在商业银行市值方面，同一会计师事务所不同国家或地区的大型商业银行客户之间，和同一国家或地区不同会计师事务所的大型商业银行客户之间的市值均存在差异，总体而言商业银行市值与商业银行审计质量关联性不强。

（7）我国商业银行审计市场格局呈现出从"四大"向"二大"转变的状况，可能会引发国家金融安全、国家经济信息安全的潜在风险以及诱发主权信用评级的变动风险。

针对上述研究发现，本书提出以下政策建议：

（1）立足党和国家对审计工作的要求，结合我国注册会计师审计的现实状况，并参考国际现有做法，尽快研究制定与发布审计质量评价框架（或指标体系），为科学评价审计质量、客观监测审计行为提供可参考的标准。

（2）在维持现有审计轮换制度的基础上，参考国际现有轮换制度，适当延长会计师事务所强制性轮换期限。

（3）加强对审计师轮换实施情况的监督和评估、对审计师轮换的指导和培训，确保轮换制度的有效实施。

（4）提高审计师披露的关键审计事项信息的详细度和丰富度，同时增加披露上市公司的风险应对措施。

（5）在银行业整体估值偏低的情形下，上市商业银行应从公司经营和内部治理角度出发，通过向市场传递积极信号和管理投资者关系等方式提高市值。

（6）当前的中国商业银行审计市场亟须高度关注"二大"的双寡头垄断格局，同时必须扶持国内本土会计师事务所发展壮大，当前的现实政策选择便是联合审计制度。

本书的学术价值体现在以下三个方面：

第一，聚焦商业银行审计，弥补金融机构审计研究的不足。由于包括商业银行在内的金融机构在业务模式、财务报告、监管政策等方面的特殊性，当前的国内外主流审计研究范式均将其从研究样本中剔除，导致对包括商业银行在内的金融机构审计问题研究较少。本书则聚焦商业银行这一我国重要的金融机构进行兼顾理论性与实务性的研究，在很大程度上弥补现有国内外审计研究中对金融机构关注不足的缺憾。

第二，围绕核心学术问题，缓解审计领域存续的学术争论。本书围绕审计市场是集中好还是分散好、会计师事务所是否应该轮换、关键审计事项如何披露、审计团队如何配置等当前审计学术研究核心与前沿问题展开研究，综合现实分析、文献梳理、制度比较，有助于缓解相关问题的学术争论。

第三，夯实制度背景资料，提高研究"真问题"的水平。在当前以实证研究为主流范式的审计研究领域，"只看结果，不明就里"的乱象日益蔓延，即只看实证结果，按实证结果"凑"理论、"凑"研究假设推理，而忽略背后的现实状况（如实务情况、政策制度及其变化）。本书为后续研究这些问题提供了非常全面、翔实的制度背景资料，并为研究"真问题"提供启发。

第四，融理论探讨、国际比较、实务现状、政策讨论于一体，突破当前商业银行审计著作的范式弊端。当前市面上关于商业银行审计的著作基本以应用指引、操作指南、案例介绍为主，呈现科普性、工具性的特点，缺乏现实状况分析、问题背后的理论与制度探讨、国际比较以及前瞻性的政策建议。本书针对这几方面的不足进行了优化。

本书在编著过程中力图体现以下特色：

第一，学术研究回应党和国家战略。根据中央经济工作会议和中央金融工作会议精神，我国要坚定不移走中国特色金融发展之路，推动金融高质量发展。商业银行是我国金融体系中的重要组成部分，其是否高质量发展影响我国金融高质量发展的大局。本书聚焦审计这一影响商业银行治理与发展的重要议题，阐释高质量审计促进金融高质量发展的机理与路径。

第二，理论探究与现实洞察相兼顾。全书各章兼顾理论探究与现实洞察。在理论探究方面，梳理不同观点，探究差异根源，注重理论厚度与文献深度；在现实洞察方面，注重对现实状况的统计分析和对现状背后的制度与监管因素的探究。在此基础上，特别强调理论探究与现实洞察的融合——从理论视角解释现实状况和制度与监管沿革，以理论指引提出改善现状、创新监管的政策建议。

第三，中国探索与国际比较相结合。本书全面梳理了其他国家和地区的商业银行审计实践状况与监管制度，在此基础上与我国商业银行审计的实践状况及监管制度进行差异分析和效果对比。基于比较分析结果并结合我国实际，提出提升我国商业银行审计质量的政策建议。

　　本书是国家自然科学基金重点项目"审计机构治理机制与审计质量研究"（批号：71932003）和教育部哲学社会科学研究重大课题攻关项目"中美跨境会计审计有关问题研究"（批号：22JZD010）的研究成果，由陈汉文、刘思义、杨道广合著完成。陈汉文提出选题、拟定全书和各章提纲，并负责统稿与定稿；刘思义、杨道广主持讨论章节具体内容安排、搜集文献与资料，并分别负责各章书稿的一校、二校。各章分工如下：第一章由杨道广、陈汉文负责；第二章由张笛、刘思义、张玲丽负责；第三章由寇爱菊、刘思义、王金妹负责；第四章由陈今、刘思义、孙佳欢负责；第五章由张磊、刘思义、刑新新负责；第六章由唐雪梅、刘思义、喻博雍负责；第七章由陈汉文、陈帅弟、韩洪灵、吴佳颖负责。

　　水平有限，祈请斧正。

陈汉文

目 录

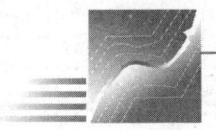

第一章 商业银行审计质量概述 …………………………………… 1
 第一节 商业银行经营的复杂性 ………………………… 1
 第二节 商业银行审计的挑战性 ………………………… 7
 第三节 商业银行审计的规则规范 ……………………… 11
 第四节 商业银行审计的质量评价 ……………………… 14

第二章 商业银行审计市场结构与商业银行审计质量 ………… 23
 第一节 商业银行审计市场结构：中国现状
    与国际概况 …………………………………… 23
 第二节 审计市场结构的制度成因：中国探索
    与国际概览 …………………………………… 33
 第三节 审计市场结构与审计质量：理论辨析 ………… 37
 第四节 审计市场结构对审计质量的影响：中国经验
    与国际证据 …………………………………… 48
 第五节 本章结论与建议 ………………………………… 51

第三章 商业银行审计任期与商业银行审计质量 ……………… 53
 第一节 商业银行审计任期：中国现状与国际概况 …… 54
 第二节 审计任期监管：中国探索与国际概览 ………… 61

第三节　审计任期与审计质量：理论辨析 …………… 72

第四节　审计任期对审计质量的影响：中国经验

与国际证据 ………………………………………… 90

第五节　本章结论与建议 ………………………… 94

第四章　审计团队配置与商业银行审计质量 …………… 96

第一节　商业银行审计团队配置：中国现状

与国际概况 ……………………………………… 97

第二节　审计团队配置的监管制度：中国探索

与国际概览 ……………………………………… 102

第三节　审计团队配置与审计质量：理论辨析 …… 107

第四节　审计团队配置对审计质量的影响：中国经验

与国际证据 ……………………………………… 122

第五节　本章结论与建议 ………………………… 128

第五章　关键审计事项披露与商业银行审计质量 ……… 130

第一节　商业银行关键审计事项披露：中国现状

与国际概况 ……………………………………… 131

第二节　关键审计事项披露监管：中国探索

与国际概览 ……………………………………… 144

第三节　关键审计事项与审计质量：理论辨析 …… 148

第四节　关键审计事项披露对审计质量的影响：

中国经验与国际证据 …………………………… 160

第五节　本章结论与建议 ………………………… 166

第六章　商业银行审计质量与市值管理 ………………… 168

第一节　商业银行市值：中国现状与国际概况 …… 169

第二节　市值影响因素：理论辨析 ……………… 176

第三节 商业银行审计质量对银行市值管理的影响：
中国经验与国际证据 ………………………… 191
第四节 本章结论与建议 ……………………………… 198

第七章 商业银行审计市场格局与联合审计制度 ………… 201
第一节 中国商业银行审计市场双寡头格局
与国家金融安全 ……………………………… 203
第二节 联合审计制度 ………………………………… 212
第三节 我国商业银行联合审计制度的架构设计 …… 219
第四节 本章结论与建议 ……………………………… 221

参考文献 ………………………………………………………… 223

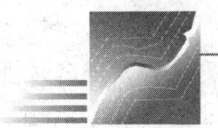

第一章 商业银行审计质量概述

商业银行相较于一般工商企业在业务、经营、治理、监管环境等方面的独特性，决定了商业银行审计的特殊性和重要性、商业银行审计质量衡量的困难性。因此，本章在分析商业银行经营复杂性的基础上阐释商业银行审计的挑战性，进而介绍商业银行审计的规则规范、商业银行审计的质量评价。

第一节 商业银行经营的复杂性

商业银行经营的复杂性体现在以下几个方面[1]：

---

[1] 《商业银行审计指引》；《〈中国注册会计师审计准则第 1611 号——商业银行财务报表审计〉应用指南》。

一、营业网点的分散性与业务模式的多元性

大型商业银行通过建立数量多、分布广的分支机构发展各项业务，行使各项金融中介职能。在我国，商业银行的境内分支机构一般包括总行营业部、一级分行、二级分行、支行、分理处和储蓄所等，这些构成了商业银行的基础营业网点。通过营业网点，商业银行可以更加贴近客户，向客户提供更加方便快捷的金融服务，因此，营业网点数量多、分布广是商业银行的竞争优势之一。国际性的大型商业银行也在境外国家和地区设立了大量分支机构。

商业银行总行对分支行的管理多种多样，会计处理和控制职能可能比较分散，是否在全行层面建立并保持统一的业务操作规程和会计信息系统对于审计工作存在重要影响。总体上，商业银行总行对分支行的管理主要有三种类型：直隶型，即总行直接管理、指挥和监督所有的分支机构；区域型，即将所有分支机构划分为若干区域，每个区域分设一个不对外营业的管理机构，代表总行管理、指挥和监督所在区域的分支行；管辖行型，即选择地位重要的分支行为管辖行，代表总行指挥和监督分支行，该管辖行同时也对外办理业务。我国商业银行普遍采用总分行制，为了提高整体经营效率，普遍实行分级授权制。由于存在多级委托代理关系，加之信息不对称，总分行制也容易导致控制弱化和小集团利益。

近年来，金融机构跨业经营模式在我国得到不断发展，银行、证券、保险、信托、基金、租赁等不同的金融业态跨越原有的分业运营模式，开始不断融合，越来越多的金融机构正在发展成为大型金融控股公司。一方面，越来越多的商业银行通过新设或者并购方式形成子公司，涉足证券、保险、基金、融资租赁等其他金融业态。另一方面，也有越来越多的银行成为保险公司、资产管理公司等的子公司。

二、经营业务的复杂性和金融服务的创新性

除了常规的存贷业务，商业银行存在大量不涉及资金流动的资产

负债表表外业务。表外业务，是指商业银行从事的不纳入资产负债表但对财务状况和经营结果具有重要影响的各种经营活动。2000年11月，中国人民银行发布的《商业银行表外业务风险管理指引》将表外业务分为担保类、承诺类和金融衍生交易类三种类型。巴塞尔银行监管委员会（Basel Committee on Banking Supervision）在《银行表外风险管理》中将有风险的表外业务分为担保和类似的或有负债、承诺（包括可撤销承诺和不可撤销承诺）、外汇、利率和与股票指数相关的交易。表外业务在为商业银行带来中间业务收入的同时，也蕴含着巨大的风险。例如，当标的资产的市场价格超过设定价格时，看涨期权的卖出方可能面临无限的损失，而收益只能限于收到的期权费。因此，各国相关监管部门一般将表外业务作为监管重点之一。

在激烈的竞争中，创新是满足客户需要的必要手段。随着银行业规模快速扩张时代的结束，银行对优质客户，特别是高端客户的争夺日趋激烈。在传统业务竞争加剧、规模扩张日益困难的情况下，依靠创新吸引客户增加收入就成为银行的必然选择。短期来看，金融创新能提升商业银行的盈利空间；长期来看，金融创新能提高银行竞争力，使银行在特定领域以自己的特色形成局部垄断。科技进步为金融创新提供了条件。一方面，进行金融创新的手段更先进，创新更容易，更易于识别和控制相关风险；另一方面，由于这些技术是近一二十年才发展起来的，新老银行对新技术的掌握程度相差不大，因此建立在新技术基础上的金融创新可以有效地缩小不同层级商业银行之间的差距。

三、信息系统的复杂性

商业银行从事的交易种类繁多、次数频繁、金额巨大，要求建立严密的会计信息系统，并广泛使用计算机信息系统及电子资金转账系统。随着商业银行经营环境的变化和计算机信息技术的发展，商业银行通过信息管理电子化、网络化、数据大集中等方式，逐步形成了较为科学完整的信息管理系统。其应用具体体现在以下方面：

（1）面向业务设计。商业银行采用以客户为中心、以交易为驱动的系统框架，信息系统所有功能都由交易来驱动。记账部分位于业务底层，通过调用统一的记账中心来完成账务处理。这与以往不同业务在各自系统进行会计核算，分别生成总账的方式有很大差别。

（2）网点虚拟化。商业银行 IT 系统将账户的核算与管辖分开，会计核算规则由总行统一制定，营业网点负责具体业务的经办，使业务处理打破了分支机构界限。

（3）数据大集中。目前，国内各大银行将各个分支机构的网络、系统、应用、数据迁移集中到若干中心，实现中心内所有有效网点集中联网、所有会计账务集中处理、所有客户基本信息集中管理。

计算机信息系统对商业银行财务报告具有非常重要的影响，比如：（1）所有的利息收入和利息支出都由计算机计算并记录，而利息收支通常是决定银行盈利的最重要的因素。（2）利用计算机和通信系统来确定外币业务及衍生工具交易头寸，并计算和记录由此产生的盈利或亏损。（3）计算机可能是有关银行的最新资产负债信息的唯一可靠来源，所以银行在很大程度上（甚至几乎完全）依赖于计算机的信息记录，如客户贷款及存款余额。（4）计算机信息系统可能嵌入了复杂的估值模型。（5）资产估值模型和相关数据经常使用电子表格，这些电子表格由个人在没有链接到银行主计算机系统的个人电脑制作和保管，可能没有遵循与银行主计算机系统相同的控制。（6）银行往往并行使用多种不同的业务处理系统，可能导致审计线索丢失或者系统间不兼容的风险。同时，对不同系统之间的数据接口审计对象的选取和方法的选用，也可能需要注册会计师作出人工控制或自动控制的专业判断。（7）商业银行在运用计算机信息系统实现数据计算和系统控制的同时，面临计算机信息系统自身的一般控制以及系统安全问题。

四、对内部控制与风险管理的高要求

本质上，商业银行就是经营风险的金融机构。商业银行是否愿意承担风险、能否有效管理和控制风险，直接决定了商业银行的经营成败。商业银行与一般工商企业不同的经营特点和风险特性，对其内部控制与风险管理提出了更为严格的要求。具体体现在以下方面：

（1）商业银行高负债经营，与社会公众利益密切相关。商业银行的资金来源主要依靠吸收公众存款和向其他各方借款，自有资金所占比例很低。银行的风险管理能力是获得存款人和债权人信任的首要因素，是银行获得稳定充足资金来源的保障。

（2）商业银行大多数业务经营过程必然包含内在风险，这些风险不可能消除，只能加以管理和控制。比如，银行只要发放贷款，就必然面临信用风险，银行只能对信用风险进行管理和控制，不可能完全消除信用风险。

（3）商业银行风险具有很强的专业性和外部效应，因此受到银行监管法规的严格约束和政府有关部门的严格监管。商业银行作为重要的金融中介机构，其风险的积累和爆发可能产生多米诺骨牌效应，对整个金融体系造成冲击，导致金融危机；严重时还会传递至其他经济主体，进而引发更大范围的社会经济震荡，乃至经济危机。

（4）内部控制与风险管理对商业银行业务经营具有重要影响。商业银行作为经营风险的特殊企业，无时无刻不在与各种风险打交道。内部控制与风险管理已经成为现代银行业经营的核心内容，内部控制与风险管理能力成为银行的核心竞争力之一。

五、舞弊的重大性与隐蔽性

商业银行舞弊案件呈上升趋势，涉案金额越来越大。有些商业银行舞弊案件涉案金额高达数亿元，且近几年案发频率呈上升趋势，影响面广。舞弊使商业银行经营面临巨大风险，如果不及时加以防范和制约，则有可能危及社会经济的正常运行，甚至影响社会的稳定。

舞弊手段越来越先进。商业银行一般采用现代化的技术设备操作业务，许多业务已实现系统处理，信息网络逐步向大众化、广泛化发展，舞弊手段也随之越来越先进，使得舞弊越来越隐蔽，难以被察觉。

六、监管的多元性与审慎性

商业银行高负债经营，债权人众多，与社会公众利益密切相关，受到银行监管法规的严格约束和政府有关部门的严格监管。对于商业银行监管，我国建立了以国家金融监督管理总局为主体，中国人民银行及其他部门共同参与的监管体制。

（1）国家金融监督管理总局的监管。《中华人民共和国银行业监督管理法》赋予国家金融监督管理总局及其派出机构进行非现场监管、现场检查、监督管理谈话及强制信息披露的权力。这些监督管理措施与行业自律及公众监督共同构筑起银行业监管的完整体系。国家金融监督管理总局的审慎监管包括：公司治理与内部控制监管、资本监管、信用风险监管、流动性风险监管、操作风险监管、信息科技风险监管、市场风险监管、国别风险监管、声誉风险监管等。

（2）中国人民银行的监管。银行业金融机构的监管职责主要由国家金融监督管理总局行使后，中国人民银行主要负责金融宏观调控，但为了实施货币政策和维护金融稳定，中国人民银行仍保留部分监管职责。

（3）财政部的监管。根据国务院的有关规定，国务院授权财政部对金融行业的国有资产进行监管，因此财政部的职能之一是按照相关规定对国有独资、国有控股和国有参股的商业银行进行管理。

（4）其他监管。商业银行也会受到中国证券监督管理委员会（以下简称证监会）、中国银行间市场交易商协会、国家外汇管理局、上海证券交易所、深圳证券交易所等机构的监管。

第二节　商业银行审计的挑战性

商业银行经营的复杂性对商业银行审计提出了挑战，使得商业银行审计体现出相较于一般工商企业审计的特殊性。

一、营业网点分散性与业务模式多元性对商业银行审计的挑战

具体挑战包括：

（1）集团财务报表的特殊考虑。许多商业银行拥有数量不等的子公司和分支机构，其财务报表可能属于"包括一个以上组成部分财务信息的财务报表"。因此，在商业银行组成部分的审计策略选择方面，注册会计师面临重大职业判断。

（2）审计工作组织难度加大。商业银行经营地域非常分散，涉及的营业网点很多，这给审计工作的组织带来了很大的挑战。如何更好地计划和实施审计工作，协调各审计小组的工作安排，对注册会计师及会计师事务所的团队管理和人员调配能力提出了很高的要求。商业银行的跨业经营对注册会计师的专业能力提出了新的要求。对于那些控股证券公司、保险公司、融资租赁公司等多个金融业态的商业银行，注册会计师在妥善处理不同监管机构的监管要求并同时遵守《企业会计准则》规范等方面，面临组织能力的巨大挑战。

（3）确保投入充足的审计力量。商业银行的会计处理和控制职能分散在众多的营业网点，为了达到合理保证的审计要求，将审计风险控制在可以接受的低水平，注册会计师可能需要测试规模更大的样本，从而带来审计工作量的增加。因此，注册会计师需要确保在商业银行审计工作中投入充足的审计力量。

二、经营业务复杂性和金融服务创新性对商业银行审计的挑战

商业银行持续不断的金融产品和服务创新对注册会计师的专业胜任能力提出了新的要求与挑战。注册会计师要深入了解新产品和服务，识别并评价其风险和收益，这可能需要更多的知识积累，从而对注册会计师的专业胜任能力提出了新的挑战。

对于新的金融产品和服务，其监管规则、会计处理规范以及信息披露要求等方面有时不是非常明确，实务中也存在多种不同做法。这要求注册会计师作出重大职业判断。例如，商业银行开办的银信合作、同业代付、理财产品、资产证券化等新型业务，在发展之初几乎都面临监管规则和会计核算规范缺失的情况。注册会计师如何在这些新型业务中，通过合理运用企业会计准则的原则，对被审计银行的会计处理方案进行判断，是对其专业胜任能力的重大考验。

三、信息系统复杂性对商业银行审计的挑战

计算机的使用改变了财务信息的处理、存储、检索和传递，因此计算机信息系统可能在以下方面对注册会计师造成影响：了解银行审计及内部控制体系实施的风险评估程序；对固有风险和控制风险的评估结果，以及由此形成的重大错报风险评估结果；设计和实施进一步审计程序，包括控制测试和相应的实质性程序，以达到审计目标的要求。

具体挑战包括：

（1）审计数据基础发生了实质性变化。在开展电子数据处理系统审计时，传统的审计方法和审计手段已不能满足需要，必须完善新的审计方法和审计手段以满足客观需要。

（2）审计难度加大。由于计算机信息系统内容复杂、技术性强，在审计过程中，针对可疑之处需要更多的职业判断，从而增加了审计难度。在审计中需要密切关注计算机信息系统的某些不足，特别是新兴业务处理功能的欠缺和运行的不稳定性，以及批量处理数据时的例外事项，这往往是引起财务报表错报和舞弊的高风险领域。

（3）内部控制系统发生了变化。在计算机信息系统条件下，数据处理集中由计算机自动完成，原有的账务处理程序改变了，原有的内部控制程序可能不再适用，需要建立新的内部控制系统。因此，就必须创建一套新的技术和衡量标准，对计算机环境下的内部控制进行测试和评价。

（4）传统的审计线索发生了改变。在计算机信息系统条件下，传统的账簿及绝大部分的文字记录等会计资料都存储在磁带和磁盘中，这些磁性介质中的信息是以机器可读的形式存在的。此外，从原始数据输入到财务报表输出，其间的全部会计处理都由计算机按程序指令自动完成，传统的审计线索在这里被电子信息取代。

（5）需要专门的信息技术审计团队。计算机信息系统特有的复杂性和高技术性，使得对其的了解和评价建立在较高水平的专业知识积累基础上。

因此，商业银行审计团队中通常需要配置专门的计算机信息系统审计人员。

四、内部控制与风险管理高要求对商业银行审计的挑战

由于风险管理在商业银行经营中的重要地位和作用，注册会计师在对商业银行执行审计业务时，需要对商业银行的风险管理进行深入细致的了解和评价，这对注册会计师的专业胜任能力提出了新的要求和挑战。

（1）了解和评价商业银行的风险管理，要求注册会计师掌握风险管理的相关知识和技能。商业银行的风险管理涉及较多的专业知识和技能，许多可能超出了注册会计师通常了解和掌握的知识范畴。审计准则允许注册会计师利用专家工作，在某些非常专业化的领域，注册会计师可聘用风险管理专家。在聘用专家工作的过程中，注册会计师要评价专家是否具有实现审计目的所必需的胜任能力、专业素质和客观性，评价专家的工作是否有效实现了审计目的。这些均

建立在注册会计师对商业银行风险管理具备一定的专业知识的基础之上。

（2）在按照审计准则要求对被审计银行进行了解和风险评估时，注册会计师在风险评估的范围和程序方面面临重大的职业判断。商业银行风险管理与业务经营的紧密关系，以及各种风险因素彼此之间的关联性，使得注册会计师在识别和评价风险因素过程中可能面临更多的困难，同时也可能难以确定哪些风险因素与财务报表重大错报相关，从而可能导致风险评估范围和风险评估程序不清晰，难以决策。

五、舞弊重大性与隐蔽性对商业银行审计的挑战

舞弊可能涉及精心策划和蓄意实施（如伪造证明或故意漏记交易）以进行隐瞒，或者故意向注册会计师提供虚假陈述。如果涉及串通舞弊，则注册会计师可能更加难以发现蓄意隐瞒的企图。串通舞弊可能导致原本虚假的审计证据被注册会计师误认为具有说服力，从而使注册会计师发表不恰当审计意见的风险增加。在识别和评估舞弊导致的重大错报风险后，注册会计师需要采取适当的应对措施，以将审计风险降至可接受的低水平。舞弊导致的重大错报风险属于特别风险，注册会计师需要按照审计准则的规定予以应对。注册会计师通常从三个方面应对此类风险：总体应对措施；针对舞弊导致的认定层次的重大错报风险实施的审计程序；针对管理层凌驾于控制之上的风险实施的程序。

六、监管多元性与审慎性对商业银行审计的挑战

商业银行的严格监管对审计工作带来的挑战主要是对注册会计师的专业胜任能力和职业判断提出了新的要求：

（1）商业银行的严格监管要求注册会计师密切跟踪监管规定的变化情况，熟悉关键监管指标的计算公式，并需要运用职业判断对影响监管指标的因素加以分析。

（2）注册会计师在整个审计过程中都要考虑监管机构的强制规范，比如在确定被审计银行重要性水平、评估重大错报风险、确定重点审计领域、修改审计程序、准备财务报告披露清单核对表时，注册会计师均需要考虑监管法规的影响。监管法规对注册会计师在整个审计过程中职业判断的具体影响将在后续章节中介绍。

第三节 商业银行审计的规则规范

鉴于商业银行审计的重要性，世界范围内不少国家和组织对商业银行审计作出了特别规定。美国1991年施行的《联邦存款保险公司改进法案》要求，适用法案的银行必须提供由独立审计机构出具的年度审计报告，审计人员应评估银行的财务报表和内部控制以保证其准确性和可信性，审计报告必须提交给银行的董事会和美国联邦存款保险公司（FDIC）。巴塞尔银行监管委员会于2014年发布了关于审计委员会如何监督银行外部审计的专门指引——《银行外部审计》（External Audit of Banks），并于2020年12月就预期信用损失审计对该指引进行了补充说明。这些均是关于商业银行审计的规定，并未提供关于如何执行商业银行审计的专门准则或指南。[①] 我国和印度是少数为商业银行审计制定准则与指南的国家，更好地适应了商业银行审计的特殊性。

---

① 现行的国际审计与鉴证准则理事会（International Auditing and Assurance Standards Board，IAASB）国际审计准则、美国公众公司会计监督委员会（Public Company Accounting Oversight Board，PCAOB）审计准则均未针对商业银行审计进行单独规范。IAASB的前身国际审计实务委员会（International Auditing Practices Committee，IAPC）于1990年发布了名为《国际商业银行审计》（The Audit of International Commercial Banks）的规范文件，2001年发布了第1006号审计准则《银行财务报表审计》（Audits of the Financial Statements of Banks）。

一、中国发布的商业银行审计准则与指南

财政部 2006 年 2 月发布了《中国注册会计师审计准则第 1611 号——商业银行财务报表审计》及其应用指南，自 2007 年 1 月 1 日起施行。该准则包括总则、接受业务委托、计划审计工作、了解和测试内部控制、实质性程序、审计报告、附则共七章、56 条规定，对商业银行及其审计的特点、商业银行审计的流程与程序进行了明确说明。2023 年 4 月，该准则的应用指南进行了修订。

2014 年 12 月中国注册会计师协会发布了关于商业银行审计的专门指引——《商业银行审计指引》，对注册会计师从事商业银行的审计工作作出更为具体、细致的指导。该指引的框架结构和具体内容如表 1-1 所示。

表 1-1　《商业银行审计指引》的框架结构和具体内容

章	章名	内容
1	商业银行概述	我国银行业的特征及对审计业务的挑战；法规及政策对商业银行的影响；商业银行的主要业务；商业银行的主要风险
2	审计计划	初步业务活动；审计策略；报告目标、审计时间安排和沟通；审计工作方向；审计资源调配；风险评估与应对
3	识别、了解并测试被审计银行的内部控制	自上而下的方法；识别和了解企业层面内部控制；了解和测试信息系统控制；识别和了解业务层面内部控制
4	信贷业务流程审计	了解业务流程的主要步骤；识别业务流程的错报风险；识别和了解相关控制以及常用的控制测试；实质性程序
5	资金业务流程审计	″
6	现金及柜台业务流程审计	″
7	中间业务流程审计	″
8	财务报告流程审计	″
9	审计报告阶段	形成审计意见的基础；审计报告；对其他信息的责任及审计档案整理

二、印度发布的商业银行审计指引

1994 年 11 月，印度特许会计师协会（Institute of Chartered

Accountants of India，ICAI）发布了关于银行及其分支机构的审计指引《银行审计指引》（Guidance Note on Audit of Banks）。后经多次修订，最新一版于 2024 年 2 月发布。该指引总共分为两部分，共计 46 章，对总行及其分支机构审计中的具体和重点问题（包括对核心部门、核心业务、核心账户的审计等）进行了阐释和规范，并提供了审计报告、审计业务约定书等材料的格式示范。该指引的结构框架和具体内容如表 1-2 所示。

表 1-2 《银行审计指引》的结构框架和具体内容

模块	审计对象与内容			
法定的总行审计 (Statutory Central Audit)	1	个人银行部	11	法务部
	2	零售银行与市场部	12	贷款催收部
	3	金融服务	13	风险管理部
	4	国际银行部	14	审计与监察部
	5	司库管理	15	贷款监测与重组部
	6	对 IT 和数字银行的审计	16	合并与报表编制
	7	人力资源部	17	政府业务部
	8	大企业与银团贷款	18	银行审计报告
	9	小微与中小企业部	19	认证
	10	农村与农业业务部	20	特殊考虑
分支机构审计 (Bank Branch Audit)	1	关于首次执行银行分支机构审计的实物指引	14	其他责任与条款
	2	银行分支机构审计计划	15	或有负债与托收票据
	3	银行分支机构审计工作底稿	16	盈利与亏损
	4	审计准则概览	17	审计报告与认证
	5	总行审计的特殊考虑	18	黄金、金条、证券等
	6	现金	19	账簿与记录
	7	储备余额	20	分行或办事处间账户
	8	活期存款和短期支票	21	舞弊
	9	境外分支机构投资	22	杂项
	10	垫款（农业）	23	外汇业务审计
	11	垫款报告	24	服务分支运营的票据交换所
	12	固定资产与其他资产	25	非运营资产转回
	13	借款与存款	26	分支机构审计与货物服务税

资料来源：印度特许会计师协会。

第四节 商业银行审计的质量评价

会计师事务所和注册会计师能否严格执行相关准则与规范的要求并在审计过程中保持职业谨慎从而提供高质量的审计服务，是影响注册会计师行业声誉、公众与投资者对注册会计师行业信心，进而决定经济发展活力的重要因素之一。因此，世界范围内各国家（地区）的监管部门和协会组织均非常重视审计质量，纷纷基于自身情境制定了各自的审计质量框架或指标体系，出台了促进审计质量提升的相关制度或规范。但它们均未针对商业银行审计予以特别关注，可能的原因是：商业银行审计虽然有一定的特殊性与挑战性，但通常遵循审计的共性思路、逻辑、基本流程与方法。

一、中国探索

我国对于审计质量评价的探索主要是围绕如何规范执业行为、提升审计质量而开展的系列制度建设，没有形成专门的审计质量评价框架或指标体系。因此，基于此评价审计质量，应该属于过程性评价。具体探索包括以下方面：

（一）审计准则中的相关规范

为与国际审计准则趋同，2020年11月，财政部公布了中国注册会计师协会修订的关于会计师事务所业务（包括财务报表审计业务、财务报表审阅业务、其他鉴证业务、相关服务）质量控制的准则，分立为两个准则——《会计师事务所质量管理准则第5101号——业务质量管理》和《会计师事务所质量管理准则第5102号——项目质量复核》。其中，第5101号准则的第三十四条规定，会计师事务所质量管理体系包括以下组成要素：会计师事务所的风险评估程序、治理和领导层、相关职业道德要求、客户关系和具体业务的接受与保持、业务执行、资源、信息与沟通、监控和整改程序。

（二）强化会计师事务所内部治理相关文件中的规定

为了强化会计师事务所内部治理，我国出台了多份涉及审计质量要求的文件，如表1-3所示。

表1-3 强化会计师事务所内部治理相关文件中关于审计质量的规定

发布时间	发布单位	文件名称	关于审计质量的规定
2007年5月	中国注册会计师协会	《会计师事务所内部治理指南》	第六章为"质量控制"，指出执业质量是事务所的生命线，要求事务所应当按照质量控制准则的要求，制定实施科学、严谨的业务质量控制政策和程序，强化风险管理，保障质量控制落到实处
2021年7月	国务院办公厅	《关于进一步规范财务审计秩序 促进注册会计师行业健康发展的意见》	要求：紧抓质量提升主线；持续提升审计质量；将诚信建设作为行业发展的生命线，始终坚持质量至上的发展导向；推进以质量为导向的会计师事务所选聘机制建设
2022年5月	财政部	《会计师事务所一体化管理办法》	• 目的：促进审计质量提升（第一条） • 要求：在人员管理、财务管理、业务管理、技术标准和质量管理、信息化建设等方面，建立并有效实施实质统一的管理体系
2023年5月	中国注册会计师协会	《会计师事务所综合评价排名方法》	• 目的：引导事务所坚持质量导向、树立风险意识、加强诚信建设 • 评价指标体系中对审计质量的考虑：基础指标中"处理处罚指标"权重为30%
2024年1月	财政部	《关于加强会计师事务所基础性标准体系建设的指导意见》	• 目的：提高内部管理和服务的标准化水平，持续提升执业质量和服务能力 • 要求：会计师事务所的战略（应体现"质量至上"的原则）、质量管理制度等14个方面

（三）规范会计师事务所选聘机制相关文件中的规定

为了推进以质量为导向的会计师事务所选聘机制建设，财政部等部门多次制定或修订了相关的制度、规范与办法（如表1-4所示）。其中有两份文件是专门针对包括商业银行在内的金融企业（机构）的。

表1-4　规范会计师事务所选聘机制相关文件中关于审计质量的规定

发布时间	发布单位	文件名称	关于审计质量的规定
2020年2月	财政部	《国有金融企业选聘会计师事务所管理办法》	• 目的：规范国有金融企业选聘会计师事务所行为，提高金融审计质量（第一条） • 会计师事务所的基本资质：具有良好的执业质量记录，按时保质完成审计工作任务，在审计工作中没有出现重大审计质量问题和不良记录，具备承担相应审计风险的能力（第八条第三款） • 3年内不得新增和扩展金融企业审计业务的情形：近3年内负责审计的金融企业存在重大资产损失、重大财务造假行为、金融企业或其负责人存在重大违法违规行为等；财政部、省级财政部门根据会计师事务所执业质量，明确其不适合承担金融企业审计工作（第十条第三款和第四款） • "职业记录和质量控制水平"权重为20%
2023年2月	财政部、国务院国资委、证监会	《国有企业、上市公司选聘会计师事务所管理办法》	• 目的：推动提升审计质量（第一条） • 要求：选聘会计师事务所的评价要素至少应当包括质量管理水平，且质量管理水平的分值权重应不低于40%（第七条）；评价会计师事务所的质量管理水平时，应当重点评价质量管理制度及实施情况，包括项目咨询、意见分歧解决、项目质量复核、项目质量检查、质量管理缺陷识别与整改等方面的政策与程序（第八条）；国有企业、上市公司审计委员会应当保持高度谨慎和关注的情形包括拟聘任的会计师事务所近3年因执业质量被多次行政处罚或者多个审计项目正被立案调查（第十六条第二款）

二、国际实践

与我国不同，国外许多国家（地区）的监管部门或协会组织制定了明确的审计质量框架或指标体系。欧洲会计师联合会（Fédération des Experts Comptables Européens，FEE）2015年对世界范围内主要的审计质量指标体系进行了介绍与比较，如表1-5所示。

在15个指标中，排在前3位的分别是每位审计人员的培训时间、内部的项目质量观、外部检查；在9个组织中，PCAOB的指标最全，涵盖全部的15个方面。从指标特征看，以定量指标为主，涉及少数更偏向定性的指标；以反映审计投入的指标为主，少量涉及反映审计过程的质量管理指标，基本未涉及反映审计结果的指标，这可能是由于FEE基于对比分析需要而笼括性地罗列了15个较为普遍的指标。下面将就其中最具代表性的PCAOB审计质量指标体系进行详细介绍。由于IAASB发布的审计质量框架早于PCAOB，且该框架被包括PCAOB在内的组织参考或采纳，所以先介绍IAASB的审计质量框架。

（一）IAASB的审计质量框架

2014年2月，IAASB正式发布了名为《审计质量框架：打造审计质量环境的核心要素》（A Framework for Audit Quality：Key Elements that Create an Environment for Audit Quality）的规范文件，作为国际审计质量管理、审计、审阅、其他鉴证业务、相关服务准则的补充。如图1-1所示，该框架由三大模块、五大方面构成。

三大模块包括会计师事务所审计质量、会计师事务所与相关方以及相关方之间的互动、情境因素。其中，会计师事务所审计质量本身这一模块由三大方面构成：审计投入、审计过程、审计产出。按此框架，IAASB建议的审计质量指标体系如表1-6所示。其中，审计投入、审计过程、审计产出指标从项目、会计师事务所、国家三个层面分别予以设定。国家层面主要涉及相关的法律法规、监管、国家文化等因素。

表1-5 各国或协会组织的审计质量指标体系一览表

	荷兰注册会计师协会(NBA)	瑞士联邦审计监察局(FAOA)	英国财务报告委员会(FRC)和六大会计师事务所[1]	美国公众公司会计监督委员会(PCAOB)	美国审计质量中心(CAQ)	加拿大公众问责局(CPAB)	澳大利亚和新西兰企业管理局(CAANZ)	新加坡会计和企业管理局(ACRA)	证券委员会国际组织(IOSCO)	合计
1. 每位审计人员的培训时间	√		√	√	√*	√	√*	√	√*	8
2. 内部的项目质量客观	√	√[2]	√	√	√			√		6
3. 外部检查	√	√	√	√	√			√	√	6
4. 每位审计合伙人负责的审计人员数量				√		√	√*	√		5
5. 工作经验年限				√	√	√		√	√	5
6. 合伙人工作量	√[3]			√	√	√		√		5
7. 审计人员的行业专长			√	√	√	√		√	√	5
8. 员工工作量				√	√		√	√		4
9. 开发新审计方法和工具的投资	√			√				√	√	4

续表

	荷兰注册会计师协会(NBA)	瑞士联邦会计审计监察局(FAOA)	英国财务报告委员会(FRC)和六大会计师事务所[1]	美国公众公司会计监督委员会(PCAOB)	美国审计质量中心(CAQ)	加拿大公众问责局(CPAB)	澳大利亚和新西兰企业管理局(CAANZ)	新加坡会计和企业管理局(ACRA)	证券委员会国际组织(IOSCO)	合计
10. 员工流失率	√	√		√				√	√	4
11. 独立性	√			√				√		4
12. 技术资源支持	√[4]			√	√					4
13. 员工满意度调查	√			√						3
14. 外部调查			√	√		√				3
15. 高层基调				√	√				√	3

资料来源：FEE. Overview of Audit Quality Indicators Initiatives, 2015.

注：* 更加偏向定性指标。
1. 六大会计师事务所制定自己的指标体系并按此报告。
2. 更加偏向定量指标。
3. 不同的等级或比率。
4. 调研获取。

图 1-1　IAASB 的审计质量框架

资料来源：IAASB。

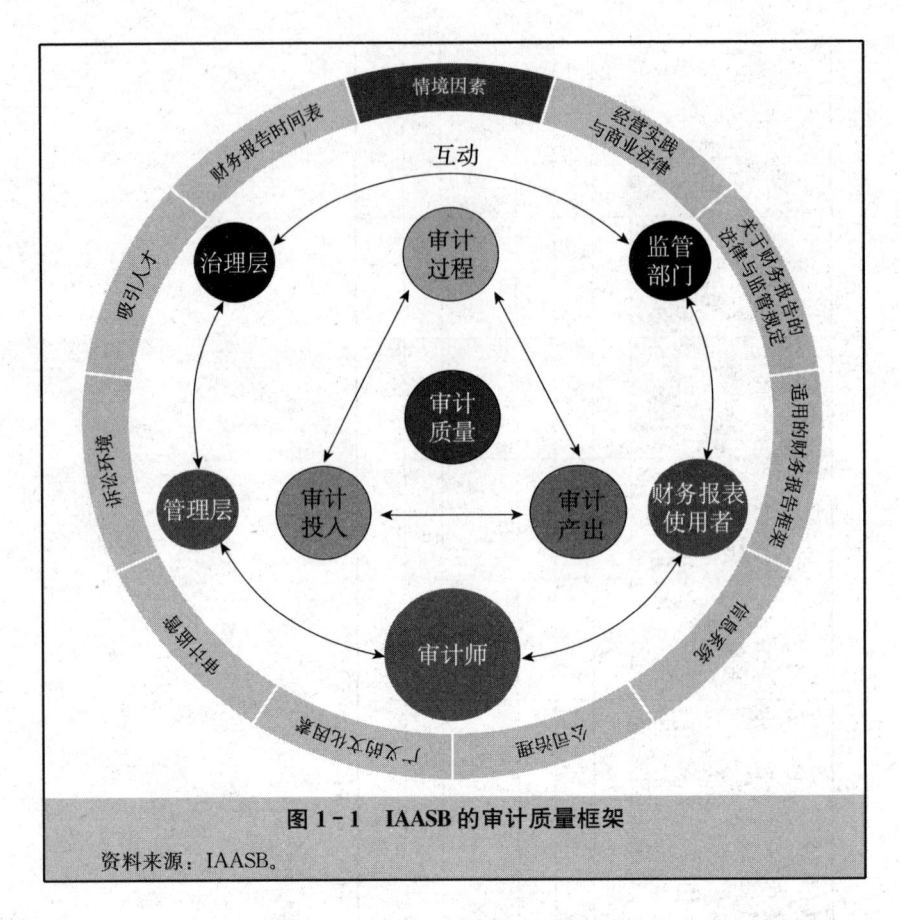

表 1-6　IAASB 审计质量指标体系

指标	项目层面	会计师事务所层面	国家层面
1. 审计投入指标			
价值观、伦理、态度	√	√	√
知识、技能、经验与时间	√	√	√
2. 审计过程指标			
审计过程与质量控制程序	√	√	√
3. 审计产出指标			
审计师提供的各类报告（包括经审计的财务报表、向治理层的报告、向管理层的报告、向金融和审慎监管部门的报告）	√		

续表

指标	项目层面	会计师事务所层面	国家层面
审计监管部门提供的有关特定项目审计质量的信息（如行政处罚决定书）	√		
会计师事务所的透明度报告（transparency report）*		√	
会计师事务所的年度报告和其他报告		√	
审计监管部门对会计师事务所检查的结果总览			√
4. 互动指标			
审计师与管理层、治理层、财务报表使用者、监管部门的互动			
被审计单位管理层与治理层、监管部门、财务报表使用者的互动			
被审计单位治理层与监管部门、财务报表使用者的互动			
监管部门与财务报表使用者的互动			
5. 情境因素指标			
经营实践与商业法律、关于财务报告的法律与监管规定、适用的财务报告框架、信息系统、公司治理、广义的文化因素、审计监管、诉讼环境、吸引人才、财务报告时间表			

资料来源：IAASB。

注：*在美国，安永自 2016 年度起每年发布透明度报告，普华永道、德勤、毕马威自 2017 年度起每年发布透明度报告，2018—2020 年度毕马威连续三年发布审计质量报告。

（二）PCAOB 的审计质量指标体系

2015 年 7 月，PCAOB 发布了名为《审计质量指标概念公告》（Concept Release on Audit Quality Indicators）的规范文件。该文件提出了其设计的审计质量指标体系，共计 28 个三级指标，涵盖审计投入、审计过程、审计产出三大方面（如表 1-7 所示），并就每个三级指标如何进一步设置项目层面和会计师事务所层面的具体指标进行了展示。不难看出，该指标体系参考了 IAASB 审计质量框架的三大核心模块——审计投入、审计过程、审计产出。

表 1-7 PCAOB 审计质量指标体系

一级指标	二级指标	三级指标
审计投入	充足性	1. 员工杠杆率
		2. 合伙人工作量
		3. 经理与员工工作量
		4. 会计与审计技术资源
		5. 拥有专门技能和知识的人员
	专业能力	6. 审计人员的经验
		7. 审计人员的行业专长
		8. 审计人员流动率
		9. 服务中心集中完成的审计工作量
		10. 每位审计专业人士的培训小时数
	聚焦	11. 审计时长与风险领域
		12. 各审计阶段分配的审计时长
审计过程	高层基调与领导力	13. 对于会计师事务所员工的独立调查结果
	激励	14. 质量评级与薪酬
		15. 审计费用、工时与客户风险
	独立性	16. 遵循独立性要求
	基础设施	17. 对支撑高质量审计的基础设施的投资
	监督与整改	18. 会计师事务所的质量控制复核结果
		19. PCAOB 的检查结果
		20. 技术能力测试
审计产出	财务报告	21. 因错误而发生的财务报告重述的频率和影响
		22. 舞弊和其他财务报告不当行为
		23. 从财务报告质量指标中推断审计质量
	内部控制	24. 对内部控制缺陷的及时报告
	持续经营	25. 持续经营事项的及时报告
	审计师与审计委员会之间的沟通	26. 对审计委员会成员的独立调查结果
	执法与诉讼	27. PCAOB 和美国证券交易委员会（SEC）执法程序的趋势
		28. 私人诉讼趋势

资料来源：PCAOB。

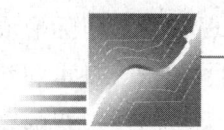

第二章 商业银行审计市场结构与商业银行审计质量

审计市场结构直接关系到审计服务的供给与需求，进而影响着审计质量的高低。深入探讨商业银行审计市场结构与商业银行审计质量之间的关系，对于优化审计资源配置、提升审计效果具有重要的理论和实践意义。基于此，本章遵循"现状分析→制度梳理→理论辨析→证据佐证→政策建议"的研究范式，揭示商业银行审计市场结构与商业银行审计质量之间的关系，并在此基础上为优化审计市场结构、提升审计质量提供理论支持和政策建议。

第一节 商业银行审计市场结构：中国现状与国际概况

我国金融业审计市场集中度较高，且主要集中在四大会计师事务所——普华永道（PwC）、德勤（DTT）、安永（EY）、毕马威（KPMG）。为深入了解当前我国银行业（尤其是大型商业银行）的审计市场结构现状并与国际形成对比，本章选取2009—2022年中国、美国、英国、德国、日本和新加坡六个国家的大型商业银行作为研究对象，对大型商业银行的审计市场结构展开分析。限于数据可得性，仅从四大会计师事务所审计客户数量的维度对非中国的大型商业银行的审计市场结构进行分析。

一、中国现状

表2-1和表2-2以2009—2022年中国工商银行、中国建设银行、中国农业银行、中国银行、中国邮政储蓄银行、交通银行、招商银行、兴业银行、浦发银行以及中信银行为样本，分别从客户数量、审计收费两个维度对中国大型商业银行的审计市场结构进行了统计分析。

表2-1 2009—2022年中国大型商业银行的审计市场结构（客户数量维度）

年度	普华永道	德勤	安永	毕马威
2009	1	2	3	3
2010	2	2	3	3
2011	4	3	1	2
2012	4	3	1	2
2013	4	2	1	3
2014	5	1	1	3
2015	6	1	1	2
2016	6	2	1	1
2017	6	2	1	1
2018	5	2	2	1
2019	4	2	2	2
2020	4	1	2	3
2021	3	3	3	3
2022	2	3	1	4

资料来源：各商业银行年报。

第二章　商业银行审计市场结构与商业银行审计质量

表 2-2　2009—2022 年中国大型商业银行审计市场结构（审计收费维度）

单位：百万元

年度	普华永道	德勤	安永	毕马威
2009	207.00	50.50	173.50	159.16
2010	213.00	323.36	185.50	166.95
2011	363.03	165.76	176.00	22.20
2012	374.39	174.29	185.60	24.80
2013	270.73	41.87	185.00	186.80
2014	300.62	7.60	199.00	188.65
2015	316.79	8.98	214.00	189.35
2016	320.44	23.75	213.00	180.00
2017	330.16	27.20	215.00	197.00
2018	360.19	33.57	232.00	210.00
2019	285.11	23.93	375.59	236.80
2020	244.96	28.24	388.86	226.18
2021	268.04	241.37	153.67	120.21
2022	201.39	244.03	153.57	168.80

资料来源：CSMAR 数据库。

注：1. 由于 CSMAR 数据库审计收费项目存在缺失情况，本书对缺失值进行了剔除，由此可能放大年度间审计收费的波动性。

2. 2013—2020 年，德勤在大型商业银行中只拥有 1 个或 2 个审计客户，相较于其他年份审计业务量有所减少；而且，在此期间其客户主要为兴业银行、招商银行，相较于其他大型商业银行，兴业银行和招商银行业务规模较小，需要投入的审计资源较少，审计收费低于其他大型商业银行客户的审计收费。综上，由于 2013—2020 年德勤承接的大型商业银行客户数量有所下降且客户本身业务规模和审计收费较低，德勤在此期间的审计收费显著低于其他年份和其他会计师事务所。

首先，从客户数量来看，普华永道在中国大型商业银行审计市场中的市场份额较高：2009—2022 年拥有的大型商业银行客户数量大多在 4 家及以上，2015—2017 年拥有的大型商业银行客户数量最多（有 6 家），且前五大商业银行中有 3 家是其客户。德勤、安永、毕马威拥有的客户数量在 2009—2022 年存在小幅波动，但都没有超过 4 家。

其次，从审计收费来看，就总体趋势而言，2009—2022 年四大会计师事务所对大型商业银行的年度审计收费呈现先上升后下降趋势。普华永道的年度审计收费在 2009—2018 年整体呈现波动上升趋势，2018 年达到最高点 3.60 亿元，尽管之后略有下降，但 2022 年仍保持在 2.01 亿元的高水平，显示出其在审计市场的强劲实力。德勤的年度审计收费在 2014 年降至低点，但随后逐渐增长，并在 2022 年跃升至 2.44 亿元，成为当年四大会计师事务所中审计收费最高的。安永的年度审计收费在 2009—2020 年整体呈现上升趋势，而 2021 年和 2022 年下降明显。毕马威的年度审计收费在四大会计师事务所中优势相对较小，2011 年和 2012 年降至低点。然而，到 2022 年，毕马威的收入已回升至近 1.69 亿元，显示出其在审计市场的复苏势头。综上所述，2009—2022 年，四大会计师事务所在中国商业银行审计市场的收入分布虽然有所变化，但整体上普华永道和安永占据较大市场份额，这为我们深入理解商业银行审计市场的竞争格局提供了重要参考。

为全面了解我国商业银行审计市场结构，我们进一步扩大了统计和分析范围，根据审计收费和客户总资产计算银行业审计市场集中度，并与其他行业进行比较。

具体地，我们按照证监会 2012 年的行业分类（其中，制造业按行业代码后两位分类，其他行业按大类分类），基于审计收费和客户总资产，分别计算各行业审计市场集中度（赫芬达尔指数 HI，其值越大表明市场集中度越高）和行业市场内不同会计师事务所市场份额的均衡度（基尼系数 Gini，其值越大表明不同会计师事务所之间的市场份额越不均衡）两个指标，对我国上市公司 2009—2022 年的行业审计市场结构进行了统计，结果如表 2-3 所示（仅列示大型行业）。

第二章 商业银行审计市场结构与商业银行审计质量

表2-3 中国各行业2009—2022年审计市场结构

行业	基于审计收费 HI	排名	Gini	排名	基于客户总资产 HI	排名	Gini	排名	平均排名
J	0.29	1	75.72	1	0.27	1	80.23	1	1
E	0.15	2	69.08	2	0.19	5	78.11	2	2.75
C37	0.10	4	55.67	12	0.17	7	71.48	5	7
C18	0.14	3	53.23	16	0.24	2	67.35	9	7.5
G	0.09	5	64.85	3	0.11	18	69.27	6	8
I	0.05	23	57.59	6	0.24	3	74.35	4	9
C36	0.06	19	55.70	11	0.22	4	75.95	3	9.25
D	0.07	11	59.15	4	0.10	21	68.88	7	10.75
C33	0.08	9	52.98	17	0.15	10	67.03	10	11.5
B	0.07	15	56.63	9	0.12	15	68.02	8	11.75

资料来源：CSMAR数据库。

可以看出，无论是使用审计收费还是客户总资产计算的HI和Gini指标，排名第一的均为金融业（J），这说明金融业市场集中度最高，且在金融业市场内，不同会计师事务所市场份额差异最大。

综上分析，不难发现：我国大型商业银行审计市场集中度较高，四大会计师事务所之间的市场份额均衡度较低。此外，基于各行业审计市场集中度的比较分析可知，金融业审计市场集中度始终居于首位。

二、国际概况

（一）美国

表2-4选取2009—2022年摩根大通银行、美国银行、花旗银行、美国富国银行、高盛集团、摩根士丹利、美国合众银行、多伦多道明、PNC金融服务集团以及纽约梅隆银行作为研究对象，从客户数量维度对美国大型商业银行审计市场结构进行统计分析。

表 2-4　2009—2022 年美国大型商业银行审计市场结构（客户数量维度）

年度	普华永道	德勤	安永	毕马威
2009	4	1	2	3
2010	4	1	2	3
2011	4	1	2	3
2012	4	1	2	3
2013	4	1	2	3
2014	4	1	2	3
2015	4	1	2	3
2016	4	1	2	3
2017	4	1	2	3
2018	4	1	2	3
2019	4	1	2	3
2020	4	1	2	3
2021	4	1	2	3
2022	4	1	2	3

资料来源：各商业银行年报。

相较于中国，美国大型商业银行的审计市场结构极为稳定。2009—2022 年，普华永道在美国大型商业银行审计市场中拥有 4 家客户，排名前五的银行中有 3 家为其客户。相比之下，虽然德勤在大型商业银行审计市场中只有 1 家客户——摩根士丹利，而安永有 2 家客户，但由于摩根士丹利支付的审计费用高于安永的 2 家客户之和，因此从审计收费来看，德勤的市场份额高于安永。综合而言，安永和德勤的市场份额比较接近，均占美国商业银行审计市场的一小部分。毕马威在客户数量维度的市场份额为 30%，仅次于普华永道。

综上所述，美国大型商业银行审计市场结构十分稳定，且市场集中度较高，大型商业银行中近一半为普华永道的客户，会计师事务所之间的市场份额均衡度处于中等水平（市均均衡度水平高于中国）。

第二章　商业银行审计市场结构与商业银行审计质量

（二）英国

表2-5选取2009—2022年汇丰控股、巴克莱银行、劳埃德银行、苏格兰银行、渣打银行、国民西敏寺银行、桑坦德银行、维珍金融、英国合作银行以及英国首都银行作为研究对象，从客户数量维度对英国大型商业银行审计市场结构进行统计分析。

表2-5　2009—2022年英国大型商业银行审计市场结构（客户数量维度）

年度	普华永道	德勤	安永	毕马威
2009	2	2	2	3
2010	2	3	2	3
2011	2	3	2	3
2012	2	3	2	3
2013	2	3	2	3
2014	2	3	3	2
2015	3	3	3	1
2016	4	0	5	1
2017	3	0	5	2
2018	3	0	5	2
2019	3	0	5	2
2020	3	0	6	1
2021	3	0	6	1
2022	3	0	6	1

资料来源：各商业银行年报。

基于客户数量维度，纵观2009—2022年英国大型商业银行审计市场结构，2009—2014年四大会计师事务所在英国的市场份额比较均衡，2015年，毕马威的客户数量下降至1，其他三家会计师事务所的客户数量均为3。而自2016年起，德勤的市场份额显著下降，而安永的市场份额提升幅度最大，普华永道略有提升，毕马威有波动。具体来看，德勤在2010—2015年的客户数量均为3，但在2015之后客户数量降至0。安永则经历了"从有到多"的过程，2016—2022年客户数量占大型商业银行市场份额的一半及以上。毕马威的客户数量在2015—2022年均较少，仅有1家或2家。普华永道的客户数量在2017—2022年稳定在3家。

综上所述，从客户数量来看，英国大型商业银行审计市场集中度很高，市场均衡度很低。

（三）德国

表2-6选取2009—2022年德意志银行、德国中央合作银行、德国复兴信贷银行、德国商业银行、德国联合抵押银行、德国巴登-符腾堡州银行、德国巴伐利亚州银行、北德意志州银行、赫拉巴国际商业银行以及德国北威州银行作为研究对象，从客户数量维度对德国大型商业银行审计市场结构进行统计分析。

表2-6　2009—2022年德国大型商业银行审计市场结构（客户数量维度）

年度	普华永道	德勤	安永	毕马威
2009	4	0	3	3
2010	4	0	2	4
2011	3	0	2	5
2012	3	0	1	6
2013	2	1	1	6
2014	2	2	1	5
2015	2	2	1	5
2016	2	2	2	4
2017	2	2	3	3
2018	0	2	4	4
2019	0	2	4	4
2020	2	2	5	1
2021	2	2	5	1
2022	2	2	5	1

资料来源：各商业银行年报。

由于德国银行和保险公司的会计师事务所必须每10年轮换一次，因此相较于美国等其他国家和地区，德国大型商业银行的会计师事务所在2009—2022年变化较大。2009—2022年，四大会计师事务所的客户数量都表现出较大的波动性，普华永道和安永呈先减后增趋势，德勤呈平稳增加趋势，而毕马威则呈先递增后递减趋势。2010—2019年，从客户数量来看，毕马威的市场份额保持最高。2012年和2013年德国大型商业银行中有6家聘请毕马威，但2019年之后毕马威的客户数量降至1家，市场份额有所下降。与之相反，自2020年起，安永的市场份额达到50%，相比2015年的10%有了大幅提升。

综上所述，德国大型商业银行审计市场集中度较高，会计师事务所之间的市场份额差异较大，市场均衡度较低。

(四) 日本

表2-7选取2009—2022年三菱日联金融集团、日本邮政银行、三井住友金融集团、日本瑞穗金融集团、日本中央农林金库、三井住友信托控股、理索纳银行、野村控股、信金中央金库以及福冈金融集团作为研究对象，从客户数量维度对日本大型商业银行审计市场结构进行统计分析。

表2-7 2009—2022年日本大型商业银行审计市场结构（客户数量维度）

年度	普华永道	德勤	安永	毕马威
2009	0	3	5	2
2010	0	3	5	2
2011	0	3	5	2
2012	0	3	5	2
2013	0	2	5	3
2014	0	2	5	3
2015	0	2	5	3
2016	0	2	5	3
2017	0	2	5	3
2018	0	2	5	3
2019	0	2	5	3
2020	0	2	5	3
2021	0	2	5	3
2022	0	2	5	3

资料来源：各商业银行年报。

由表 2-7 可知，日本大型商业银行审计市场结构较为稳定。从客户数量来看，安永的市场份额占一半，呈现出较高的稳定性；德勤和毕马威的客户数量保持在 2 家或 3 家；而普华永道未在日本大型商业银行审计市场占据一席之地。

总体而言，日本大型商业银行审计市场集中度较高，市场均衡度较低。

（五）新加坡

表 2-8 选取 2009—2022 年星展银行、华侨银行、大华银行、马来亚银行、渣打银行、花旗银行、汇丰银行、SBI 新加坡、中国银行以及 RHB 银行为研究对象，从客户数量维度对新加坡大型商业银行审计市场结构进行统计分析。

表 2-8　2009—2022 年新加坡大型商业银行审计市场结构（客户数量维度）

年度	普华永道	德勤	安永	毕马威
2009	3	1	2	4
2010	3	1	2	4
2011	3	1	2	4
2012	3	1	2	4
2013	2	1	3	4
2014	2	1	3	4
2015	3	1	3	3
2016	3	1	3	3
2017	3	1	4	2
2018	3	1	4	2
2019	3	1	4	2
2020	4	0	4	2
2021	5	0	3	2
2022	5	0	3	2

资料来源：各商业银行年报。

新加坡金融市场较为开放，大型商业银行背景复杂。前四家是本土银行，其余六家来自中国、日本、马来西亚等地，由于这些银

第二章 商业银行审计市场结构与商业银行审计质量

行没有单独披露新加坡分部的报表，而总部与分部的审计机构通常是一致的，因此我们仅从客户数量维度进行分析。从客户数量来看，德勤在2009—2019年仅有1家客户，而在2020—2022年没有客户；其他三家会计师事务所的客户数量较为相近，审计市场均衡度较高，没有出现一家独大的情形。新加坡的四家本土银行近十年较少变更审计机构，普华永道和毕马威分别负责第一大和第二大银行的审计业务，安永负责第三大和第四大银行的审计业务。

总体而言，新加坡的商业银行审计市场比较集中，均为四大会计师事务所，且市场份额较为均衡。

三、小结

通过对上述六个国家的大型商业银行审计市场结构的分析，我们发现：（1）包括我国在内的大型商业银行审计市场均集中在四大会计师事务所内部，四大会计师事务所在商业银行审计市场具有垄断地位。（2）四大会计师事务所内部的市场集中度存在差异。具体地，市场集中度水平最高的是日本，存在某一四大会计师事务所市场份额为0的情形；其次是美国；其他国家的商业银行审计市场集中度相差不大。（3）四大会计师事务所内部的市场均衡度存在差异。具体地，市场均衡度最高的是日本；德国、英国和美国的市场均衡度较低，存在"一家独大"且"一家尤小"的情形。

相较于其他五个国家的大型商业银行审计市场，我国商业银行审计市场集中度处于中等水平，但市场均衡度较低，即银行业审计市场中四大会计师事务所的市场份额不均衡。

第二节 审计市场结构的制度成因：
中国探索与国际概览

制度环境是影响审计市场发展的关键因素，不仅为审计行业提供了基本的运行规则和规范，而且决定了审计市场的需求特征和供给条件，因此，制度环境在直接影响各会计师事务所的行为策略的同时，也会对整体审计市场的竞争格局产生影响。因此，要分析审计市场结构成因，首先便要了解会计师事务所外部制度环境对审计市场的影响。

一、中国探索

审计制度是资本市场最为基础和关键的制度设计之一。长期以来，会计师事务所一直扮演着资本市场"守护者"的角色，为上市公司等市场主体提供专业的鉴证服务，并承担对其财务信息的核查与把关职责。

自 2006 年起，我国出台一系列政策性文件推动事务所做大做强，鼓励本土事务所大力开展合并扩张。

2006 年 9 月 28 日，中注协发布《关于推动会计师事务所做大做强的意见（征求意见稿）》，对推动会计师事务所做大做强作出全面规划。

2007 年 5 月 26 日，中注协印发《中国注册会计师协会关于推动会计师事务所做大做强的意见》，指出事务所做大做强的总体目标是在形成事务所规模和地域合理布局、整体素质全面提升的同时，用 5 至 10 年的时间，发展培育 100 家左右具有一定规模、能够为大型企业和企业集团提供综合服务的事务所，在此基础上，发展培育 10 家左右能够服务于中国企业"走出去"战略、提供跨国经营综合服务的国际化事务所。

2009 年 10 月 3 日，国务院办公厅转发财政部《关于加快发展我国注册会计师行业若干意见的通知》，再次强调要加快形成大中小会计师事务所协调发展的合理布局，鼓励执业质量优良、治理机制科学、发展势头良好的中型会计师事务所采用多种科学有效的形式进行强强联合，发展成为大型会计师事务所；也鼓励信誉良好、成长快速的小型会计师事务所重组联合，成为中型会计师事务所或其分所，提高为市场服务的能力和水平。

2012年6月8日，中注协印发《关于支持会计师事务所进一步做强做大的若干政策措施》，这标志着我国推动事务所发展策略由"做大做强"转为"做强做大"。

上述政策措施不仅推动了注册会计师行业进行优化组合、做强做大，更好地在经济社会发展中发挥服务职能，而且能够通过分支、合并等影响市场中现存会计师事务所的数量及服务质量，并对审计市场结构产生直接影响。例如，2013年中瑞岳华与国富浩华合并成立瑞华会计师事务所，在中注协发布的《2013年会计师事务所综合评价前百家信息》中位列第三，打破了国际四大的垄断地位。2014年立信也跃居《2014年会计师事务所综合评价前百家信息》第四名，自此我国审计市场形成了本土大所与国际四大并肩的结构，改变了原有市场格局。

2020年3月，随着新《证券法》的正式实施，我国资本市场迎来了一系列重要变革，我国审计市场也发生了变化。为了应对新时期与日俱增的审计需求，会计师事务所从事证券服务业务的资格审批调整为备案管理，这一变化标志着我国资本市场进一步迈向市场化、法治化，审计市场的活力得到了进一步激发。

过去，资格审批制度使得市场准入门槛较高，会计师事务所数量有限，竞争不充分。而现在，备案管理降低了市场准入门槛，使得更多的会计师事务所能够参与到证券服务业务中，市场竞争更充分，显著提高了市场活力。

同时，备案管理也有助于提高市场声誉和健全责任约束机制。在备案管理制度下，会计师事务所的声誉和信誉成为其业务发展的重要因素。为了维护良好的市场声誉，会计师事务所需要不断提升自身的专业能力和服务质量，以满足客户的需求和市场的期望。

此外，备案管理还加大了对会计师事务所的监管和处罚力度，存在违规行为的会计师事务所将受到严厉的惩罚，这有助于形成"有进有出""优胜劣汰"的良性市场生态。

然而，资本市场利益格局复杂，业务模式多变，这也提高了审计师的执业风险。新《证券法》对会计师事务所的专业胜任能力、规范运作意识、投资者保护能力等均提出了更高的要求。会计师事务所需要不断加强自身的学习和培训，提高专业素养和业务水平，以应对日益复杂的资本市场环境。同时，还需要加强内部控制和风险管理，确保业务操作的规范性和合规性，保护投资者的合法权益。

总之，新《证券法》的实施为会计师事务所从事证券服务业务带来了新的机遇和挑战。备案管理的实施激发了市场活力，促进了市场的竞争和发展；会计师事务所需要不断提升自身的专业能力和服务水平，以应对复杂多变的资本市场环境。

二、国际概览

20世纪八九十年代国际八大会计师事务所和国际六大会计师事务所的合并，以及2002年安达信的倒闭，使得审计市场最终由四大会计师事务所主导。这引发了政策制定者的担忧，他们担心审计市场的高度集中会造成行业垄断。

2002年《萨班斯-奥克斯利法案》（SOX法案）的实施进一步对上市公司的审计市场产生了深远影响。SOX法案旨在加强对上市公司财务欺诈行为的监管，提高财务报告的准确性和可靠性，从而保护投资者的权益不受侵犯。例如，SOX法案要求上市公司建立内部控制制度，以确保财务报表的真实性和准确性。上市公司的会计师事务所必须独立审计财务报表，并向上市公司董事会和美国证券交易委员会（SEC）报告审计结果。此外，SEC有权对会计师事务所进行检查。总体而言，SOX法案加大了对会计师事务所的监管力度，改变了会计师事务所所处的制度环境，进而可能对审计行业竞争格局产生影响（Dey & Lim, 2018）。

具体而言，首先，SOX法案提高了审计市场的准入门槛。该法案要求会计师事务所在执行审计业务时必须具备更高的专业素质和独立性，这使得一些规模较小、专业能力不足的事务所难以进入市场或维持现有市场份额，而大型会计师事务所因专业能力较强和资源优势能够获得更大的市场份额。这一变化可能提高审计市场集中度。

其次，SOX法案的实施在一定程度上加大了审计市场的竞争压力。由于该法案对审计质量和独立性的要求提高，上市公司对审计服务的需求也相应增加。这使得会计师事务所需要投入更多的资源和精力来满足客户的需求，同时也需要面临来自同行的竞争压力。为了争夺市场份额，一些会计师事务所可能会采取降价、提高服务质量等方式来吸引客户，从而加剧了市场竞争。

最后，SOX法案加大了对审计行业的监管力度。SEC对会计师事务所的监管更加严格，对违规行为的处罚更为严厉。这种强化监管的环境使得会计师事务所在执行审计业务时更加谨慎和规范，减少了市场中的不正当竞争和违规行为。

综上所述，SOX法案对审计市场竞争产生了多方面的影响，不仅提高了市场的准入门槛，推动了服务质量的提升，还增加了竞争压力。因此，我们认为，SOX法案的实施在加强对上市公司监管的同时，也可能影响审计市场结构。

第三节 审计市场结构与审计质量：理论辨析

审计市场结构始终是学术界和实务界关注的焦点。产业组织经济学的"市场结构—行为—绩效"范式认为，产业结构决定竞争业态，从而影响产业内个体的行为策略，并最终决定市场绩效（吴汉洪，2019）。如果审计市场过于集中，那么可供企业选择的会计师事务所数量就会有限，这就赋予了一些会计师事务所巨大的市场力量。

但经济理论也表明，较少的选择并不一定意味着较少的竞争（Stiglitz, 1987）。审计相关文献表明，高度集中的审计市场结构对审计质量可能产生两种截然不同的影响。一方面，当市场集中度过高时，审计师可能会因为过度自信而减少审计投入，或者可能出现因客户较多而工作负荷过重的情况。在这种情况下，审计师可能无法充分关注客户的财务状况和潜在风险，导致审计质量下降。此外，高度集中的市场结构还可能引发审计师与客户之间的合谋行为，损害审计的独立性和公正性，进而影响审计质量。另一方面，高度集中的审计市场结构也可能对审计质量产生正面影响。大型会计师事务所通常拥有更多的资源和专业人才，能够更好地应对复杂的审计任务。同时，它们往往在某个或某些行业领域具有较强的专业特长和较丰富的经验，能够提供更为精准和有效的审计服务，进而提高审计质量。而且，高度集中的市场结构有助于提升审计师的话语权和独立性，减少外部干扰和压力，从而确保审计工作的客观性和公正性。

基于美国证据的研究表明，美国上市公司审计市场一直表现出寡头垄断的特征，大型上市公司在审计市场中没有充足的选择(Eshleman & Lawson, 2017)，而声誉差、资金不足、人员技能有限和地理范围小等障碍阻碍了小型会计师事务所审计大型上市公司。因此，在大客户审计市场，大型会计师事务所建立了较高的进入壁垒。

我国审计市场结构也呈现出较高的集中度，但是，相较于美国，我国中小型会计师事务所占据着举足轻重的地位。此外，受到政策环境的影响，我国审计市场结构在不同时期也展现出其特殊性。2020年证监会发布《证券服务机构从事证券服务业务备案管理规定》，对从事证券服务业务的要求从严苛的资格审批转向了备案管理，降低了从业壁垒。由此，提供上市公司审计服务业务的会计师事务所数量有所增加，同时加剧了审计市场竞争。

鉴于我国特色治理体制和制度政策能够在资本市场及审计市场发挥显著的治理作用，围绕我国审计市场结构与审计质量的研究也应当而且必须展现出一定的中国特色。

一、市场集中度、市场均衡度与市场竞争

经济理论通常预测市场竞争程度与供应商数量呈正相关。当市场集中度较高时，卖方的定价决策是相互依赖的，从而增加了企业相互协调以实现集体利润最大化的可能性。因此，监管机构和其他利益相关者经常担心供应商数量过少（如合并行为）会导致竞争减少。基于此，一些学者认为，市场集中度可能对市场竞争产生负向影响。

然而，在高度集中的市场中，供应商数量减少也可能加剧竞争。例如，当大部分市场由少数具有市场力量的企业控制时，剩余边缘企业之间的合并可能会提高市场效率或允许合并后的企业进入新市场，从而有效地增加能够与更大竞争对手竞争的企业数量（Kitto，2023）。而进入威胁以及边缘扩张会将均衡地占主导地位的企业转变为竞争力量（Worcester，1957）。因此，未考虑市场力量变化和边缘企业变化可能导致先前关于市场竞争的研究出现相互矛盾的结果（Eshleman & Lawson，2017）。

与上述逻辑一致，市场均衡度也会影响市场竞争。有学者从非四大会计师事务所的角度，研究其对审计市场的影响，在一定程度上证实了市场均衡度与市场竞争存在密切联系。例如，Keune 等（2016）利用 2005—2010 年 46 个最大的城市出版物中的会计师事务所排名数据，识别非四大会计师事务所本地市场领导者，并据此考察了与其相关的本地特征，以及其对竞争的影响。研究发现，本地市场的供求因素与非四大会计师事务所本地市场的主导地位显著相关，而后者与本地市场更低的整体审计收费相关。同时，与其他非四大会计师事务所相比，非四大会计师事务所本地市场领导者赚取了费用溢价，加剧了本地市场的竞争。

Aobdia 和 Shroff（2017）研究了有公开监管监督经历的审计师，相较于没有此类经历的竞争者，其在监督公开之初是否会出现市场份额的提高。研究表明，在 PCAOB 调查报告公开后，由 PCAOB 调

查的非美国审计师会从竞争对手处获得 4%～6% 的市场份额。调查发现，在表明审计师有许多业务层面的缺陷后，其市场份额增加明显更小。这说明，监管改变了原有竞争格局，进而引起了市场份额和市场结构的变化。

Chu 等（2018）则指出，现任事务所的竞争压力取决于事务所的客户转向竞争对手的难易程度。若变更成本较低，则现任事务所收取经济租金的能力有限；相反，高变更成本使得现任事务所有较大的定价权。研究认为，变更成本随市场中竞争性事务所之间相对经营规模差异的增大而下降，即规模最大的事务所与现任事务所之间的经营规模差异越大，现任事务所的客户转向最大规模事务所的成本越低，因此，现任事务所的审计收费也越低。基于上述分析，该研究使用 DeAngelo（1981）多期审计定价模型中包含的事务所变更成本，建立衡量事务所在本地市场中竞争位置的指标。

二、审计市场结构与审计质量

目前关于审计市场结构与审计质量之间关系的研究结论尚不清晰，其中一个重要原因是对于市场集中度、市场均衡度和市场竞争之间关系的理论解释没有形成一致意见。如上所述，一些研究采用市场集中度代表市场竞争，即集中的市场被解释为竞争力较弱。然而，经济理论表明，较少的选择并不一定意味着较弱的竞争（Stiglitz，1987）。如果竞争迫使效率低下的企业退出市场，从而在市场上留下更少但更有效的企业，那么竞争就会导致更高的市场集中度。

基于此，现有文献围绕审计市场结构，以不同角度、不同情境下的审计市场集中度、市场均衡度和审计市场竞争特征为切入点，研究发现不同审计市场结构可能对审计质量产生负向或正向影响。

（一）负向影响

一些文献从审计市场集中度的角度出发，研究发现高审计市场集中度可能损害审计质量，解释如下。

首先，更高的市场集中度可能导致审计师自满，应有的职业怀疑态度不足。高市场集中度限制了上市公司（尤其是大型上市公司）的审计师选择，市场垄断地位会令审计师更加自满，在审计中使用更为宽松的审计方法，缺乏职业怀疑态度，最终降低审计质量。

其次，高市场集中度可能导致占据市场主导地位的事务所合谋，削减投入。由于审计结果通常是一份标准无保留意见审计报告，审计质量无法直接观察，标准化审计报告背后的审计检查在不同事务所之间可能存在较大差异。当无法收取更高审计费用时，事务所之间的合谋方式可能是削减审计投入，从而提供低质量审计服务，以应对竞争和利润压力。

最后，高市场集中度可能导致审计师同时承担多个项目，审计负荷过重。在资源有限的前提下，高市场集中度意味着事务所在有限时间内需要完成多个客户的年度审计工作，这进一步增加了审计师的忙碌程度。研究表明，忙碌程度更高的审计师提供的审计质量更低（Chen，et al.，2020）。

一些学者进行了更为具体的研究。Boone 等（2012）对城市层面的审计市场进行了分析，发现更高水平的审计市场集中度与上市公司通过操纵性应计项目达到分析师预测结果的可能性正相关，即市场集中度越高，客户盈余质量越低，这也间接表明市场集中度与审计质量负向相关。刘斌和王雷（2014）使用 2008—2011 年沪、深 A 股上市公司的数据，得到了同样的结论。

韩维芳（2015）分析了中国各地区的审计市场结构，发现地区审计市场集中度越高，越不可能出具非标意见，越可能发生财务报告重述，要求的审计收费水平越高。

Chiou 等（2016）使用中国上市公司数据发现，城市层面的审计市场集中度对审计质量有负向影响，但通过提高审计收费可缓解这一负向影响。

Raak 等（2020）对私营企业审计市场进行了分析，发现市场集中度损害了中等规模客户市场的价格和质量竞争。

武恒光等（2020）则基于上市公司内控意见购买行为指出，在高审计市场集中度区域内，获取领先地位的事务所可能产生自满情绪，可能导致职业怀疑态度缺失，对客户采用宽松的审计策略，同时，审计市场集中度的提高也可能导致少数注册会计师负责多数公司的审计业务，对审计项目的平均投入降低，致使审计质量下降。结果证实，内控意见购买行为主要存在于高审计市场集中度的环境中。

赵宜一和赵嘉程（2021）研究认为，均衡的审计市场会提高事务所招揽与收费方面的竞争活力，也会激发事务所通过提高审计质量来维护声誉和保持市场地位的动机。相反，高市场集中度容易降低审计市场竞争活力，损害市场效率，进而导致审计质量下降。由于商誉是涉及公允价值的资产项目，因此，相对于常规的财务报表项目，商誉及其减值的审计对执业能力有更高要求，此时，审计市场集中度的负向影响可能更加凸显，即审计市场集中度会导致客户对商誉减值的规避倾向。

如前所述，包括学者在内的各种利益相关者将美国上市公司审计市场描述为寡头垄断，其特点是，单一企业或联合行动的企业集团服务于大部分市场，而一群较小的企业则供应剩余市场。研究指出，市场竞争不充分导致审计费用更高、质量更低（Eshleman & Lawson, 2017），大企业能否长期维持市场支配力取决于其相对成本优势和进入壁垒（Kitto, 2023）。

然而，基本的寡头垄断模型忽略了竞争边缘的潜在影响，即在同一相关市场中运营成本相对较高的企业的影响。如果存在这种竞争边缘，则其带来的变化会极大地影响大企业行使市场权力的能力。由于随着时间的推移，进入威胁以及边缘扩张会将均衡地占主导地位的企业转变为竞争力量，一些学者直接从审计市场竞争的角度出发，指出审计市场竞争对审计质量有负向影响。这是因为，如果客户利用其议价能力要求更大的财务报告自由裁量权，那么激烈的竞争可能导致审计质量下降，即竞争可能促使审计师尽量满足客户需求，减少审计调整以避免冲突，从而达到挽留客户的目的（Hanlon & Shroff, 2022）。

例如，Ciconte 和 Kitto（2020）基于 PCAOB 的数据，采用审计市场中异常利润的持久度来衡量市场竞争，并证实市场竞争会损害审计质量。但是，他们的研究没有解决反向因果关系（即审计质量影响市场竞争的可能性）引起的内生性问题。

在此基础上，Pan 等（2023）使用 2008—2017 年中国各地级市交错开通高铁的情况作为审计市场竞争变化的外生冲击，重点分析总部设在地级市的公司的审计情况。这些地级市往往规模较小，事务所分所较少，审计市场竞争较弱。研究认为，随着高铁的开通，地级市距离附近省会城市的车程明显缩短，可供公司选择的"事务所池"明显扩大，审计市场集中度显著降低，审计市场竞争程度显著提高。因此，高铁的开通显著增加了那些附近事务所较少的公司的现任事务所的竞争压力。借助基广义双重差分模型，研究证实，高铁开通增加了一般公认会计原则（GAAP）违规发生率，降低了客户收到非标意见的可能性，同时也降低了审计师进行收入减少审计调整的可能性。这些结果表明，激烈的竞争导致事务所具有更强的动机去留住客户，进而牺牲了审计独立性，导致审计质量下降。

（二）正向影响

一些学者提出，高审计市场集中度有助于提高审计质量，原因如下。

首先，高市场集中度减弱了审计师取悦客户的动机，增强了审计师的职业怀疑态度和独立性。特别地，更加集中的市场环境通过减少客户公司（尤其是大型公司）的会计师事务所选择，降低客户变更事务所的可能性，进而降低了审计师如实报告的成本。换言之，市场集中度越高，客户越不会为了购买审计意见而变更事务所，审计师在出具审计意见时将更加客观独立，不必考虑客户的其他利益需求（例如，维持股价、再融资等），从而提高了审计独立性。

其次，高市场集中度可能反映了事务所的行业专长。一方面，高市场集中度有助于审计师通过"干中学"积累更多的行业知识和经验，构建行业专长；另一方面，审计师的行业专长反过来有助于事务所扩大市场份额，从而产生规模效应。行业专长和规模经济二者相互促进，有助于提高审计质量。在某一行业市场中市场份额较高的事务所极可能是该行业的行业专家，而行业专家比非行业专家具有更高的决策效率（Moroney，2007），同时高市场份额有助于事务所产生规模经济，提供更高质量的审计服务。

一些研究也为上述观点提供了支持证据。Kallapur 等（2010）发现城市层面的审计市场集中度与更高质量的操纵性应计相关，Newton 等（2013）发现更集中的审计市场中存在更少的客户财务报告重述，二者的研究均表明市场集中度与审计质量正相关。Eshleman 和 Lawson（2017）使用操纵性应计衡量审计质量，得出了类似的结论。

基于中国证据，Huang 等（2016）研究发现，市场集中度提高了客户盈余质量，并通过增加审计费用减少了审计师出具非标意见的需要。也就是说，市场集中度通过增加审计费用间接提高了审计质量，这种积极的间接影响抵消了市场集中度对审计质量的消极的直接影响。

Seavey 等（2017）和 Beck 等（2019）发现，在地理距离（测地线）方面与其他事务所联系程度较高的事务所比联系程度较低的事务所具有更高的审计质量。这说明，在企业内部，与其他分所有联系的事务所可能会共享特定行业的专业知识。

类似地，Knechel 等（2023）基于产业集聚（产业集中度高的地理区域）考察产业专业化对审计的影响。研究发现，集聚经济有助于在这些区域内为特定行业提供服务的审计师获取知识，同时，在产业集聚度高的地区，行业专家获得的审计费用溢价更高，这间接证明了产业聚集、行业专长和审计质量间存在潜在关系。

围绕中国审计市场，刘明辉等（2003）以 1998—2000 年我国 A 股上市公司为样本，对我国审计市场集中度和审计质量的关系进行实证研究，发现我国会计师事务所的审计质量与审计市场集中度之间呈倒 U 形关系，平均而言，当某一会计师事务所的市场份额（基于客户数量）达到 7％时，其审计质量达到最高。

此外，DeFond 和 Lennox（2011）研究发现，SOX 法案通过减少

第二章　商业银行审计市场结构与商业银行审计质量

会计师事务所的数量、显著扩大会计师事务所的规模和提高客户集中度，极大改变了小型会计师事务所的市场结构。在安达信破产后，监管机构并没有缩小小型会计师事务所的市场规模，而是增加四大会计师事务所之外的上市公司会计师事务所的数量。监管机构还试图依靠新设立的PCAOB，通过发现和纠正会计师事务所的缺陷提高审计质量。在此背景下，研究还发现，随着SOX法案的出台，超过600家SEC客户数量不足100家的事务所退出了市场。相对于未退出市场的事务所，退出市场的事务所的审计质量更低。也就是说，SOX法案可以提高市场集中度，使得低审计质量的事务所退出市场，进而间接提高了整体审计质量。也有研究表明，审计市场供给的集中将导致市场竞争的缺乏，进而降低事务所执行高质量审计的动机。

一些学者从市场竞争视角进行了分析。有观点认为，如果企业的利益相关者要求较高的审计质量，那么市场竞争可以激励会计师事务所提高审计质量。这是因为企业受到市场激励对高质量的审计有更大的需求（Aobdia & Shroff，2017），结果是，在竞争激烈的市场中，会计师事务所被迫寻找与竞争对手相区分的方法，从而导致创新和更高的效率（Shleifer & Vishny，1997）。因此，大多数研究指出，市场均衡度越高、市场竞争越激烈，审计质量越高。

例如，Hallman等（2022）通过在EDGAR（电子化数据收集、分析、检索系统）上搜索相关IP地址，来确定每一家四大会计师事务所查看竞争对手（即其他四大会计师事务所）客户财务文件的频率，而宣布审计轮换、重述和并购都会导致竞争对手检索此类信息的行为在公告月内大幅增加。因此，该研究利用机器学习算法，将通过EDGAR识别的行为模式和特征中包含的所有相关信息整合至一个竞争性招标代理变量中，以此度量竞争对手投标情况，深入探索竞争性招标与审计质量之间的关系。研究发现，竞争性招标可以显著降低错报可能性，相较于未发生审计轮换的企业，发生审计轮换的企业对应年度财务报告重述的可能性显著降低。这说明，竞争压力不仅不会损害审计独立性，而且会提高现任会计师事务所在投标年份执行审计业务的质量。此外，研究也发现，无论招标是否最终导致审计轮换，这种审计质量提高的现象都会发生，并在现任会计师事务所连任后表现出一定的持续性。

Kitto（2023）从市场中供应商数量对市场竞争的影响出发，研究了美国中小型会计师事务所的合并对市场竞争和审计质量的影响。研究认为合并后的事务所将与其他事务所在审计市场上展开竞争，其中，四大会计师事务所占据主导地位，而许多较小的会计师事务所则争夺一小部分市场份额，非四大会计师事务所的合并会提高效率并增强合并后的事务所与四大会计师事务所竞争的能力。研究发现，中小型会计师事务所合并的增加减少了在同一地理市场运营的四大会计师事务所的未来经营利润，这说明事务所合并可以通过降低四大会计师事务所的审计费用实际收取率，来对更大的竞争对手产生竞争压力。同时，合并后的事务所审计小时数明显减少，为了证明这种审计时长的减少主要是源于效率提升而非工作投入减少，研究检验了合并后的审计质量变化，结果表明，合并后的事务所有更低的财务严重缺陷率（deficiency rates）和财务重述率，不仅证实了中小型会计师事务所之间的合并至少在四大会计师事务所主导的美国审计市场的某些细分市场中加剧了竞争，而且在一定程度上证明了市场均衡度和市场竞争对审计质量有积极影响。

同样基于事务所合并的研究情境，Christensen等（2020）并未对合并事务所的位置进行区分，研究发现，合并后审计客户的操纵性应计利润微弱增加。

不同于上述研究以审计市场竞争为切入点，Friedman和Mahieux（2021）立足于非审计服务监管，深入分析竞争性的审计服务市场和非审计服务市场对审计质量的影响。研究发现，如果市场对审计服务和非审计服务的需求呈正相关，那么在禁止审计师提供非审计服务的制度环境下，审计师会投入更多来提高审计质量。这说明，市场竞争会影响审计师增加审计投入以改善审计质量的动力。

我国新《证券法》于2020年正式实施，为适应证券市场扩容对审计业务的大量需求，事务所从事证券审计业务资格监管制度由审批管理转变为备案管理。2020年7月实行的《证券服务机构从事证券服务业备案管理规定》明确指出，事务所从事证券服务业务，应向中国证监会和国务院有关主管部门备案，这意味着证券审计市场准入许可制终结，证券审计市场将向中小型事务所全面放开（易玄和吴蓉，2023）。

基于此，有学者指出，我国证券审计市场准入放松后，可能会有大量中小型事务所涌入证券审计市场，能有效激发市场供应端活力，促进市场充分竞争，同时也会对审计质量产生影响。例如，易玄和吴蓉（2023）认为，备案管理带来的市场竞争有助于通过优胜劣汰的市场规律促进产业内部自我优化。为了在激烈的市场竞争中保持优势，审计师会在审计过程中保持严谨、谦虚的态度，也会主动提高审计质量以避免严重的市场惩罚。徐业坤和郑秀峰（2024）也以新《证券法》备案管理的实施为准自然实验，认为备案管理的实施从审计服务供给侧带来审计市场容量增量上的显著变化，改变了审计市场竞争结构。而备案管理带来的中小型事务所市场容量的增加，也使得客户有了更多的选择，增加了审计服务供给方被更换的风险，为避免被后续聘任的审计师发现遗漏的会计问题，减少被市场淘汰的风险，审计师提升审计质量的动机会更加强烈。

综上所述，现有关于审计市场结构与审计质量的研究主要围绕审计市场集中度和市场份额均衡度展开，但现有文献关于二者关系并未取得一致结论，原因可能包括以下方面：

（1）分析的市场不同。现有的市场类型包括城市、行业或国家层面的审计市场，不同层面市场的审计市场集中度可能具有不同含义。例如，从行业层面来看，基于行业层面的市场集中度指标可能在一定程度上反映了事务所在特定行业积累的行业专长和知识经验。从国家层面来看，美国的审计市场高度集中，审计业务主要由极少数巨型会计师事务所控制，形成了寡占型的审计市场结构；而在中国，虽然也有一些大型会计师事务所具有较高的市场地位，但市场集中度相对较低，审计业务由更多的会计师事务所共同承担。

(2) 使用的市场结构指标不同,即市场集中度和市场竞争的度量方式不同。早期研究从市场份额、行业竞争等角度出发,分析审计市场的构成。而产业组织研究发现,市场集中度指标可能掩盖了真实的竞争情况,高集中度未必意味着低竞争,当市场集中度较高,行业领导者之间的市场份额较为均衡时,市场中也可能存在着激烈竞争。因此,对市场结构进行分析时应重视行业领导者之间市场份额的均衡性。近年来,各国审计管理体制和管制政策的不断变化也为学者们研究审计市场结构对审计质量的影响提供了全新的研究情境,如我国新《证券法》备案管理制度的实施。

(3) 市场集中可能是市场竞争的结果,均衡市场也可能增强竞争。在某些大型客户审计市场中,大型事务所的高市场份额可能是客户选择的结果,因为只有大型会计师事务所才具有审计业务复杂的大客户的资源和专业胜任能力。即使是在少数企业占据市场主导地位的寡头垄断市场中,进入威胁以及边缘扩张也会将均衡的市场力量分解为竞争。

(4) 使用的审计质量指标不同。审计过程涉及风险评估和识别、错报识别和量化等多个方面,这些方面可能无法通过单一指标进行全面反映。传统利用非标意见衡量审计质量可能忽视了审计师与客户之间因协商或其他外部因素而避免发表非标意见的可能性。小额或非关键性的审计调整可能并不会对整体审计质量产生重大影响,同时,其数量和性质也可能受到审计师的专业判断、客户配合程度等多种因素的影响。

第四节 审计市场结构对审计质量的影响:中国经验与国际证据

一、中国经验

基于我国数据的研究指出,审计市场结构会对审计质量产生影响。现有研究虽然大多剔除了金融业样本，但仍可以为我们研究审计市场结构与商业银行审计质量间的关系提供借鉴。例如，赵宜一和赵嘉程（2021）指出，在做大做强政策的推动下，审计市场结构趋向集中，这可能会损害审计市场整体质量。由于商誉涉及公允价值，相对于常规报表项目，对商誉及其减值的审计对执业能力有更高要求，此时，审计市场集中度对审计质量的负向影响会更加凸显。基于此，他们以客户所在省份事务所的审计收入份额的平方和作为审计市场集中度的度量指标，研究发现，审计市场集中度越高，审计对商誉减值规避的监督作用越弱（见表2-9）。

表2-9 审计市场集中度对审计质量的负向影响

	因变量：当期客户商誉减值幅度（含国际四大会计师事务所的样本）	因变量：当期客户商誉减值幅度（不含国际四大会计师事务所的样本）
审计市场集中度	−1.2930*** (−6.04)	−1.3252*** (−5.93)
控制变量	控制	控制
年度固定效应	控制	控制
行业固定效应	控制	控制
公司固定效应	控制	控制

资料来源：赵宜一，赵嘉程. 审计市场结构与客户商誉减值. 会计研究，2021（12）：162-174.

注：括号内为回归系数t值，*、**、***分别代表在10%、5%和1%水平上显著。下同。

新《证券法》备案管理的实施为研究我国审计市场结构对审计质量的影响提供了很好的研究情境。徐业坤和郑秀峰（2024）利用2016—2022年我国A股上市公司样本，构建双重差分模型来考察审计市场竞争对审计质量的影响（见表2-10和表2-11）。在实证检验假设前，首先从审计市场集中度、审计费用、会计师事务所更换三个方面检验备案管理实施后审计市场竞争程度是否有所提高。接着，选取非标意见和审计激进度作为审计质量的代理变量。研究发现，备案管理降低了审计市场集中度，强化了审计市场竞争，最终提升了审计质量。这在一定程度上说明备案管理促进了我国审计市场的良性竞争。

表 2-10 备案管理实施前后审计市场集中度对比

市场结构	均值（2019 年前）	均值（2019 年后）	DIFF	T 值	样本量
行业 HHI	0.143	0.115	0.028***	3.490	322
地区 HHI	0.175	0.148	0.027**	2.845	217

资料来源：徐业坤，郑秀峰. 审计市场竞争加剧能改善审计质量吗?："备案制"实施的准自然实验. 审计研究，2024（1）：89-101.

表 2-11 审计市场竞争对审计质量的正向影响

	非标意见	审计激进度
Treat * Post[1]	0.019***	−0.014***
	(−2.652)	(3.212)
控制变量	控制	控制
年度固定效应	控制	控制
公司固定效应	控制	控制

资料来源：徐业坤，郑秀峰. 审计市场竞争加剧能改善审计质量吗?："备案制"实施的准自然实验. 审计研究，2024（1）：89-101.

注：1. 设置 Treat 作为是否受到审计市场竞争冲击的虚拟变量，若为上市公司出具审计报告的事务所属于非十大事务所，则视为处理组，取值为 1，否则为 0。Post 为备案管理实施虚拟变量，2020—2022 年，赋值为 1；2016—2018 年，赋值为 0。

二、国际证据

基于国际数据，Francis 等（2013）从四大会计师事务所与非四大会计师事务所、四大会计师事务所内部的市场集中度出发，检验了不同国家审计市场集中度的变化是否对审计后的盈余质量具有显著影响。该研究具体聚焦两个维度的市场集中度：（1）在某一国家内，四大会计师事务所（作为一个整体）相对于其他事务所的市场主导程度；（2）四大会计师事务所内部供给的集中度，即某一国家内四大会计师事务所不平均的市场份额。

该研究认为，审计市场集中度的深层次方面是四大会计师事务所内部某一事务所相对于另一个事务所的主导地位。换言之，若两

第二章　商业银行审计市场结构与商业银行审计质量

个四大会计师事务所占据了四大会计师事务所整体在某一国家的审计份额，那么相较于四大会计师事务所份额均衡的国家，这些国家的市场集中度更高。研究发现，一国客户的盈余质量与四大会计师事务所整体的市场份额正相关。具体地，四大会计师事务所客户的应计利润水平更低，客户更可能报告损失，会更加及时地确认损失。

因此，与审计监管者的假设——四大会计师事务所的市场集中度十分不利相反，该研究得出的结果是，当四大会计师事务所在某一国家的市场份额相较于非四大会计师事务所更高时，四大会计师事务所的审计质量相对更高。而四大会计师事务所整体内部的市场集中度与审计质量负相关（见表2-12）。

表2-12　审计市场集中度对审计质量的复杂影响

	总应计利润	异常应计利润	是否盈利
四大会计师事务所的市场份额	−0.012***	−0.009**	−0.068**
四大会计师事务所内部集中度	0.013***	0.013***	0.031*
控制变量	控制	控制	控制
国家固定效应	控制	控制	控制
年度固定效应	控制	控制	控制
公司固定效应	控制	控制	控制

资料来源：Francis J R, Michas P N, Seavey S E. Does audit market concentration harm the quality of audited earnings? Evidence from audit markets in 42 countries. Contemporary Accounting Research, 2013（1）：325-355.

第五节　本章结论与建议

一、结论

通过回顾审计市场结构的相关理论分析和文献、比较不同国家的审计市场结构以及分析我国银行业审计市场，我们得出下列结论：

首先，相较于其他国家的银行业审计市场以及我国其他行业的审计市场，我国银行业审计市场集中度较高、均衡度较低。

其次，就我国银行业审计市场结构对审计质量的影响而言，一方面，市场集中度过高或市场均衡度过低可能会引起会计师事务所的自满情绪，导致审计工作负荷过重等，进而损害审计质量；另一方面，也可能通过形成规模优势和积累专业经验等，助力审计质量的提升。

二、建议

基于本章结论，我们主要提出以下建议：

首先，为降低银行业审计市场均衡度过低可能带来的系统性风险，银行业上市公司的审计委员会在选聘会计师事务所时，应考虑同一家事务所同时承担多家大型商业银行审计业务对审计资源配置造成的压力，建议通过完善公司治理程序，协调指导审计师聘任流程。

其次，对于其他银行如大型国有银行、股份制银行，审计委员会在选聘会计师事务所时，应在招标过程中要求会计师事务所提供审计团队配置信息及其当年审计的其他项目信息，充分考虑关键审计人员当年审计工作的负荷程度，以此作为选聘时考虑的重要依据。

第三章　商业银行审计任期与商业银行审计质量

审计机构是保障资本市场可信度的"看门人",投资者对财务报告的信赖程度取决于对审计机构独立和公正认证的看法。

1938年,美国发生麦克森·罗宾斯公司(McKesson & Robbins)倒闭案,该公司在此前十余年的财务报表一直由普华永道审计,SEC的检查人员提出了是否需要审计轮换的疑问。此后,就强制审计轮换产生了争议,监管者、研究者以及其他利益相关者开始对此进行定期辩论。

随着21世纪初一系列重大财务丑闻的发生以及安达信的倒闭,这场辩论变得更加激烈,引起了公众、监管者等对审计任期和审计质量等问题的关注。

本章遵循"现状分析→制度梳理→理论辨析→证据佐证→政策建议"的范式,揭示商业银行审计任期与商业银行审计质量之间的关系,为优化审计任期监管、提升审计质量提供理论支持和政策建议。

第一节　商业银行审计任期：中国现状与国际概况

在不同审计轮换制度下，上市银行能够在任期管制下根据自身审计需求，决定事务所（审计师）聘任情况。不同国家或地区的审计轮换情况有所不同。本节针对中国、美国、英国、德国、日本、新加坡6个国家2009—2022年大型商业银行审计任期情况进行比较和分析。

一、中国现状

表3-1以2009—2022年工商银行、建设银行、农业银行、中国银行、邮储银行、交通银行、招商银行、兴业银行、浦发银行以及中信银行为样本，对中国大型商业银行的审计任期进行了对比分析。

表3-1　2009—2022年中国大型商业银行审计轮换情况

年份	2009	2010	2011	2012	2013	2014	2015	2016	2017	2018	2019	2020	2021	2022
工商银行	安永					毕马威							德勤	
建设银行	毕马威		普华永道						安永				
农业银行	德勤				普华永道						毕马威		
中国银行	普华永道				安永						普华永道		
邮储银行	—	普华永道										德勤	
交通银行	德勤			普华永道								毕马威	
招商银行	毕马威					德勤							
兴业银行	安永				德勤					毕马威			
浦发银行	安永			普华永道						毕马威				
中信银行	毕马威				普华永道								

中国监管部门要求自 2011 年起，商业银行连续聘用审计机构的期限不得超过 8 年。从国有四大行来看，2013 年，工商银行、农业银行、中国银行进行了第一次事务所轮换，建设银行在 2011 年已经完成轮换，且在 2018 年完成了第二次事务所轮换，其他三家银行则在 2021 年进行了第二次轮换，因此建设银行的轮换年度比其他三大行早两年。

值得关注的是，四大行的审计轮换不同步（不在同一年度），这种不同步的轮换计划给审计机构带来了巨大挑战，它们需要在短时间内处理多个审计招标过程。具体而言，事务所在 8 年的时间内要准备两轮审计招标，并且在一段时间之内，必然会出现一家事务所同时承接两家银行审计业务的情况，这给会计师事务所造成巨大的业务竞争压力和人才流失风险，不利于其健康稳定发展。银行变更会计师事务所标志着审计市场格局的变化，可能对审计质量、市场竞争以及整体监管环境产生影响。2021 年，工商银行、农业银行、中国银行以及邮储银行均进行了一次事务所轮换。其中，工商银行和邮储银行的会计师事务所变更为德勤，农业银行和中国银行的会计师事务所分别变更为毕马威和普华永道。

除了国有四大行，其他六家商业银行也进行了事务所轮换，尽管时间安排和结果各不相同。其中，交通银行、招商银行和中信银行在 2014—2016 年分别完成第一次轮换，兴业银行和浦发银行在 2011 年已经完成轮换，浦发银行在 2019 年率先进行了第二次审计轮换。中国商业银行的审计轮换制度有序运行。

二、国际概况

（一）美国

表 3-2 选取 2009—2022 年摩根大通银行、美国银行、花旗银行、美国富国银行、高盛集团、摩根士丹利、美国合众银行、多伦多道明、PNC 金融服务集团以及纽约梅隆银行作为研究对象，对美国大型商业银行审计轮换情况进行统计分析。

表 3-2　2009—2022 年美国大型商业银行审计轮换情况

年份	2009	2010	2011	2012	2013	2014	2015	2016	2017	2018	2019	2020	2021	2022
摩根大通银行	普华永道													
美国银行	普华永道													
花旗银行	毕马威													
美国富国银行	毕马威													
高盛集团	普华永道													
摩根士丹利	德勤													
美国合众银行	安永													
多伦多道明	安永													
PNC 服务金融集团	普华永道													
纽约梅隆银行	毕马威													

美国监管部门尚未对银行业实施强制审计轮换制度。如表 3-2 所示，2009—2022 年，美国大型商业银行没有一家变更审计机构。美国商业银行与事务所之间的长期合作关系已经形成了稳固的基础，如摩根大通银行与普华永道的合作已达约 60 年，花旗银行聘任毕马威已超 55 年。尽管美国无强制审计轮换规定，但欧盟的审计轮换新规适用于"公众利益实体"，这意味着在美国注册的银行在欧洲的分支机构也被纳入其覆盖范围，未来美国银行的会计师事务所聘任或会受到很大影响。

（二）英国

表 3-3 选取 2009—2022 年汇丰控股、巴克莱银行、劳埃德银行、苏格兰银行、渣打银行、西敏寺银行、桑坦德银行、维珍金融、英国合作银行以及英国首都银行作为研究对象，对英国大型商业银行审计轮换情况展开分析。

表 3-3　2009—2022 年英国大型商业银行审计轮换情况

年份	2009	2010	2011	2012	2013	2014	2015	2016	2017	2018	2019	2020	2021	2022
汇丰控股	毕马威							普华永道						
巴克莱银行	普华永道							毕马威						
劳埃德银行	普华永道												德勤	
苏格兰银行	德勤							安永						

续表

年份	2009	2010	2011	2012	2013	2014	2015	2016	2017	2018	2019	2020	2021	2022
渣打银行	毕马威												安永	
西敏寺银行	—	德勤					安永							
桑坦德银行	德勤						普华永道							
维珍金融	安永													
英国合作银行	毕马威					安永								
英国首都银行	安永													

英国的强制审计轮换制度实施于 2015 年，以提升审计质量和独立性。在严厉审计新规的压力下，汇丰控股、巴克莱银行、苏格兰银行、西敏寺银行、桑坦德银行、英国合作银行共 6 家银行在 2015 年前后完成审计轮换，结束了与原事务所的多年合作关系。劳埃德银行 2020 年宣布任命德勤为其新的会计师事务所，从而结束与普华永道长达 150 多年的合作；渣打银行 2020 年也聘请安永接替毕马威负责其外部审计，完成审计轮换。未来几年审计轮换将逐步完全覆盖英国的银行业。

（三）德国

表 3-4 选取 2009—2022 年德意志银行、德国中央合作银行、德国复兴商业银行、德国商业银行、德国联合抵押银行、德国巴登-符腾堡州银行、德国巴伐利亚州银行、北德意志州银行、赫拉巴国际商业银行以及德国北威州银行作为研究对象，对德国大型商业银行审计轮换情况展开分析。

表 3-4 2009—2022 年德国大型商业银行审计轮换情况

年份	2009	2010	2011	2012	2013	2014	2015	2016	2017	2018	2019	2020	2021	2022
德意志银行	毕马威												安永	
德国中央合作银行	安永										普华永道		
德国复兴商业银行	毕马威							安永						
德国商业银行	普华永道							毕马威						

续表

年份	2009	2010	2011	2012	2013	2014	2015	2016	2017	2018	2019	2020	2021	2022
德国联合抵押银行	普华永道	毕马威					德勤						
德国巴登-符腾堡州银行	普华永道					毕马威					德勤		
德国巴伐利亚州银行	安永	普华永道			德勤					普华永道			
北德意志州银行	安永				毕马威					安永				
赫拉巴国际商业银行	普华永道							安永					
德国北威州银行	毕马威							安永					

德国自 2016 年起对国内银行业实施强制审计轮换制度。从表 3-4 中可以看出，德国复兴商业银行、德国商业银行、赫拉巴国际商业银行共 3 家银行已经在 2017—2018 年进行了审计轮换；德国联合抵押银行、德国巴登-符腾堡州银行、德国巴伐利亚州银行、北德意志州银行和德国北威州银行共 5 家在强制审计轮换规定生效前已经实行了审计轮换。2020 年，德意志银行、德国中央合作银行、德国巴登-符腾堡州银行、德国巴伐利亚州银行、北德意志州银行均进行了审计轮换。其中，负责德意志银行和北德意志州银行审计的事务所变更为安永；德国中央合作银行和德国巴伐利亚州银行的审计业务由普华永道承接。

（四）日本

表 3-5 选取 2009—2022 年三菱日联金融集团、日本邮政银行、三井住友金融集团、日本瑞穗金融集团、日本中央农林金库、三井住友信托控股、理索纳银行、野村控股、信金中央金库以及福冈金融集团作为研究对象，对日本大型商业银行审计轮换情况展开分析。

表3-5 2009—2022年日本大型商业银行审计轮换情况

年份	2009	2010	2011	2012	2013	2014	2015	2016	2017	2018	2019	2020	2021	2022
三菱日联金融集团	德勤													
日本邮政银行	毕马威													
三井住友金融集团	毕马威													
日本瑞穗金融集团	安永													
日本中央农林金库	安永													
三井住友信托控股	德勤				毕马威									
理索纳银行	德勤													
野村控股	安永													
信金中央金库	安永													
福冈金融集团	安永													

日本公认会计士协会（JICPA）准则只规定2006年后一定规模以上事务所的项目合伙人任期不得超过5年，但在事务所轮换方面，JICPA无强制要求。从表3-5中可以看出，2009—2022年，日本大型商业银行中，除三井住友信托控股在2013年有过事务所聘任变更，其余9家银行均与事务所保持着稳固的聘任关系，未进行事务所的轮换。目前，安永独揽日本5家大型商业银行的年审业务，毕马威承接了3家，德勤为2家大型商业银行提供年审服务。

（五）新加坡

表3-6选取2009—2022年星展银行、华侨银行、大华银行、马来亚银行、渣打银行、花旗银行、汇丰银行、SBI新加坡、中国银行以及RHB银行为研究对象，对新加坡大型商业银行的审计轮换情况展开分析。

表 3-6　2009—2022 年新加坡大型商业银行审计轮换情况

年份	2009	2010	2011	2012	2013	2014	2015	2016	2017	2018	2019	2020	2021	2022
星展银行	普华永道													
华侨银行	毕马威										普华永道			
大华银行	安永													
马来亚银行	安永													
渣打银行	毕马威						安永							
花旗银行	毕马威													
汇丰银行	毕马威				普华永道									
SBI 新加坡	德勤										毕马威			
中国银行	普华永道				安永						普华永道			
RHB 银行	普华永道													

新加坡大型商业银行来自世界各地，包括本土的星展银行、华侨银行、大华银行，马来西亚的马来亚银行和 RHB 银行，英国的渣打银行和汇丰银行，美国的花旗银行，日本的 SBI 银行以及中国的中国银行。在审计轮换方面，新加坡未对银行业提出强制要求。2009—2022 年，星展银行、大华银行和马来亚银行、花旗银行和 RHB 银行皆未更换事务所。其他银行的轮换情况见表 3-6。

三、小结

通过以上 6 个国家的大型商业银行审计轮换情况分析可以看出：美国、日本、新加坡未对银行业强制实施审计轮换制度，银行客户与审计机构保持了多年的稳定合作。自强制审计轮换制度生效以来，英国的大多数商业银行已有序开展审计轮换，未来几年第一次轮换将完全覆盖；德国银行业对审计轮换的响应时间较早，推进速度较快，审计轮换成果显著；中国要求银行业执行强制审计轮换的时间最早，轮换期限较短使中国银行业更快迎来第二轮审计轮换。

与同样实行强制审计轮换制度的英国和德国相比，我国银行业的审计轮换周期更短，轮换速度更快，这与我国更为严格的审计任期管制密切相关。我国要求金融企业的审计任期不得超过 8 年，而英国、德国银行业的最长审计任期分别为 20 年、24 年,而且即便在较长的审计任期中,上述银行也并未出现重大审计失败或财务舞弊事件,仍保证了应有的审计质量。这意味着我国商业银行在保证相同审计质量的情况下,要承担更多审计招标成本、审计沟通成本等其他轮换成本。商业银行由于规模大、业务复杂,对审计技术的要求更高。频繁的审计轮换不利于事务所审计经验的积累,审计师在业务承接的初始阶段需要投入更多时间和精力来了解银行信息环境和流程,反而难以保证重点风险领域的审计质量。

此外,值得注意的是,与其他国家相比,我国各大商业银行的审计任期同步性较弱,存在交错承接业务的情形,这导致某一时期,某一事务所可能同时承担多家银行的审计业务,审计负荷较重,难以合理配置有限的银行专业审计团队。

第二节 审计任期监管:中国探索与国际概览

审计轮换管制的目的在于确保会计师事务所独立于审计客户,通过固定任期的强制轮换避免合伙人因为与客户长期合作建立私人关系,形成过度依赖而损害审计质量。

安然及其会计师事务所安达信的倒闭,迅速促使世界各地的监管机构考虑用不同的机制来增强审计机构的独立性。世界各地的立法机构、监管机构和专业组织建议在合伙人和事务所层面实行强制性的审计轮换制度,作为降低客户-审计师熟悉度和引入新观点的潜在手段,从而提高审计独立性和审计质量。然而,较长的审计任期有助于降低上市公司的转换成本,有利于审计经验和客户知识的积累。因此,监管机构在制定审计轮换政策时,应考虑二者的平衡。

当前不同国家根据本国的审计市场特点,制定了不同审计轮换政策,主要包括事务所层面的强制轮换和签字注册会计师层面的强制轮换,以及对特定行业、企业提出了特殊的轮换要求。

一、中国探索

财务舞弊和审计失败推动审计轮换取得初步进展。为提高签字注册会计师的财务和业务独立性，自 1995 年以来，中注协和财政部一直致力于建立一套新的独立审计准则，该准则与国际会计师联合会（IFAC）颁布的《国际审计准则》高度趋同。中注协和财政部于 1996 年启动了"脱离计划"（Gul, et al., 2009）。该计划要求所有事务所切断与赞助机构的联系。连续多起重大财务舞弊和审计失败事件，尤其是 2001 年的"银广夏"事件，引发了社会各界对改善注册会计师执业环境、确保审计质量的广泛关注。

中注协在 2002 年 6 月颁布的《中国注册会计师职业道德规范指导意见》提出：会计师事务所应定期轮换其项目负责人和签字注册会计师，以维护独立性。此时未对轮换的最低期限作出明确规定。

2003 年 10 月，证监会和财政部联合发布《关于证券期货审计业务签字注册会计师定期轮换的规定》，首次将定期审计轮换作为一项增强审计独立性的重要措施写入了注册会计师的监管制度。规定自 2004 年 1 月 1 日起，签字注册会计师及审计项目负责人连续为某一相关机构提供审计服务，不得超过 5 年，且签字注册会计师已连续为同一相关机构提供 5 年审计服务并被轮换后，在 2 年以内，不得重新为该相关机构提供审计服务。这使得我国审计轮换制度更加具体化，可操作性更强。

为规范中央企业年度财务决算审计工作，促进提高企业会计信息质量，国资委于 2004 年制定了《中央企业财务决算审计工作规则》，规定企业委托的会计师事务所应当连续承担不少于 2 年的企业年度财务决算审计业务，且同一会计师事务所承办企业年度财务决算审计业务不应连续超过 5 年。

2005 年，国资委发布《关于加强中央企业财务决算审计工作的通知》，要求加强中央企业财务决算审计工作，强调进一步加强财务决算审计管理工作，对企业年度财务状况、经营成果和现金流量真实性、合法性进行综合检验。同时，强调严格财务决算审计范围与内容，统一规范会计师事务所选聘工作，对会计师事务所人数、执业资信条件和数量作出更详细的规定。对于会计师事务所的审计年限，规定中央企业委托会计师事务所连续承担财务决算审计业务应不少于2年，同一会计师事务所连续承担企业财务决算审计业务不应超过5年。对连续承担企业财务决算审计业务已超过5年的会计师事务所必须进行更换。同时，要求中央企业需要变更会计师事务所的，应由企业总部按照国资委有关委托会计师事务所的规定，采用招标等方式确定。

2023年，财政部、国资委和证监会发布《国有企业、上市公司选聘会计师事务所管理办法》，完善国有企业、上市公司选聘会计师事务所的相关规定。该办法进一步规范国有企业会计师事务所选聘流程，遏制恶性竞争，同时健全完善会计师事务所的轮换政策。

中国对中央企业审计的双重轮换提出硬性规定。《关于会计师事务所承担中央企业财务决算审计有关问题的通知》规定，会计师事务所连续承担同一家中央企业财务决算审计业务应不少于2年，不超过5年；进入全国会计师事务所综合评价排名前15位且审计质量优良的会计师事务所，经相关企业申请、国资委核准，可适当延长审计年限，但连续审计年限应不超过8年。

《国有企业、上市公司选聘会计师事务所管理办法》规定，审计项目合伙人、签字注册会计师累计实际承担同一国有企业、上市公司审计业务满5年的，之后连续5年不得参与该国有企业、上市公司的审计业务。审计项目合伙人、签字注册会计师由于工作变动，在不同会计师事务所为同一国有企业、上市公司提供审计服务的期限应当合并计算。审计项目合伙人、签字注册会计师承担首次公开发行股票或者向不特定对象公开发行股票并上市审计业务的，上市后连续执行审计业务的期限不得超过2年。

区别于其他上市公司，中国对于金融企业双重轮换提出了严格要求。财政部于2010年12月发布《金融企业选聘会计师事务所招标管理办法》，要求签字注册会计师连续承担同一金融企业审计业务不超过 5 年；金融企业连续聘用同一会计师事务所原则上不超过 5 年，在特定情况下可以适当延长聘用年限；会计师事务所一经中标，有效期限最长为 3 年。2011 年 12 月，财政部和国资委发布《关于会计师事务所承担中央企业财务决算审计有关问题的通知》，要求经财政部、证监会审核推荐从事 H 股企业审计且已经完成特殊普通合伙转制的大型会计师事务所，连续审计年限达到上述规定的，经相关企业申请、国资委核准，可自完成转制工商登记当年起延缓 2 年轮换，但连续审计年限最长不超过 10 年；会计师事务所连续审计年限按上述规定可以超过 5 年的，应当自第 6 年起更换审计项目合伙人和签字注册会计师。

二、国际概览

（一）美国

美国在合伙人轮换方面拥有长期经验：早在 1978 年，美国注册会计师协会（AICPA）就引入了合伙人轮换制度，要求首席审计合伙人在 7 年后轮换。然后在返回之前，合伙人必须经历 2 年的冷却期。

安然、世通等多起重大欺诈案件催生了严格的 SOX 法案。该法案第 203 条明确指出，对审计某发行证券公司的注册会计师事务所而言，如果其负责该审计项目的合伙人或负责复核该审计项目的合伙人已连续超过 5 年对该公司的审计或复核负责，则该事务所提供上述审计业务的行为是非法的。这项规定强调了 5 年的强制性合伙人轮换，甚至将任期缩短了 2 年。在 SEC 2003 年的最终规则实施之前，AICPA 采用了为期 2 年的冷却专业实践标准。在讨论了包括永久禁止审计合伙人转回前客户在内的各种方法后，SEC 最终决定，从 2003 年 5 月 6 日起，对牵头和合作的审计合伙人实行 5 年的冷却期。包括 AICPA 在内的许多专业机构主张缩短冷却期，要求除业务合伙人和复核合伙人外，受轮换要求的合伙人在不超过 7 年的时间

第三章 商业银行审计任期与商业银行审计质量

内轮换，并有 2 年的暂停。

美国审计总署（GAO）的研究结论搁置了审计轮换的建议。SOX 法案第 207 条要求，审计总署应就强制要求轮换会计师事务所的潜在影响进行研究和评论。在以《财富》1 000 强上市公司为对象，进行了为期 1 年的关于强制审计轮换的潜在影响的研究后，GAO 表示，考虑到额外的财务成本和上市公司前任审计人员关于公司的信息记录的缺失，强制审计轮换可能不是提高审计师独立性和提高审计质量的最有效方法。这一结论明显倾向于暂缓实行会计师事务所的强制轮换，此后审计轮换的议题被搁置了 10 年。虽然 GAO 不建议强制审计轮换，但如果 SOX 法案没有带来审计质量的改善，那么 GAO 建议重新审视这个问题。

2011 年，PCAOB 提出事务所轮换是保证审计师保持独立性并持有高水平专业怀疑态度的最好方法。2013 年 7 月，美国国会否定了对事务所进行审计轮换的可能性。PCAOB 主席詹姆斯·多蒂（James Doty）在 2014 年 2 月对 SEC 表示："我们没有正在进行的项目，也没有在董事会内部开展工作以推进审计任期限制，但我们会继续考虑对独立性有何影响，除了强制性的审计轮换。"

（二）欧盟

财务丑闻和 SOX 法案推动欧盟加强审计监管，审计合伙人轮换开始实施。欧盟委员会（European Commission）在 2002 年 5 月发布的审计独立性建议文件中要求每 7 年实行审计合伙人轮换。之后受美国 SOX 法案的影响，以及为应对 21 世纪初欧盟接连出现的财务丑闻，欧盟加快了审计法定独立性的改革，强化了对会计师事务所业务的规范要求。

2006 年 5 月 17 日，欧盟颁布了新的第 8 号公司法指令（E. C. Directive 2006/43/EC），规定，为了加强公共利益实体的审计独立性，关键审计合伙人应自任命之日起 7 年内进行轮换，且此后 2 年内该关键审计合伙人不能再次参与同一实体的审计。欧盟成员国被给予 2 年的时间来执行该指令（直到 2008 年中期），且允许成员国实施更严格的要求。

关于审计轮换进行了长期讨论与权衡。金融危机之后，欧盟委员会于 2010 年 10 月发布了题为《审计政策：来自危机的教训》的绿皮书。人们对银行、对冲基金、监管机构和央行在危机爆发前所扮演的角色给予了大量关注，但很少有人关注上市公司的会计师事务所（签字注册会计师）可能扮演的角色。绿皮书中表达的关键点之一是，在普华与永道合并以及安达信倒闭之后，越来越多的公司被少数的几家大型会计师事务所审计。2011 年，欧盟委员会曾建议会计师事务所每 6 年必须强制轮换；在联合审计的情况下，每 9 年就必须强制轮换。2013 年 4 月，欧洲议会法律事务委员会通过的法律草案规定，会计师事务所的轮换期限为 14 年，在相关保障措施落实到位的情况下，轮换期限可延长至 25 年，然而德国和奥地利等成员国强烈反对如此长的审计任期。

欧盟新规吹响了欧盟审计市场改革号角，强制事务所轮换终生效。2014 年 4 月 3 日，欧洲议会投票通过了新的欧盟审计法规与指导意见（2014/56/EU 指令和 537/2014 号法规）。2014 年 6 月 17 日，《欧盟法定审计市场的改革——常见问题》的颁布与生效正式宣布了欧盟审计市场改革的开始，新通过的法规及修订案规定，从事"公共利益实体"审计业务的会计师事务所每 10 年必须进行轮换，10 年后如果继续中标，还可以再审计 10 年，最长不超过 20 年，但如果审计业务采用了公开投标方式或者联合审计方式，那么轮换期限可以适当延长。

欧盟的强制事务所轮换政策实际较为宽松，具体为：如果审计业务通过公开投标方式获得，那么成员国可以将轮换期限延长，最长为 20 年；如果审计业务采用联合审计方式，由多家会计师事务所联合执行，那么轮换期限最长可以延长至 24 年。在最长任期届满后，公共利益实体可以再任命会计师事务所 2 年，即如果由单个事务所提供审计服务，则采用"10＋10＋2"规则，如果有联合审计，则采用"10＋14＋2"规则。欧盟成员国可以早于生效日期即 2016

年 6 月 17 日执行事务所轮换制度，甚至缩短事务所审计任期。

(三) 英国

审计轮换经历了漫长的探讨。1987 年英国贸工部曾对会计师事务所定期审计轮换进行研究，但各方未就此问题达成共识。安然事件后，为了吸取教训，英国政府建立了审计与会计问题协调小组，其职能是制定一系列改革措施来应对安然事件等会计丑闻引起的公众信任度的降低。2003 年 1 月，该小组建议将签字注册会计师的审计任期调整为 5 年，但认为会计师事务所强制轮换制度的实施不是必要的。同时，贸工部在向国会提交的报告中提出：建议实行审计小组所有成员轮换制，审计轮换的时间由 7 年改为 5 年，并研究会计师事务所轮换制度的可行性。

审计合作人轮换制度落地实施。2009 年 3 月，英国审计实务委员会 (APB) 发布了最终修订的《职业道德准则第 3 号——与审计业务的长期联系》(ES 3 (Revised))，规定关键审计合伙人的最长轮换期限为 5 年，期满后至少 5 年不能参与同一上市实体的审计，但在公司审计委员会认为有助于提高审计质量的情况下，可以将关键审计合伙人的轮换期限延长至 7 年，并且须在年度报告中对延长决定和延长理由作出清晰的披露。质量控制审核合伙人的轮换期限从 5 年增加到 7 年，期满后至少 5 年不能参与同一上市实体的审计。其他审计合伙人的最长轮换期限保持为 7 年，期满后至少 2 年不能参与同一上市实体的审计。这一规定自 2009 年 12 月 15 日开始实施。

英国竞争委员会 (CC) 和英国竞争与市场管理局 (CMA) 携手推动英国审计市场改革，事务所轮换得到落实。2013 年 10 月 15 日，CC 发布了《大公司法定审计服务市场调查报告》。2014 年 9 月，参照欧盟 2014 年审计指令和条例的要求，CMA 发布了最终命令，并于 2015 年 1 月 1 日生效，以对英国审计市场进行改革。2015 年 3 月，商业、创新与技能部 (BIS) 和财务报告委员会 (FRC) 以及 CMA 合作制定了事务所招标和轮换框架，明确招标和轮换时间表。

2015年7月，英国政府宣布所有公共利益实体必须每10年进行一次审计招标，最长每20年进行事务所变更，无论是单独审计还是联合审计（不同于欧盟有关联合审计可以延长至24年的规定）。此外，在20年审计任期期满后，事务所至少4年后才能再次负责同一实体的审计业务。

（四）德国

欧盟发布相关指令之前，德国已成功实施审计轮换。1994年，德国金属公司濒临破产，审计轮换问题在德国得到了广泛的关注，德国央行推出了5年的审计师轮换期，但这一规定并没有得到严格执行。1998年，德国通过《企业控制和透明度法案》修订了其商业法规，规定如果审计合伙人在10年的审计客户关系中签署了6次审计报告，将被迫放弃担任该审计职务，该轮换要求于2002年生效，以增强审计合伙人的独立性和减少审计潜在的利益冲突。2004年，德国在《会计法改革法案》中修改了上述要求，规定审计合伙人在任期满7年后必须进行轮换。目前德国保留了关键审计合伙人的7年轮换期制度，但是没有冷却期的相关条款规定。

紧跟欧盟审计新规，德国颁布事务所轮换双层方法。如前所述，2014年欧盟颁布新的审计指令和条例，要求成员国实施审计公司强制轮换。为实施欧盟的审计改革立法，2015年、2016年经德国议会讨论和投票，德国对强制审计轮换采取了双层方法：银行和保险公司的事务所必须每10年轮换一次，没有延长期限的选择权；其他公共利益实体可通过招标或联合审计的方式分别申请延长10年和14年，具体依照欧盟审计立法，且强制审计轮换的实施过渡时期与欧盟规定基本保持一致。

（五）日本

国内外财务丑闻使日本加强了对审计师独立性的监管。在安然等公司欺诈事件发生后，美国、英国、澳大利亚等国相继出台重要法规和法律，对注册会计师行业监管体系进行改革。面对国内财务审计丑闻层出不穷的情况，日本财务省对 GAAP 审计制度的各个方面进行了详细而集中的审查，主题是如何确保资本市场的信誉并加强资本市场的作用。2002 年 12 月，审查结果形成《公认会计士审计制度的充实和强化》报告公开发布。日本政府根据该报告对《公认会计士法》进行了进一步的研究和修订，于 2003 年 3 月提交给国会，对公认会计士的使命和责任进行了明确规定，加强了公认会计士监管制度。该法案分别在参议院和众议院获得通过，并于 2003 年 6 月 6 日正式发布。

对《公认会计士法》的修订，包括明确公认会计士的使命和责任；提高公认会计士的独立性；丰富和加强对公认会计士的监管制度；修订注册会计士考试制度；修订审计法人制度；确认 JICPA 的监管权限；对公认会计士的提示和惩罚；处罚规定；等等。其中，修订的重点是与审计独立性、监管制度、审查制度和审计法人制度有关的内容。根据修订后的《公认会计士法》，日本公认会计士的监管仍以政府监管为主，行业自律是重要组成部分。但政府在某些方面放宽了规定，给予行业协会更多的自主权；与此同时，政府和行业协会加大了监管处罚力度。

为了提高财务信息的可靠性，JICPA 对公认会计士制定了更严格的职业道德守则。《JICPA 道德准则》（简称"JICPA 准则"）进行了多次重大修订。第一次是 2000 年的全面修订，目的是与国际会计师联合会（IFAC）的《职业会计师道德守则》（1998 年 1 月修订）相协调；在《公认会计士法》修订版颁布后，于 2003 年 12 月和 2004 年 7 月分别进行了两次部分修订，进一步提高了对审计师的独立性要求。

（六）新加坡

审计独立性要求紧随 IFAC 的步伐，对事务所轮换持审慎态度。新加坡于 2002 年对银行实行了事务所强制轮换，在 2008 年"暂时中止"，原因是监管机构不希望在金融危机期间给银行带来更多的成本负担。新加坡公共会计师委员会（PAB）于 2002 年 9 月底发布了审计独立性的新准则来保证审计师在服务客户过程中的诚信和独立性，新准则与 IFAC 的做法保持一致，主要围绕禁止公共公司的审计师提供非审计服务、审计收费的限制等。对于公共公司的审计轮换制度，新加坡财政部和 PAB 持谨慎态度，表明短期内不会实施事务所强制轮换，但将继续关注轮换制度的可行性。

新加坡特许会计师协会（ISCA）于 2015 年 11 月 25 日颁布了《职业行为和道德准则》（EP 100 Code of Professional Conduct and Ethics，简称 EP 100），要求提高审计师的独立性和审计质量。2018 年 8 月 14 日进行了第一次修订，最近一次修订是在 2024 年 8 月 8 日，生效日期为 2024 年 12 月 15 日。EP 100 规定，对公共利益实体的审计，个人不得在超过 7 年的累计时间内担任以下任何职务或这些职务的组合：（1）审计业务合伙人；（2）负责审计业务质量控制复核的复核合伙人；（3）任何其他关键审计合作伙伴角色。如果该个人担任项目合伙人累计 7 年，则冷却期应为连续 5 年；如果被任命为审计业务质量控制复核的负责人，并且担任该职务累计 7 年，则冷却期应为连续 3 年；如果个人以任何其他身份作为关键审计合伙人累计 7 年，则冷却期应为连续 2 年。在会计师事务所的强制轮换方面，新加坡未有规定。

三、小结

表 3-7 是对上述不同国家和地区的审计轮换制度进行的比较，可以看出：美国、日本、新加坡等要求执行审计合伙人轮换；欧盟、德国、英国等则要求在执行审计合伙人轮换的同时，需进行事务所轮换；在执行审计合伙人轮换的基础上，我国仅要求金融企业和中央企业进行事务所轮换。同时，不同国家和地区规定的轮换期限和实施范围存在较大差异：如我国要求金融企业和中央企业的事务所每 5 年进行轮换，而欧盟要求公共利益实体（PIE）的事务所每 10 年轮换一次，在公开招标或联合审计的情况下甚至可以延长至 20 年或 24 年，并且在最长任期届满后，可以再任命审计事务所 2 年。

第三章　商业银行审计任期与商业银行审计质量

表 3-7　不同国家和地区的审计轮换制度

国家和地区	合伙人轮换	事务所轮换
中国	5 年	金融企业及中央企业 5 年轮换（每 3 年进行一次招标）
美国	5 年	不强制要求事务所轮换
日本	5 年	
新加坡	上市公司 5 年 其他公共利益实体 7 年	
欧盟	7 年	公共利益实体至少每 10 年轮换一次 成员国可以选择将事务所的审计任期延长至：最长 20 年（须在 10 年后进行公开招标）；最长 24 年（须有联合审计安排）；最长任期届满后，公共利益实体可以再任命审计事务所 2 年
英国	5 年	20 年（每 10 年进行一次招标）
德国	7 年	双层方法：所有公共利益实体的标准轮换期限为 10 年。银行和保险公司不能延长事务所任期；所有其他公共利益实体都可以选择通过招标延长 10 年或通过联合审计延长 14 年

此外，不同国家和地区的审计轮换制度也并非一成不变，存在一定范围的调整：如新加坡于 2002 年对银行业实行了事务所强制轮换，但是在 2008 年暂时中止了轮换规定；欧盟于 2006 年在合伙人层面实施了强制轮换规则，在 2014 年决定将定期轮换扩展到事务所层面；加拿大、澳大利亚等一些国家也曾中途取消过相关审计轮换规定。

整体而言，我国现有审计轮换制度与主要国家和地区相比较为严格，具体表现在：同时涉及审计师层面和事务所层面的轮换，强制轮换期限，招标周期较短。在过去数十年中，尽管上述国家和地区执行的审计轮换制度总体较为宽松，但并未因此出现较为严重的审计失败和财务舞弊事件。我国审计轮换制度，尤其是针对金融企业和中央企业的管制较为严格，对于此类规模体量较大、业务类型复杂、审计技术要求较高的企业而言，可能难以保持审计的稳定性，不利于审计师持续积累经验、跟踪了解客户，从而导致审计成本提高，也可能在一定程度上损害审计质量。应当重新审视现有审计轮换制度的合理性。

第三节　审计任期与审计质量：理论辨析

在会计师事务所为客户提供审计服务的过程中，随着审计师任期的增加，一方面，密切的审计师-客户关系可能损害审计师独立性，出现熟悉性威胁、经济依赖性和审计测试惯性，从而损害审计质量；另一方面，审计师通过重复审计能掌握更多客户信息，积累丰富的审计经验，有利于提高自身专业性和胜任能力，进而提高审计质量。

Dordzhieva（2022）构建了一个理论模型来考察强制轮换制度对审计独立性的影响，这是当前关注的核心问题。在独立审计报告可能披露过去错误行为的市场中，较长的审计任期起着重要的约束作用。在强制轮换的情况下，审计任期限制导致这种约束作用部分消解。

Laurion等（2017）调查了美国上市公司审计轮换的影响。总体而言，调查结果提供了一些证据，表明美国的合伙人轮换支持对审计业务进行重新审视。研究考察了重述（发现、公告和错报）、减记和特殊项目的发生率，以及围绕合伙人轮换的估值备忘和准备金（以下简称"备忘"）的变化。如果新任合伙人发现了与GAAP不一致之处或错误，那么在新任合伙人的领导下，重述发现和公告的频率应该增加。如果新任合伙人提供更彻底的审计，那么在新任合伙人的领导下，错报的频率可能会降低。

此外，审计的一项重要要求是对管理估计进行怀疑分析，这将影响到减值、特殊项目和与津贴有关的应计项目。如果即将离任的审计合伙人在 GAAP 建议采取此类措施时没有要求增加资产减值或准备，那么具有更强独立性和要求披露能力的新任合伙人更有可能要求减值或增加准备。

根据 DeAngelo（1981）的定义，识别和披露财务报告问题是审计质量的两个关键组成部分。因此，Laurion 等（2017）检查上述财务报告措施的变化，试图捕捉新任合伙人识别并要求披露会计问题以符合 GAAP 的情况。研究结果表明，合伙人轮换后，重述发现和重述公告的频率分别增加了 5.9 和 5.1 个百分点。这些重述主要涉及关联方或子公司问题、所得税会计、现金流量表分类错误和固定资产减值问题。尽管该研究发现在合伙人轮换后准备金增加额为资产的 0.8%，但这并不改变其对审计业务的整体影响。

合伙人轮换已经成为会计师事务所质量控制流程的一个组成部分。审计合伙人轮换旨在保持审计独立性，为审计业务带来新的面貌，同时保持审计连续性和整体审计质量。审计合伙人轮换避免了长期的审计师-客户关系损害合伙人的客观性和独立性。

具体来说，随着合伙人对管理层越来越熟悉，他们更有可能失去独立性并默认客户的立场（Bamber & Iyer，2007）。合伙人也可能不愿意进行重述，因为这可能对其薪酬产生不利影响（Hennes，et al.，2014）。新任合伙人能够带来新的观点和专业知识，有助于应对审计师熟悉性带来的挑战。虽然新任合伙人可能不注意其他合伙人过去的错误，但如果他们不纠正错误、不调整不合理的假设，就会增加诉讼风险。合伙人轮换也可能有成本，包括管理层对新任合伙人选择的影响（Cohen，et al.，2010）；新任合伙人可能对客户了解较少，缺乏行业专业知识（Daugherty，et al.，2012）。合伙人轮换一般反映了取代轮换整个事务所的折中办法，后者涉及更高的转换成本。

监管机构强调合伙人轮换必须平衡实现新面貌和独立性的需要与确保审计项目组由合格审计师组成的要求。因此，现有关于审计任期和审计轮换的文献形成了两类不同观点的假说：独立性假说和专业性假说。

一、独立性假说

独立性假说认为，审计任期增加，审计质量可能受到负面影响，主要表现在以下几个方面。

首先，长期服务于同一客户可能导致审计师失去独立性，因为他们过于熟悉客户，可能会影响审计报告的客观性。IFAC《职业会计师道德守则》规定，由于与审计客户及其董事、管理人员或员工的密切关系，事务所或审计团队成员过于维护客户的利益，就会发生熟悉威胁。这种威胁可能导致审计合伙人作出不恰当的审计报告决策。持这种观点的学者多是基于"私人关系"视角的分析。私人关系理论认为，审计任期的延长容易助长审计师-客户亲密关系的形成，而亲密关系将对审计独立性造成损害，从而降低审计质量。

其次，长期服务于同一客户可能会增加审计师对客户的经济依赖性，可能导致审计师为了维持客户关系而牺牲独立性。审计技术启动成本高昂，现任审计师由于掌握了大量客户信息而比潜在竞争者具有成本优势，因而能够赚取特定客户未来审计业务的"准租金"（DeAngelo，1981）。为避免失去特定客户的准租金，会计师事务所有动机牺牲独立性，出具有利于客户的审计报告，对于规模较大、审计费用更高的客户，审计师的这种动机更强。强制审计事务所轮换制度旨在通过对审计业务进行全新审视和打破可能侵蚀事务所独立性的经济纽带来提高审计质量。

最后，审计任期增加会令审计师陷入审计测试惯性。同一事务所长期为特定客户提供审计服务可能会受到某种专业惯例的影响，审计师会越来越依赖以前年度的审计测试，忽略在以前的审查中被视为"正确"的某些会计领域，从而可能遗漏重大错误，导致审计质量较低。

基于独立性假说，一些利益相关的组织和机构不同程度地对强制审计轮换表示了支持。事务所轮换的支持者认为，强制轮换提高了审计独立性和客观性，因为审计师-客户关系可能使审计师自满，不愿挑战管理层。Gietzmann 和 Sen（2002）借助模型分析认为强制审计轮换的效果关键取决于审计师-客户组合的结构特征以及某些单个客户在审计师-客户组合中的重要性。研究结果表明，尽管强制审计轮换的成本较高，但是在大客户相对较少的市场中，改进审计独立性带来的收益将超过成本。这说明在某些审计市场中实施强制审计轮换至少在经济上可能是有效的。

  Nagy（2005）关于安达信倒闭后的一次性强制审计师变更研究在一定程度上为此提供了证据。以操纵性应计项目为衡量标准，研究发现仅仅对于小公司而言，负责审计的会计师事务所从安达信变更到另一家国际大型会计师事务所能够提高审计质量。美国教师退休基金会（TIAA-CREF）及公共信托和私人企业委员会都曾公开发表声明认为强制审计轮换能够提升审计质量。美国劳工联合会-产业工会联合会（AFL-CIO）在对众议院金融服务委员会的证词中亦建议 SEC 应该实施审计师轮换。SEC 前主席威廉姆斯（H. Williams）建议美国参议院出台强制审计师轮换的相关规定，以保证审计师独立性。

  此外，对股东偏好的调查表明，随着审计任期的延长，大部分股东在投票时更加不倾向于支持现任审计机构，他们认为长审计任期将会对审计质量产生负面影响。一些文献认为强制审计轮换能够缓解上述负面影响，一些证据也支持了这一观点。

  首先，审计轮换从形式上保证了审计师的独立性，使得理性的投资者能够相信审计师将无偏见地执行审计业务。正如 SEC 前总会计师特纳（Turner）所言："审计师的独立性实际上只关乎一件事——投资者对数据的认同。"审计师与客户之间的短期关系可能会增加投资者对公司财务报表数据的信心。

  Chi 和 Huang（2005）通过调查事务所和审计合伙人的任期对操纵性应计盈余的影响，探讨了审计任期对盈余质量的影响，研究发现在审计合伙人与事务所任期的最初几年，公司的盈余质量有显著提高，但是随着审计任期的延长（尤其是 5 年之后），较长的审计任期会对公司盈余质量产生负面影响，这一发现支持了独立性假说。Judge 等（2024）通过调查审计任期披露对投资者关于审计师独立性的看法有多长时间的影响，以及投资者对独立性的看法如何影响 PCAOB 新报告模式下的投资决策，研究驱动利益相关者行为变化的潜在心理机制。该研究发现，在审计报告中披露会计师事务所的长期任期会增加投资者对会计师事务所在进行审计时独立性受损的看法。然而，在审计报告中披露公司遵守 SEC 强制合伙人轮换要求是一种干预措施，可以减轻披露长期审计任期的影响，以至于在缺乏（存在）合伙人轮换披露的情况下，当披露长期审计任期时，投资者会（不会）感觉到独立性损害的增加。较长的审计任期披露削弱了投资者投资于其他数量上最优投资的偏好，这种关系部分是由独立性损害的感知驱动的。这一结果也被合伙人轮换披露所削弱。

随着 2017 年审计准则（AS 3101）的实施，审计师必须在审计报告中披露事务所任期，其目的是提高透明度，并提供与投资者决策相关的额外信息。会计师事务所担心审计报告中对审计任期的突出披露会导致投资者不恰当地推断审计质量与长期审计任期之间有负相关关系。至少一位 PCAOB 成员也有同样的担忧，她认为在审计报告中包括审计任期"可能会传达一种暗示，即审计任期与审计质量和/或审计师独立性之间存在一种可能无效的一般关系"。Dunn 等（2021）发现，较长的审计任期披露会显著影响利益相关者行为，因为较长的审计任期披露增加了利益相关者对审计机构的反对和解雇。

其次，审计轮换有助于降低审计师对客户的经济依赖性（提高事务所的独立性），降低审计师支持客户不当会计处理的动机。Cameran 等（2016）研究了审计连任（审计任期为三年，可以连任两次，最长不超过九年）问题，发现由于审计师有动机在第一个和第二个三年期结束时重新任命，因此前两个三年期的审计质量低于第三个（即最后一个）任期，审计师在强制轮换前的最后一个三年任期中的审计质量更高。Corona 和 Randhawa（2010）的研究表明，审计师有动机在第二个任期误报，以掩盖由于能力不足而未能在上一任期报告舞弊。

此外，强制审计轮换可带来新的视角和方法，从而提高审计质量。更换新的事务所之后，审计师会以新的敏锐的眼光审视客户的财务报表，关注年度报告的所有领域。审计合伙人在任期的最初几年更有可能对客户审计测试采用创造性的方法，从而减少重大错报的遗漏。例如，Laurion 等（2017）对比美国 2006—2014 年轮换合伙人与非轮换合伙人的审计质量研究发现，在合伙人轮换后，新任合伙人会要求公司对财务报表进行更改，导致发现和报告的重述有所增加。相对于事务所内部的审计师轮换，事务所轮换更有可能降低审计师与客户之间的熟悉性威胁，从而在更大程度上提高审计师的独立性。强制轮换减少了审计合伙人/事务所留在客户身边的自由裁量权（相对于自愿轮换），从而引入了更大程度的独立性。

Pittman 等（2022）对中国审计市场的这些问题进行了研究分析。2003 年 10 月，中国证监会和财政部联合实施了一项规定，要求中国上市公司签署审计报告的合伙人每五年轮换一次。另外，中国的审计准则要求至少有两名审计业务审计师签署对上市公司发布的审计报告。该研究通过跟踪审计报告中的签名历史来确定合伙人的轮换情况及其联系的密切程度。

二、专业性假说

专业性假说认为，审计任期的延长有助于提高审计质量。基于专业性假说，相关研究认为强制审计轮换会造成专业知识损失，增加经济成本，进而降低审计质量，并提供了相关经验证据，主要包括以下三个方面。

首先，随着审计任期的增加，审计师可积累更多客户及其所在行业的相关知识和信息，因而能够提供更高质量的审计服务。强制审计轮换将导致审计师特定客户知识的损失，不利于专业知识积累，从而损害审计质量。

　　Dodgson 等（2020）强调，审计师受到经济利益（如避免客户流失）和社会利益（如建立和维持与客户的良好关系）的激励，寻求平稳过渡过程。例如，会计师事务所可以使用有更多社会关系的合伙人，并进行年度客户满意度调查。在某种程度上，人际关系促进了有效的信息传递（Cohen, et al., 2010），指派与离职伙伴有联系的同事作为继任者可以最大限度地减少轮换过程中的中断时间。审计质量随着审计任期的延长而提高，因为在任期内，审计师对客户的了解越来越多，因此更有可能发现欺诈和错报（Johnson, et al., 2002）。

　　Geiger 和 Raghunandan（2002）以进入破产程序的公司为研究对象发现，相对于长期的审计师-客户关系，在审计任期早期，公司破产前收到持续经营意见的可能性更小，即审计师在任职初期出现了更多的审计失败。Carcello 和 Nagy（2004）发现，当审计任期较短时（尤其是三年及以下），审计客户出现欺诈性财务报告的可能性更大，这在一定程度上支持了强制审计轮换后，新任审计师可能会忽略关键问题和重大错报，从而对审计质量产生负面影响。

　　Dordzhieva（2022）建立了一个理论模型，比较了审计师在有无强制轮换制度下发布独立报告的动机。该模型表明，在某些情况下，强制审计轮换实际上可能损害审计师的独立性。这种解释是基于客户与审计师之间的信息不对称，因为随着审计任期的增加，审计师对客户及其所在行业更加了解，二者之间的信息不对称程度降低。学习效应理论认为，审计活动属于生产活动，在审计过程中同样存在着学习效应，审计师对客户生产经营、供销体系、会计政策等方面的了解会随着审计任期的延长而逐渐深入，效率会不断提高，投入的人力、物力则会不断减少，因而，审计任期的延长将有利于审计质量的提高。

　　Krishnan 和 Zhang（2019）认为，许多审计行业相关人士不认可强制审计合伙人轮换，认为这可能会损害审计质量。他们识别了在委托书中披露审计合伙人轮换的公司样本，并研究了股票投资者是否认为合伙人轮换后审计质量发生了变化。研究发现，审计合伙人轮换后，盈余的信息量会大幅增加；卖空者认为轮换后的盈余质量高于轮换前的盈余质量；合伙人轮换后的股权资本成本较低。Ball（2009）同样指出，从法律意义上讲，公开资本市场中的审计师-客户关系较为特殊，审计师向投资者和公众提供对公司财务报告的鉴证服务，但他们是由客户公司选择并支付费用的，而客户公司是偏好更有利的审计报告的利益相关方。这意味着不考虑其他可能的收入，审计收费本身就创造了潜在的利益冲突。由于与特定客户相关的知识和信息有助于审计师发现财务报告重大错报，因此在审计任期早期，缺乏这种知识可能导致审计质量下降，而长任期有助于缓解这种不利影响。

其次，审计任期的延长有助于减少审计轮换成本与启动成本。强制审计合伙人轮换导致了离职合伙人在审计业务中积累的客户特定知识的不连续性，给审计师和客户都带来了较高的成本（Chi，et al.，2009；Daugherty，et al.，2012）。审计项目启动成本，以及审计轮换后发生的轮换成本均会导致审计成本增加；而审计连任可以避免事务所承担高昂的启动成本，从而更好地执行审计工作（Vermeer，2008）。

审计合伙人有保持独立性的经济动机（DeAngelo，1981），相较于审计轮换带来的增量收益（如审计质量的提高），审计轮换引发的增量成本（例如，客户的审计合伙人轮换成本、新任审计合伙人的审计启动成本、现任审计合伙人损失的"准租金"等）可能更高，从而降低社会整体效率。轮换成本可以定义为客户为新的审计业务支付的成本，包括向审计师介绍公司的环境、业务和财务报告问题的成本（Blouin，et al，2007）。审计合伙人轮换总是会给客户带来轮换成本，因为它们必须教育新分配的合伙人。

审计事务所轮换可能导致客户特定知识的流失，因此与审计合伙人轮换相比，前者可能导致审计师能力的下降。审计事务所轮换也可能掩盖通过审计师自愿轮换传递的客户特定信号。新任审计师需要花费一定的时间熟悉客户的会计系统、内部控制,尤其是客户经营模式、行业知识等("学习曲线")。在此期间,审计师可能会遗漏关键领域和重大错报,从而对审计质量产生负面影响。审计客户的业务越复杂、行业特征越强,审计师的学习曲线就会越凸向原点、越长,对审计质量的负面影响也越大。

2003年GAO在受美国国会委托的报告中指出,几乎所有大型会计师事务所的合伙人以及《财富》1 000强中的大多数上市公司高层管理者都认为,强制审计轮换的成本大于收益。普华永道表示,在审计任期初期,由于审计师缺乏对客户特定风险的了解,审计失败的可能性更高。博德豪会计师事务所(BDO Seidman)指出,长审计任期有助于审计师识别客户可能存在的重大错报。美国某参议员也认为,延长审计任期有助于提高审计质量,因为审计师能够更深入地了解客户的经营环境和内部控制。

最后,强制审计轮换也可能影响投资者对于审计意见购买风险的识别。从利益相关者的角度来看,在自愿进行审计轮换的情况下,市场利益相关者可以很容易地判断客户是否任命了新的审计机构,从而确定该公司是否存在购买审计意见的风险,进而判断公司财务报告的可靠性。而在强制审计轮换环境中,这一信号作用将遭到削弱。

Reid和Carcello(2017)通过评估市场对2011—2013年发生的可能采用强制事务所轮换制度的相关事件的反应来洞悉投资者的观点。结果表明强制审计轮换引发了市场负面反应。更重要的是,当审计任期较长、审计机构为四大会计师事务所时,市场对审计轮换的反应更消极。

Stewart等(2016)使用澳大利亚公司样本也发现了类似的证据。他研究了审计合伙人轮换与审计费用之间的关系,发现在轮换年度,审计费用与合伙人轮换之间存在显著的正相关关系。这种联系在第一年轮换中持续存在,在第二年轮换中程度较轻。分析表明,较高的审计费用与合伙人轮换是强制性还是自愿性有关。当将样本分为大型全球客户、中型客户和小型本地客户时,研究发现强制性和自愿性轮换与大型全球客户较高的审计费用相关,只有自愿性轮换与小型本地客户较高的审计费用相关。该研究没有发现合伙人轮换与中型客户的审计费用之间存在关联。而且事务所能够转嫁合伙人轮换成本的程度在审计市场的不同领域有所不同。

三、调和视角:最优审计任期

自 2004 年 1 月 1 日起,我国对上市公司实行签字注册会计师五年定期轮换的强制性措施。此外,值得关注的是,2004 年 2 月 5 日国资委出台的《中央企业财务决算审计工作规则》规定中央企业须实行为期五年的强制会计师事务所轮换,同时要求中央企业委托的会计师事务所应连续承担不少于两年的年度财务决算审计工作,这为国内研究者较为完整地考察强制审计轮换和审计保留的经济后果提供了研究机遇。由于数据的可获得性问题,该领域的研究以针对供需双方的问卷调查和实地研究为主。

根据上述两种对立性假说,已有研究对是否强制审计轮换的经济后果和规制效果进行了探索(龚启辉和王善平,2009;沈玉清,等,2006),对审计任期得出了不同结论。

基于独立性假说,支持审计轮换制度的观点有:

Firth 等(2012)利用中国审计合伙人轮换规则,探讨了冷却期届满时决定审计合伙人轮换的因素,以及当轮换合伙人时,审计质量是否受到损害。研究检验了决定审计合伙人轮换的四个假设因素,即转换成本、代理冲突、客户期望和审计合伙人的能力约束,这些假设因素是在关于审计师选择和审计师-客户关系的文献中提出的。研究利用中国强制审计合伙人轮换制度的数据,发现这四个假设因素都有助于解释合伙人轮换的做法。具体来说,如果合伙人与客户的熟悉程度更高,那么审计合伙人更有可能轮换回去;如果客户规模更大、更复杂、属于高风险类别,或者客户为未来的审计工作提供有限的任期，则审计合伙人不太可能轮换回去。如果客户在冷却期结束之前对审计前收益进行了更大的审计调整，那么原审计合伙人更有可能轮换回来，这表明客户考虑了机会主义的轮换成本。此外，研究还发现轮换合伙人在冷却期后的第一年倾向于更有利地对待原客户。

Nagy（2005）发现，强制事务所轮换可以有效地提高审计质量。江伟和李斌（2011）发现审计师与客户公司在长期的业务交往过程中所形成的融洽关系会损害审计师独立性，影响审计师公允披露其发现的重大错报，而审计轮换会缓解这种熟悉性威胁。龚启辉等（2011）与李志军和龙健华（2012）发现，较长的审计任期会增强审计师对客户资源的控制权，客户保留压力与资源利益会影响审计师对客户盈余管理等手段的容忍度以及审计意见的出具。基于上述负面影响，投资者也对审计轮换作出积极反应。

闫焕民等（2019）从审计团队视角，拓展了审计意见决策机制的理论研究，为监管者解读审计师任期管理行为并完善监管政策提供了科学依据。其考察了审计师任期交错对审计意见决策的影响。研究表明：作为项目团队核心的两位签字注册会计师的任期交错对审计意见决策产生负面影响，表现为任期交错的审计师更不倾向于出具非标意见，审计报告激进度更高；但年报项目团队隶属的上级业务团队规模越大且声誉机制越佳，可有效缓解任期交错的负面影响。拓展分析发现，审计师任期交错大都是主动行为，审计团队通过"错缝衔接"方式实现长期连任，间接规避轮换制度的约束并锁定客户收益，但忽视了下属项目团队成员的内部协同问题；审计专家个人声誉效应能够抑制任期交错的负面影响，但这与个体人口特征、事务所组织机制等无甚关联。另外，基于韩国强制事务所轮换的研究也证明了其对企业财务报告和审计质量的积极影响。

基于专业性假说，反对审计轮换制度的观点有：

Blouin等（2007）发现强制审计师轮换的公司并没有提高财报质量和审计质量。沈玉清等（2009）发现，按规定进行强制审计师轮换的公司在实行轮换后的盈余质量比轮换前有所下降，新任审计师对客户缺乏了解，增加了在初期不能发现重大财务报表问题的风险，而审计任期的延长会提高盈余质量。谢盛纹和闫焕民（2014）发现事务所轮换导致了较高的轮换成本，但审计质量更差，这表明事务所轮换的经济成本对审计质量有负面影响。

Firth 等（2012）利用中国的经验数据考察了审计师轮换对审计师独立性的影响，对强制审计师轮换的有效性和强制事务所轮换的有效性进行了比较研究。他们提出，围绕强制审计师轮换的辩论有两个主要视角。一是较长的审计任期可能损害实际或感知的审计师独立性，即任期视角（Carey & Simnett，2006；Johnson，et al.，2002），二是新任审计师可以提供一个新的视角，即轮换视角（Chi，et al.，2009；Dopuch，et al.，2001）。以往的相关研究大多侧重于第一个视角，很少有实证研究直接从后一个视角审视这个问题。研究预期在市场和法律制度欠发达（较发达）的地区，审计师受市场力量的约束较少（较多），保持审计质量的自律性较低（较高）。因此，在欠发达（较发达）地区，强制轮换可能发挥更大（小）的作用。该研究利用审计师发表修改审计意见的倾向代表审计质量，发现强制审计轮换的事务所与没有轮换的事务所相比，出现修改审计意见的可能性要大得多。在市场和法律欠发达地区，强制审计师轮换能够有效提高审计质量，而强制事务所轮换对审计质量没有显著影响。

总的来说，大多数学术研究获得的证据均不支持强制审计轮换制度（Stefaniak，et al.，2009）。多数研究结果表明不少能够表征审计质量的衡量指标随着审计任期的延长将得到改善，譬如随着审计任期的延长，审计师对盈余管理的容忍度会降低（Johnson，et al.，2002），能够更为有效地判断破产前景（Geiger & Raghunandan，2002），能够更有效地阻止和识别可能的欺诈行为（Carcello & Nagy，2004）。

强制审计师轮换成本很高（Arrunada，1997），这些成本包括熟悉客户的商业环境的成本,以及审计师在新业务中经历的能力下降所导致的其他间接成本(Arrunada & Pas-Ares,1997)。而随着审计任期的增加,对客户业务的了解可能有助于审计师评估风险和规划审计。因此,较长的审计任期可能提高审计师的能力,从而提高审计质量。AICPA在审查了406个审计失败的案例后,得出结论,审计失败的指控在审计业务的头两年发生的频率是随后几年的3倍。

通过采用多种审计质量度量方法,不少研究提供了强制审计轮换将对审计质量产生负面影响的证据。Johnson等(2002)发现短审计任期(2~3年)比中等审计任期(4~8年)和长审计任期(9年以上)的财务报告质量更低。但该研究并没有发现中等审计任期和长审计任期之间存在审计质量上的差别。Geiger和Raghunandan(2002)对审计任期与审计失败之间的关系进行了考察,结果表明审计任期越短,审计失败的可能性越大。进一步的研究表明在审计师-客户关系的早期阶段,对陷入财务危机的客户,审计师未签发持续经营不确定性审计意见(GCO)的风险明显更高。Geiger和Raghunandan(2002)与Carcello和Nagy(2004)提供证据表明,在欺诈、破产等背景下长审计任期更有助于改进审计质量。Jackson等(2008)考察了澳大利亚的审计任期与审计质量的关系。研究采用两个审计质量的度量指标,发现随着审计任期延长,尽管操纵性应计没有显著差异,但审计师更倾向于出具GCO,这表明强制审计轮换将损害审计质量。

值得注意的是,一些研究指出在某些特殊情形下,强制审计轮换尽管会导致相关成本上升(Gietzmann & Sen,2002),但可能对提高审计质量有帮助(Depouch, et al.,2001)。

Landsman等(2009)考察了大型会计师事务所对客户风险和偏差转换的敏感性在安然事件前后是否发生了变化。该研究发现虽然对客户偏差的敏感性有所提高,但对客户风险的敏感性普遍降低,说明大型会计师事务所应重新平衡其审计客户组合,以应对安然事件后安达信前客户的供应以及SOX法案加强审计要求所带来的能力限制，而不是提高它们对客户风险的敏感性。

其他证据表明，SOX 法案对需求冲击没有影响。出于对责任的担忧，普华永道和德勤流失了大量客户，随着公司以创纪录的速度重新公布收益，股东诉讼也有所增加。"我们已经提高了标准。"德勤美国审计业务主管格雷戈里·韦弗（Gregory Weaver）说。安永也与 200 多家客户分道扬镳。GAO 2006 年的报告也表明，大型会计师事务所对风险客户的选择更加挑剔。

然而，风险容忍度的降低可能并不能充分解释在安然和安达信倒闭后审计轮换行为的变化。特别是，这种解释没有考虑安然事件发生后审计市场的两个外生冲击的影响。具体来说，安达信的倒闭对剩余的大型会计师事务所的可用审计客户供应造成了外生冲击，SOX 法案的颁布对大型审计服务的需求造成了外生冲击，因为 SOX 法案第 404 条要求管理层和外部审计师报告公司对财务报告的内部控制是否充分。这些冲击导致大型会计师事务所的能力暂时受到限制，从而为大型会计师事务所创造了一个独特的机会，可以在不调整对客户风险敏感性的情况下重新平衡其审计客户组合。大型会计师事务所对客户组合的这种再平衡可以被视为一种特殊类型的客户重新调整，不同于审计客户经营环境（包括客户风险的变化）或审计公司战略的内生变化。该研究实证检验了客户风险和客户偏差是否与安然事件前后的大型会计师事务所轮换决策存在差异。出于对大公司客户投资组合管理的关注，Landsman 等（2009）考虑了三种类型的会计师事务所轮换决策：客户不变更大型会计师事务所；客户从一家大型会计师事务所转向另一家大型会计师事务所；客户从一家大型会计师事务所转向一家低级别会计师事务所。

由于难以直接评估强制轮换导致的成本和收益问题，Dopuch 等（2001）采用实验方法考察了强制轮换或强制保留审计师对审计师独立性和审计意见的影响，结果表明强制轮换或强制保留减小了审计师签发有利于客户管理层的有偏审计意见的可能性，从而提高了审计独立性。实验比较了四种管制情形：既不要求强制轮换亦不要求强制保留、仅要求强制保留、仅要求强制轮换，以及既要求强制轮换亦要求强制保留。研究发现后两种管制情形显著降低了审计师签发有偏审计意见的可能性。

Daniels 和 Booker（2011）考察了轮换背景下某一类会计信息使用者对审计师独立性的感知，研究发现信贷经理认为强制轮换下审计师独立性更高（但并不认为审计质量会明显提高）。因此，定期轮换可能会提高审计的客观性，并为审计客户的业务风险和报告提供新的视角。Dopuch 等（2001）研究发现强制轮换减小了审计师发表有利于管理层的有偏审计意见的可能性。一些学者研究发现，审计任期与审计失败（Casterella, et al., 2004）和客户公司接受不合格审计的可能性（Copley & Doucet, 1993）呈正相关。Nagy（2005）研究了在强制审计师轮换的情况下，审计任期对审计质量（以可操纵性应计利润衡量）的影响，在这种情况下，安达信的客户被迫更换审计机构。该研究发现小公司的审计任期和审计质量之间存在负相关关系。

此外，一些研究从审计质量感知的角度进行了探讨。Ghosh 和 Doocheol（2005）利用盈余反应系数（earnings response coefficient，ERC）分析方法发现，投资者和金融中介普遍认为，随着审计任期的延长，感知的审计质量也有所提升。他们的研究引发了对强制审计师轮换可能带来预期成本上升的担忧。研究进一步发现，审计任期的延长会提高审计师的声誉。

Mansi 等（2004）研究了审计任期与债务资本成本的关系，结果显示，审计任期与债务资本成本（尤其是对于非投资级债券的公司）呈负相关，这表明强制审计师轮换可能增加风险较高公司的筹资成本。针对 SOX 法案实施后美国采取的强制审计合伙人轮换制度的研究发现，不论是强制审计师轮换还是仅强制合伙人轮换，非职业投资者对审计独立性的感知并没有明显差异。这说明，对于目前的审计轮换管制来说，进一步要求强制审计师轮换并不能提高投资者对审计独立性的评价。Lu（2006）和 Teoh（1993）等利用建模分析审计师轮换与股票回报之间的关系,部分研究结果反对强制审计师轮换。

这些研究表明,审计师轮换更能够向投资者传递客户公司的负面信号,从而向市场提供信息。强制审计轮换可能降低了审计师轮换的信息含量,增加了客户管理层和投资者之间的信息不对称程度。

基于不同国家和地区数据的有关审计任期与审计轮换的研究存在不同的观点,具体如表3-8所示。

表3-8 审计任期与审计轮换的相关文献

国家/地区	审计轮换结论	相关文献
中国	支持	刘启亮(2006);江伟和李斌(2007);龚启辉,等(2011)
	不支持	沈玉清,等(2009);谢盛纹和闫焕民(2014)
	混合	陈信元和夏立军(2006);Firth, et al.(2012)
美国	支持	Blouin, et al.(2007);Boone, et al.(2008)
	不支持	Johnson, et al.(2002);Carcello & Nagy(2004)
欧盟	支持	Gul, et al.(2009);Daniels & Booker(2011);Cameran, et al.(2016);Rickett, et al.(2016)
	不支持	Knechel & Vanstraelen(2007);Velte(2012);Blandon & Bosch(2013)
德国	不支持	Quick & Schmidt(2018)
英国	不支持	Francis & Yu(2009)
日本	不支持	Kenichi(2014)
新加坡	不支持	Goodwin & Seow(2002)
澳大利亚	混合	Carey & Simnett(2006)

由于存在独立性和专业性的双重影响,审计任期和审计轮换对于审计质量的影响并非绝对的。DeAngelo(1981)将审计质量定义为给定审计师发现会计系统违规并报告违规行为的联合概率。人们普遍认为,高质量审计会转化为高盈余质量,注册会计师发现违规行为的可能性是注册会计师能力的函数,而报告违规行为的可能性

是注册会计师独立性的函数。

由于不可能将独立性和能力对审计质量的影响完全分开，研究人员通常会研究审计任期对特定结果（如报告数据的质量）的影响，以推断强制审计师轮换的潜在成本和收益。因此一些文献尝试研究二者之间的平衡，以寻找最佳审计师任期。

Johnson 等（2002）、Carcello 和 Nagy（2004）基于美国数据发现，在审计任期的前 3 年，财务报告质量较低，财务欺诈可能性更大，之后审计质量随着审计任期的增加而提高。陈信元和夏立军（2006）进一步以 2000—2002 年获得标准无保留审计意见的上市公司为样本，选择操纵性应计利润的绝对值作为审计质量的衡量指标，考察审计任期与审计质量之间的关系。研究发现，审计任期与审计质量的关系呈倒 U 形曲线，即审计任期与审计质量的关系并非永久性的，而是随着时间或外部环境的变化而变化的。Boone 等（2008）基于美国数据研究发现审计任期超过 13 年后，审计质量下降。Kenichi（2014）基于日本数据研究发现审计任期超过 7 年后，审计质量显著上升。Yip 和 Pang（2017）基于中国投资者调查数据发现审计任期达到 5 年或 5 年以上时，审计独立性受到严重损害。Quick 和 Schmidt（2018）基于德国投资者实验数据发现，相比于 10 年的审计任期，更长的审计任期略微损害了投资者感知的审计质量。Dordzhieva（2022）表明，在审计师的独立报告可能披露其过去错误行为的市场中，较长的审计任期起着重要的约束作用。

表 3-9 列出了最优审计任期的相关研究。

表 3-9 最优审计任期的相关研究

最优审计任期	相关研究
≥4 年	Johnson, et al.（2002）；Carcello & Nagy（2004）
5 年	Yip & Pang（2017）
≥7 年	Kenichi（2014）
10 年	Quick & Schmidt（2018）
13 年	Boone, et al.（2008）

综上所述，关于审计任期及审计轮换对于审计质量的影响，现有研究并未取得一致结论，主要原因是：

(1) 样本和地区不同。已有文献的经验证据是基于不同国家和地区的研究环境，而不同的外部审计监管决策、经济市场发展及法规制度完善程度等均会影响审计任期与审计质量的关系。不仅如此，不同国家和地区的不同样本也会导致研究结论的差异，如对于强制性轮换与自愿性轮换的样本选择，其背后动机与机制的不同可能导致轮换效果的差异。

(2) 审计质量的度量指标不同。由于审计质量无法直接观察和测量，在研究中需用替代指标来表征，因此各个指标不同的衡量方式和侧重方面，会影响审计质量的检验结果。如操纵性应计利润基于高质量审计约束了机会主义盈余管理的假设，尝试衡量真实的审计过程，但并未直接反映审计结果。

(3) 两种观点的平衡存在非线性关系。有研究认为，基于独立性假说和专业性假说，审计轮换在整体上不会影响审计质量，审计任期与审计质量的关系复杂多样，两者并非简单的线性关系。

总的来看，至少到目前为止，还缺乏有说服力的证据表明强制审计轮换带来的收益将超过成本。值得一提的是，现有研究指出，未来关于强制审计轮换的研究不应仅仅关注审计任期和审计质量之间的联系，引起争论的其他关键要素同样重要，包括强制轮换对审计市场的影响、确切的成本以及当前职业监管（如 PCAOB 的同业复核要求）在改进审计质量方面的有效性等。Comunale 和 Sexton (2005) 首先对强制轮换和强制保留对审计市场份额的影响进行了研究，模型分析结果表明，强制保留对长期市场份额几乎没有影响，而强制轮换则会促使大型会计师事务所更为努力地争取（营销成本增加）新的客户以维持市场份额。另外，也有个别研究提出强制审计轮换制度可以针对特定公司实施。

第四节 审计任期对审计质量的影响：中国经验与国际证据

一、中国经验

Lennox 等（2014）的研究使用专有的审计调整数据来衡量审计质量，研究了中国的强制合伙人轮换。该研究表明，在强制合伙人轮换后的一年内，审计调整增加。值得注意的是，该研究使用的样本包含了银行业，因此，研究结果支持了银行业的强制审计轮换。

具体见表 3-10，在上一年度审计调整后，业务合伙人和复核合伙人自愿轮换的可能性较小。这说明当客户在上一年有财务报告问题需要进行审计调整时，会计师事务所倾向于合伙人保留而不是合伙人轮换。自愿轮换比强制轮换更为普遍，二者的结果非常不同。鉴于审计调整频率在强制轮换后的审计业务合伙人任期的第一年显著提高，研究人员需要检查强制轮换而不是自愿轮换的案例，以便对强制轮换的结果得出有效的推论。

表 3-10 强制与自愿合伙人轮换对审计质量的影响

	业务合伙人轮换	复核合伙人轮换
强制轮换最后一年	0.376*** (2.770)	−0.073 (−0.634)
强制轮换第一年	0.315*** (2.226)	0.127 (0.979)
自愿轮换最后一年	−0.206*** (−3.376)	−0.107 (−1.809)
自愿轮换第一年	−0.011 (−0.180)	−0.075 (−1.227)
控制变量	控制	控制
年度固定效应	控制	控制
行业固定效应	控制	控制

资料来源：Lennox C S, Wu X, Zhang T. Does mandatory rotation of audit partners improve audit quality? . The Accounting Review，2014（5）：1796.

Chen 等（2009）利用中国事务所强制轮换的样本发现，盈余管理活动较多的客户更有可能跟随其前审计合伙人更换新的事务所，而这些客户在轮换后的第一年不太可能报告异常高的盈余管理项目。该研究提供了合伙人层面的证据，证明在轮换后的三年时间里，持续的审计师-客户关系会影响财务报告质量。

此外，继续由前合伙人审计的盈余管理活动较多的跟随客户的财务报告在轮换后的两年显著变得更加激进；而由非前合伙人审计的盈余管理活动较多的跟随客户的财务报告在轮换后的三年里不会变得更加激进。结果表明，前合伙人的保守方法可能是暂时的，前合伙人可能采取战略性的方法来审计跟随客户，以实现保持密切的审计师-客户关系的机会主义利益。

研究还利用了来自中国股票市场的类似强制审计事务所轮换的数据，其中要求在审计报告中披露负责审计业务的合伙人身份，通过明确识别审计业务合伙人来细化审计师轮换效应的度量，从而降低了前合伙人和非前合伙人子样本之间的错误分类概率。该研究还将对财务报告质量和客户与前合伙人关系的审查扩展到轮换后的第二年和第三年，此时对审计师轮换的监管审查水平可能与轮换后的最初一年有所不同。

该研究发现：（1）盈余管理活动较多的客户更有可能跟随其前审计合伙人更换新的事务所。（2）由前合伙人审计的积极跟随客户（即在强制轮换之前处于最高盈余管理四分位数的客户）在轮换后的第一年不会报告异常高的盈余管理项目。（3）虽然新事务所更有可能在轮换后的第一年轮换前审计合伙人的跟随客户，但这些合伙人在随后的几年中会大量返回去服务前客户。（4）由前合伙人审计的积极跟随客户的财务报告在轮换后的第二年和第三年变得更加激进。具体研究见表3-11。

表 3-11　轮换三年内客户非经常性收入占总资产比重 (NRI)①

因变量：NRI （非经常性收入占总资产比重）	跟随客户汇总	至少一位前合伙人签字的跟随客户	两个新合伙人签字的跟随客户	非跟随客户
最高 NRI 上市客户	0.028 (0.000)	0.000 (0.979)	0.040 (0.000)	0.013 (0.003)
最高 NRI 上市客户 * 轮换后第二年	−0.005 (0.591)	0.022 (0.150)	−0.012 (0.349)	−0.008 (0.195)
最高 NRI 上市客户 * 轮换后第三年	−0.013 (0.166)	0.025 (0.118)	−0.031 (0.066)	−0.017 (0.006)
最低 NRI 上市客户	−0.001 (0.907)	0.002 (0.891)	0.001 (0.883)	−0.002 (0.616)
最低 NRI 上市客户 * 轮换后第二年	−0.005 (0.567)	0.009 (0.536)	−0.013 (0.351)	−0.011 (0.101)
最低 NRI 上市客户 * 轮换后第三年	0.003 (0.743)	0.015 (0.307)	−0.006 (0.687)	−0.006 (0.395)
控制变量	控制	控制	控制	控制
行业固定效应	控制	控制	控制	控制

资料来源：Chen C J P, Su X, Wu X. Forced audit firm change, continued partner-client relationship, and financial reporting quality. Auditing: a Journal of Practice Theory, 2009 (2): 242.

注：NRI 度量了客户的盈余管理活动，从而反映了财报质量和审计质量。

二、国际证据

SOX 法案规定，当审计业务合伙人和复核合伙人连续 5 年为某上市公司提供审计服务后，必须强制轮换。这种合伙人层面的轮换在其他国家如英国、法国、荷兰及德国也已经实施。

根据 GAO 2003 年的报告，真正实施会计师事务所层面审计轮换的国家很少，包括意大利、巴西和奥地利等。西班牙和加拿大曾短期实行过强制事务所轮换，但后来由于成本收益不配比或轮换目的已实现等而被取消。

Laurion 等（2017）使用美国公开数据来识别合伙人轮换和审计质量。该研究认为，由于专业知识和审计独立性的变化，合伙人轮换可能影响审计质量。就专业知识而言，合伙人轮换可能导致重要行业和公司特定知识的丧失，这支持了延长合伙人审计任期的观点。该研究认为轮换也有好处：长期合伙人可能变得自满，提供不那么尽责的审计，因为与管理层的重复互动可能导致审查不严谨。此外，新合伙人可能会给合作带来新的面貌，以及新的知识和技术。关于独立性，一个新合伙人可能与客户关系更疏远，并且可能更愿意挑战管理层的估计和断言。然而，新合伙人也有可能由于对行业和公司的特定知识有限，在行使独立性和挑战管理层评估方面保持沉默，特别是在其审计任期的最初几年。考虑到这些相互冲突的因素，如果合伙人轮换提供了额外的独立性和政策旨在实现的新面貌，那么总体而言，审计质量应该得到提高。

该研究利用连续 2 年收到评议函审查的发行人的 SEC 评议函函件来确定审计合伙人轮换。表 3-12 检验了合伙人轮换对银行财务报表重述的影响，可以看出，合伙人轮换与财务报表重述发现和公告的增加以及错报的减少有关。

表 3-12 合伙人轮换对银行财务报表重述的影响

	财务报表重述发现	财务报表重述公告
发生合伙人轮换的公司 * 合伙人轮换后	0.985** (2.31)	0.879** (2.13)
发生合伙人轮换的公司	−0.335 (−1.30)	−0.372 (−1.33)
合伙人轮换后	−1.016*** (−3.32)	−0.709** (−2.46)
控制变量	控制	控制
SEC 办公室固定效应	控制	控制

资料来源：Laurion H, Lawrence A, Ryans J P. US audit partner rotations. The Accounting Review, 2017 (3)：226.

Dordzhieva（2022）探讨了国际上关于是否应该强制事务所轮换的争论。强制轮换规则已被欧盟采用，但这些规则尚未在美国建立。该政策的支持者认为，长期的审计师-客户关系会导致审计师与客户建立过于密切的经济联系，这可能会削弱审计师的独立性。

基于此，该研究建立了一个理论模型，比较了审计师在有无强制轮换制度下发布独立审计报告的动机。该模型表明，在某些情况下，强制轮换实际上可能损害审计师的独立性，这与流行的观点相反。首先，较长的审计任期增加了审计师在违规情况下受到惩罚的概率，因此，审计师更不愿意发生误报。其次，审计师能留住业绩良好的客户的时间越长，就越愿意终止有问题的合同，回到外部市场。由于强制轮换缩短了审计任期，这些约束作用部分减弱，这反过来又可能导致审计师独立性受损。

强制轮换对轮换期间审计师的独立性也有积极的影响，因为轮换能揭示客户项目的真实质量。强制轮换的存在也降低了保留客户的价值，因为在合同的第一阶段会出现误报，但其影响较小。从本质上讲，如果保留客户的预期回报相对低于转向新客户的预期回报，那么审计师更有动力放弃不良客户项目。强制轮换比自愿轮换成本更高，即使客户项目质量较高，审计师也不得不放弃客户。

第五节 本章结论与建议

一、结论

通过对审计轮换制度的相关理论分析和文献回顾、不同国家和地区轮换制度的梳理比较以及不同国家和地区银行业审计任期的分析，我们得出下列结论：

首先，从理论层面看，尽管存在独立性假说和专业性假说两种对立假说，但就银行业而言，长审计任期带来的独立性威胁较为有限，而专业性优势更为突出。

其次，从不同国家和地区的制度比较看，我国现有审计轮换制度无论在合伙人层面还是事务所层面以及年限长度上，相较其他国家都更为严格。具体而言，自2004年1月1日起，我国在上市公司中实行签字注册会计师五年定期轮换的强制性措施（龚启辉和王善平，2009；沈玉清，等，2006）。2004年2月5日国资委出台的《中央企业财务决算审计工作规则》规定，中央企业须实行为期五年的强制会计师事务所轮换，同时委托的会计师事务所应连续承担不少于两年的年度财务决算审计工作。

最后，从不同国家和地区的银行业审计任期看，我国银行业审计任期受制度因素影响普遍较短，同时各大银行、事务所之间的审计任期同步性较弱，导致同一时间单一事务所的审计负荷较重。

二、建议

根据前文的理论研究，我们就审计轮换在银行业的具体实施提出以下建议。

首先，鉴于银行业尤其是国有商业银行的治理环节降低了长审计任期对审计师的独立性威胁，且审计任期带来的专业性积累对银行业审计质量的提升更为重要，我们建议在维持现有合伙人轮换制度的基础上，参考国际现有轮换制度，适当将银行业事务所审计任期由5年延长至10年。

其次，为了提高审计轮换制度的有效性，建议加强对审计轮换实施情况的监督和评估。监管部门可以建立健全的监督机制，定期评估审计轮换的实施情况和效果，并及时调整和完善相关政策。

最后，可以加强对审计轮换的指导和培训，提高会计师事务所对轮换政策的理解和执行能力，确保轮换政策的有效实施。

第四章 审计团队配置与商业银行审计质量

人力资本是会计师事务所最重要的资产之一，是其立足之本和服务之源，也是影响事务所战略和绩效的关键因素，合理配置审计团队对审计质量提升具有重要影响。

PCAOB指出，尽管有覆盖整个事务所的质量控制系统，同一事务所内部不同审计团队提供的审计质量仍然存在差异。审计业务是以团队方式执行的，事务所按照审计项目分配审计人员，项目团队是审计工作的直接责任主体，客户与审计师之间的"绑定"关系，既不是基于事务所整体，亦非基于单个审计师，而是基于审计团队（史文，等，2019）。审计师需要与其他团队成员一起工作并进行沟通，收集和评估与审计业务相关的信息，判断受到团队成员互动情况的影响。

因此，审计团队作为审计行业的实际决策单位，其资源配置决定了审计质量。本章主要从审计团队配置方面关注商业银行审计质量的提升。

第一节　商业银行审计团队配置：
中国现状与国际概况

签字注册会计师领导审计团队，并负责审计过程中重大事项的决策，以形成总体保证或鉴定意见，其个人属性会影响审计结果。

在中国，签字注册会计师的姓名是公开的，其个人身份信息、人口统计特征也可由中注协系统查询得到，这使中国市场成为研究签字注册会计师对审计质量影响的有效环境。放眼国际，目前虽有澳大利亚、欧盟、英国、美国等少数国家或地区要求强制性披露签字注册会计师姓名，但审计团队中各层级人员的配置信息、签字注册会计师的学历和经验数据均难以获取。

本节对中国与国际商业银行审计团队配置的现状进行分析。

一、中国现状

（一）六大行审计轮换与核心审计团队情况

从六大行的会计师事务所来看（见表4-1），2013年，工商银行、农业银行、中国银行同时完成了审计轮换，到2020年已由新事务所连续审计8年。邮储银行到2020年也已由普华永道连续审计10年。上述四家银行均于2021年进行新的审计轮换。交通银行也于2014年和2022年进行了审计轮换。目前这五大行均处于新审计任期初期。而建设银行的轮换年度比其他五大行早，已于2019年完成新的审计轮换，2022年是安永承接建设银行审计业务的第4年。

此外，由于六大行的审计轮换并非同步，在某段时间内会存在一家事务所同时承接多家大行审计业务的情况，如普华永道2014—2018年同时承接了建设银行、农业银行、邮储银行和交通银行的审计业务。

表 4-1 2009—2022 年中国六大商业银行会计师事务所统计

年份	2009	2010	2011	2012	2013	2014	2015	2016	2017	2018	2019	2020	2021	2022
工商银行	安永	安永	安永	安永	毕马威	毕马威	毕马威	毕马威	毕马威	毕马威	毕马威	毕马威	德勤	德勤
建设银行	毕马威	普华永道	普华永道	普华永道	普华永道	普华永道	普华永道	普华永道	普华永道	普华永道	安永	安永	安永	安永
农业银行	德勤	德勤	德勤	德勤	普华永道	普华永道	普华永道	普华永道	普华永道	普华永道	普华永道	普华永道	毕马威	毕马威
中国银行	普华永道	普华永道	普华永道	普华永道	安永	安永	安永	安永	安永	安永	安永	安永	普华永道	普华永道
邮储银行	—	普华永道	普华永道	普华永道	普华永道	普华永道	普华永道	普华永道	普华永道	普华永道	普华永道	普华永道	德勤	德勤
交通银行	德勤	德勤	德勤	德勤	普华永道	普华永道	普华永道	普华永道	普华永道	普华永道	普华永道	普华永道	普华永道	毕马威

从核心审计团队的配置情况来看（见表 4-2）：2019 年毕马威为工商银行配备的总行现场审计团队核心成员约 16 名，包括合伙人 5 名、高级经理和经理共约 11 名；2019 年普华永道为农业银行配备的总行现场审计团队核心成员约 21 名，包括合伙人 7 名、高级经理和经理共约 14 名；2019 年安永为中国银行配备的总行现场审计团队核心成员约 30 名，包括合伙人 9 名、高级经理和经理共约 21 名。这三大行当时处于审计业务的后期，工商银行与农业银行的审计团队配置相当，中国银行的核心审计团队中经理层级的成员稍多。2019 年安永为建设银行配备的总行现场审计团队核心成员约 28 名，而建设银行的审计业务当时处于初期。与之相比，2013 年农业银行的审计业务处在初期，普华永道为农业银行配备的总行现场审计团队核心成员约 53 名，明显超过了建设银行审计业务初期的团队配置。由此可见，出于同时承接工商银行和中国银行审计业务的压力，安永在审计业务初期降低了审计团队配置规模。然而，鉴于银行业

务的复杂性以及差异性,在审计业务初期降低审计团队配置,很可能影响审计质量。

表 4-2 中国六大商业银行核心审计团队配置

年份	2009	2010	2011	2012	2013	2014	2015	2016	2017	2018	2019	2020	2021	2022
工商银行											16			
建设银行											28			
农业银行				53							21			
中国银行											30			
邮储银行		—												
交通银行														

(二) 我国商业银行审计团队配置特征

从我国商业银行审计团队配置特征来看,六大行的审计团队配置普遍优于其他商业银行的审计团队配置。我们根据我国注册会计师基本信息数据,从签字注册会计师的学历与经验两个角度,比较2009—2022年六大行与其他商业银行的审计团队配置特征情况。其中,签字注册会计师学历按照基本数据中的定义:1代表专科、2代表本科、3代表硕士、4代表博士、0代表其他;而经验则以注册会计师基本信息中批准注册时间为基础,计算审计师的审计签字年度与批注注册时间的差值,差值越大,代表签字注册会计师的任职经验越丰富。

从表4-3的统计结果可以看出,六大商业银行签字注册会计师的最低学历、最高学历和平均学历均高于其他商业银行签字注册会计师的相应学历，表明六大商业银行的审计团队整体素质高于其他商业银行。

表4-3 2009—2022年中国商业银行审计团队学历情况

年度	六大商业银行			其他商业银行		
	最小值	平均值	最大值	最小值	平均值	最大值
2009	2.0	2.6	3.0	0.0	1.8	3.0
2010	2.0	2.6	3.0	0.0	2.0	3.0
2011	2.0	2.9	3.0	1.0	2.0	3.0
2012	2.0	2.7	3.0	0.5	2.0	2.5
2013	2.0	2.7	3.0	0.0	2.0	3.0
2014	1.0	2.2	3.0	0.0	2.0	3.5
2015	1.0	2.1	3.5	0.0	2.0	3.5
2016	2.0	2.4	3.5	0.0	2.0	3.5
2017	2.0	2.4	3.5	0.0	2.0	3.0
2018	2.0	2.3	3.5	0.5	2.1	3.0
2019	2.0	2.2	3.5	1.0	1.8	2.0
2020	2.0	2.2	3.0	1.5	2.2	3.0
2021	2.0	2.4	3.0	1.5	2.2	3.0
2022	2.0	2.3	3.0	1.0	2.2	3.0

对于签字注册会计师经验特征的统计结果如表4-4所示，六大行的签字注册会计师平均和最低经验总体上高于其他商业银行的签字注册会计师。

表4-4 2009-2022年中国商业银行审计团队审计经验情况

年度	六大商业银行			其他商业银行		
	最小值	平均值	最大值	最小值	平均值	最大值
2009	4.0	8.3	13.5	0.0	8.2	17.0

第四章 审计团队配置与商业银行审计质量

续表

年度	六大商业银行			其他商业银行		
	最小值	平均值	最大值	最小值	平均值	最大值
2010	5.0	8.7	14.0	4.0	10.1	18.0
2011	8.5	10.6	13.0	0.0	11.0	19.0
2012	8.5	11.5	14.0	1.0	10.4	17.0
2013	10.0	13.4	15.0	0.5	11.1	18.5
2014	7.0	11.7	15.5	0.0	11.8	19.5
2015	8.0	13.5	16.5	1.5	11.7	20.5
2016	7.5	13.1	18.0	1.0	11.7	21.5
2017	2.5	13.6	19.0	2.0	11.9	22.0
2018	3.5	13.1	19.5	1.0	11.5	21.5
2019	5.5	13.5	20.5	4.0	9.3	11.5
2020	6.5	22.0	14.6	7.0	14.0	21.5
2021	12.3	16.6	18.7	8.5	14.6	22.5
2022	10.5	16.7	19.7	7.5	15.0	23.5

二、国际概况

欧盟、英国、美国、澳大利亚仅要求强制性披露签字注册会计师姓名，银行业审计团队中各层级人员的配置情况、签字注册会计师的学历和经验等配置特征数据均难以获取。囿于数据可得性，我们仅以美国大型商业银行为例介绍国际上商业银行审计团队配置情况。

美国要求2017年1月31日及之后会计师事务所出具的所有上市公司审计报告都要向其提交"Form AP"（即审计机构报告审计业务的特定参与者），披露业务合伙人的身份信息。

表4-5对提交的Form AP中披露的审计业务合伙人姓名进行了列示。同一银行加粗的代表签字注册会计师任期更长。尽管美国

大型银行聘请的会计师事务所在 2009—2022 年均未发生更换（参见第三章），但负责签字的审计业务合伙人最长任期 5 年就会轮换。

表 4-5　美国大型商业银行 2016—2022 年审计业务合伙人的姓名披露情况

年份	2016	2017	2018	2019	2020	2021	2022
摩根大通银行	Kathryn Susan Kaminsky					Daniel John Felgner	
美国银行	Mark John Casella				Lisa Sawicki		
花旗银行	Paul Erwin Tupper				David John Reavy		
美国富国银行	Eugene Michael Pierce				Mark Thomas Shrekgast		
高盛集团	Thomas Pirolo				William Paul Griggs Jr.		
摩根士丹利	John David Rhodes				Thomas Nathan Walker		
美国合众银行	Robert Edward Jacob Jr.				Dominick Joseph Giuffrida		
多伦多道明	—	Humayun Jafrani			Carrie Louise Marchitto		Helen Mitchell
PNC 金融服务集团	Samuel Dwayne Kennedy				Thomas Joseph Kelly Jr.		
纽约梅隆银行	Jason Leigh Jacobs				Megan lizabeth Reardon		

资料来源：PCAOB。

注：由于美国要求 2017 年 1 月 31 日及之后会计师事务所出具的上市公司审计报告要提交 Form AP，表中 2016 年数据来自 2017 年 1 月 31 日及之后出具 2016 年审计报告所提交的 Form AP。

第二节　审计团队配置的监管制度：中国探索与国际概览

　　审计质量关乎公众利益，会计师事务所在维护资本市场秩序、提升会计信息质量和经济效率等方面发挥着重要作用。为改善会计师事务所内部治理，明确签字注册会计师的法律责任，有效推动审计团队配置，从而提升审计质量，中国、美国、欧盟及英国纷纷出台了系列制度和办法。

在事务所层面，中国的最新探索在于：会计师事务所在人员管理、财务管理、业务管理、技术标准和质量管理、信息化建设等方面，建立并有效实施实质统一的管理体系，实现人员、财务、业务、技术和信息要素的有机协同。在签字注册会计师层面，签字注册会计师领导审计团队，并负责审计过程中重大事项的决策，以形成总体保证或鉴定意见。各国逐渐意识到：强制性披露签字注册会计师姓名是一项有效的监管问责机制（Carcello & Li, 2013）。

一、中国探索

（一）会计师事务所一体化管理制度

为提高会计师事务所一体化管理水平、强化内部治理，促进审计质量提升，财政部于2022年5月印发《会计师事务所一体化管理办法》，要求会计师事务所在人员管理、财务管理、业务管理、技术标准和质量管理、信息化建设等方面，建立并有效实施实质统一的管理体系，实现人员、财务、业务、技术和信息要素的有机协同。

会计师事务所应对设立的分支机构、内设部门、业务团队进行一体化管理。

（1）在人员管理方面，会计师事务所应当建立实施统一的人员管理制度，制定统一的人员聘用、定级、晋升、业绩考核、薪酬、培训等方面的政策与程序并确保有效执行。会计师事务所的人员业绩考核、晋升和薪酬政策应当坚持以质量为导向，将质量作为重要因素；会计师事务所应当实施统一的合伙人业绩考核政策与标准，确保全体合伙人在统一的"利润池"中分配，禁止以费用报销代替利润分配，不得以承接和执行业务的收入或利润作为首要指标，禁止"各自为政""分灶吃饭"。

（2）在财务管理方面，会计师事务所应当实施统一的财务管理制度，制定统一的业务收费、预算管理、资金管理、费用和支出管理、会计核算、利润分配、职业风险补偿机制并确保有效执行。业务收费应当以项目工时预算和人员级差费率为基础，严禁不正当低价竞争。

（3）在业务管理方面，会计师事务所应当实施统一的业务管理制度，制定统一的客户与业务风险评估分类标准、业务承接与保持、业务执行、独立性与职业道德管理、报告签发、印章管理等方面的政策与程序并确保有效执行；会计师事务所应当为每个审计项目投入充足的资源，保证不同层级员工工作负荷合理适当；会计师事务所应当实行矩阵式管理，结合所服务客户的行业特点和业务性质，以及本会计师事务所分支机构的地域分布，对审计团队进行专业化设置，以团队专业能力的匹配度为依据分派业务。

（4）在技术标准和质量管理方面，会计师事务所应当实施统一的技术标准和质量管理制度，制定项目咨询、意见分歧解决、项目质量复核、项目质量检查、质量管理缺陷识别与整改等方面的政策及程序并确保有效执行。

（5）在信息化建设方面，会计师事务所应当统一开展信息系统的规划、建设，以信息技术手段提高审计作业效率与质量，提升审计师独立性与职业道德管理水平，保障一体化管理体系有效实施。

（二）签字注册会计师披露制度

注册会计师在审计报告上签名并盖章，有利于明确法律责任。根据中国《独立审计准则第 7 号——审计报告》，注册会计师必须在出具的审计报告上签字。

《财政部关于注册会计师在审计报告上签名盖章有关问题的通知》（财会〔2001〕1035 号）明确规定：（1）会计师事务所应当建立健全全面质量控制政策与程序以及各审计项目的质量控制程序，严格按照有关规定和本通知的要求在审计报告上签名盖章。（2）审计报告应当有两名具备相关业务资格的注册会计师签名盖章并经会计师事务所盖章方为有效。合伙会计师事务所出具的审计报告，应当由一名对审计项目负最终复核责任的合伙人和一名负责该项目的注册会计师签名盖章；有限责任会计师事务所出具的审计报告，应当由会计师事务所主任会计师或其授权的副主任会计师和一名负责该项目的注册会计师签名盖章。两名签字注册会计师具有相同的法律责任,对所签署的报告负有同等责任。联署不仅反映了审计师之间的合作和个人联系,也反映了共同的利益和风险。共同签字的审计师双方承担相同的法律责任,如果发生审计失败,则可能被终身禁止执业(Lennox, et al., 2014)。

二、国际概览

(一)美国

2008年,美国财政部审计专业咨询委员会(ACAP)建议PCAOB"考虑要求审计业务合伙人在审计报告上签字",以强化对业务合伙人的问责,进而提高审计质量。根据ACAP的建议,PCAOB在2009年发布了一份概念稿,讨论了支持和反对上市公司实施业务合伙人签名要求的理由。

经过六年的讨论和四轮公开意见,PCAOB通过了第3211号规则,该规则要求2017年1月31日及之后会计师事务所出具的所有上市公司审计报告都要向其提交Form AP,披露业务合伙人的身份信息。对于2017年6月30日之后的审计报告,Form AP还需包括其他审计参与方的身份信息和参与程度,被称为"透明度报告"。该规则旨在提高透明度,增强财务报告的可靠性。

随着审计业务合伙人姓名的披露,投资者将更有能力跟踪各个合伙人执行审计业务的质量。PCAOB相信,提高透明度能够增强个人努力激励,使得审计业务合伙人和事务所更有动力认真配置审计团队,从而提供更高质量的审计。

(二)欧盟和英国

2006年,欧盟通过了第8号公司法指令,其中第28条要求在成员国上市的公司的审计报告至少由业务合伙人签署。在通过该指令之前,法国、德国和卢森堡已经要求业务合伙人签署审计报告,荷兰要求2006年10月1日后提交的审计报告应用该指令(Carcello &

Li，2013）。英国当时作为成员国之一，对审计业务合伙人的签字要求直到 2009 年 4 月才生效。

三、小结

通过比较不同国家和地区审计团队配置的监管制度可以看到：

（1）会计师事务所的一体化管理制度作为我国审计团队配置的重要探索，体现了我国未来审计行业的方向——决策权集中在事务所层面，禁止"各自为政""分灶吃饭"，实施统一的人员管理、业务管理和质量管理等制度，努力在全所范围内实现标准化的审计质量水平。

（2）中国作为少数几个要求强制性披露签字注册会计师姓名的国家，签字注册会计师披露制度推行较早，1995 年就已要求参与审计的注册会计师在审计报告上签字，且对于签字注册会计师的资格和分工进行了细致规定，强化了签字注册会计师的问责制。这些探索也使中国市场成为研究个体签字注册会计师对审计质量影响的有效环境。

（3）其他国家和地区签字注册会计师披露制度推行时间较晚的原因在于披露的可能成本。发达国家的审计市场有效性和投资者积极参与治理的情况，使得合伙人已经受到现有大量问责、诉讼机制的约束，能较好地确保审计师提供最佳水平的审计。签字注册会计师披露制度可能使审计合伙人通过增加审计时间和审计费用来保守地应对其责任的增加，同时减轻了事务所层面的内部质量控制责任，这反而可能降低审计效率、损害审计质量（Carcello & Li，2013）。

事实上，PCAOB 对会计师事务所的检查结果表明，审计师的表现仍有很大的改进空间，这也是其经过六年的激烈讨论和四轮公开意见最终决定披露签字注册会计师身份的重要原因。

对于我国来说，审计市场有效性相对较低，尤其是商业银行和中央企业这类规模体量较大、业务类型复杂、审计能力要求较高的企业，有必要通过签字注册会计师披露制度来强化对签字注册会计师的问责。

第三节 审计团队配置与审计质量：理论辨析

基于我国特殊的制度背景来讨论审计团队配置与审计质量的关系。一方面，监管风险而非诉讼风险是审计风险的主要来源，并且主要由审计师个人而非事务所承担，因此事务所不是准租金的最终获得者，没有动力设立全所范围的利润池来保护审计师个人，也很难在全所范围内实现统一的审计质量水平。这种"重罚师轻罚所"的独特制度背景促进了审计团队的形成。审计师利用团队形式规避风险，建立与客户长期稳定的合作关系，从而在"制度-团队-审计质量"之间确立了一个相对清晰的传导机制。

另一方面，在我国，上市公司审计报告须由至少两名审计师共同签字，这与审计师可获取的利益和需承担的风险直接相关，反映了审计师的行为。同时，两名或三名审计师共签意味着利益与风险的绑定，能够观察到审计师之间的联系。证监会和财政部针对签字注册会计师的处罚总体上一视同仁，审计师为了保护自己，必须谨慎地选择共签对象，例如，选择与长期合作、相互熟悉的对象共同签字，而不是接受事务所的分配（史文，等，2019）。这一共签关系使我们能够在事务所内部划分出一个个审计团队，每个审计团队由若干名相互合作、利益相连、风险共担的审计师组成。

现有文献主要围绕配置决策动因、审计师个人特征、签字注册会计师合作关系，以及其他层级的审计团队特征，对审计团队配置与审计质量的关系进行讨论。

一、配置决策动因

客户与审计师的匹配决策是双向选择的过程，已有文献主要从审计业务的供给方和需求方视角，关注审计团队的配置决策动因。

从审计业务供给方视角出发，针对审计团队配置决策的研究主要包括：事务所业务承接决策（"配置与否"）和审计师-客户匹配决策（"如何配置"）两大类。

从审计业务需求方视角出发，客户公司所处环境及其偏好、与审计师的匹配度均会影响审计团队的配置。

(一) 审计业务供给方

(1) 就"配置与否"的决策而言，客户延续决策（延续或终止与现有客户的合作）和客户接受决策（接受或拒绝潜在新客户）是会计师事务所重要的投资组合管理决策，涉及监控全所范围客户组合的风险，以吸引潜在的新客户并拒绝不受欢迎的老客户。

早期研究多聚焦于会计师事务所在 SOX 法案实施后如何作出客户延续决策。为应对前安达信客户的涌入、SOX 法案的额外审计要求以及由此带给审计师的压力，国际四大会计师事务所在三年内放弃了近 500 个客户公司的审计业务，并大幅增加审计费用。研究表明，他们评估客户延续决策的因素保持不变，包括管理层诚信度、客户的财务健康状况及其治理结构。不同之处在于安达信倒闭事件让许多合伙人看到了一个不良客户对整个合伙关系的影响，此后客户延续决策所需的合伙人签批级别和保留客户所需的质量门槛均提高了。

有学者研究发现，被会计师事务所终止业务合作的客户比自愿解除业务合作的客户面临更大的财务困境、股票收益波动以及诉讼风险，被出具非标意见的概率也更高。

近年来，伴随诉讼风险的增加，会计师事务所更加重视客户接受决策，将其作为风险控制工作的第一阶段。研究表明，审计师会对客户的财务风险、审计风险、诉讼风险和潜在收费率进行评估，以决定是否接受新的业务（Hsieh & Lin, 2016）。一种观点认为，企业有动力发展和维持高质量商品与服务的品牌声誉，大型会计师事务所作为审计领域的名牌企业，不太可能接受风险较高的客户，因为一旦审计失败，其承担的诉讼风险和维护声誉成本更高。另有观点认为，大型会计师事务所愿意接受特定水平的风险，甚至通过为高风险客户提供服务而承担额外风险，因为风险可以分散到多元化的客户组合中。

（2）就"如何配置"的决策而言，已有研究主要从审计劳动力市场竞争、事务所内部网络关系以及审计师个人风险偏好三个方面考察审计团队配置问题。

从审计劳动力市场竞争的视角出发，审计合伙人身份的公开披露可能通过加剧劳动力市场竞争影响审计师与客户的内生匹配度。Deng等（2023）研究发现，强制披露审计合伙人姓名使得事务所丧失了对合伙人声誉的垄断权，扩大了合伙人在劳动力市场上的外部选择。事务所出于降低合伙人留任成本的考虑，可能会扭曲合伙人与客户的匹配规则，比如将低声誉合伙人与复杂客户错配。而合伙人出于提高职业发展潜力的考虑，可能会积极争夺复杂客户，导致合伙人与客户之间的错误匹配。

从事务所内部网络关系的视角出发，Pittman等（2022）在强制合伙人轮换制度的情境下，通过先前共同开展业务的经历识别现任合伙人与继任合伙人之间的联系。研究发现：与现任者关系更密切的人更有可能被任命为继任者，当审计业务更复杂、继任合伙人不容易获得特定客户的知识以及该业务对事务所更有价值时，这种可能性更大。进一步研究发现，继任者与现任者之间的联系能够保证审计轮换后同等或者更好的审计质量以及更少的客户流失。

从审计师个人风险偏好的视角出发，具有不同属性（如行业专长、个人经历）的审计师在作出客户接受决策时可能会有不同的风险考虑。已有研究对审计师行业专长与客户接受决策之间的关系并未达成一致结论。

一方面，审计师在作出接受客户决策时，会采用风险管理策略，如使用行业专家将风险的影响降低到可接受的水平。具体而言，审计师将行业专长作为一种风险管理策略，通过提供高质量审计减小风险对客户投资组合管理决策的影响，能够反映出客户与审计师的良好匹配。因此，与非行业专家的审计师相比，具备行业专长的审计师最终会接受风险更大的客户。

另一方面，具备行业专长的审计师更有动机放弃高风险客户，以降低诉讼风险并保护声誉。Hsieh 和 Lin（2016）以披露审计合伙人姓名的上市公司为样本证实了这一观点，研究表明：具备行业专长的合伙人不太可能接受审计风险较高的客户，且与 SOX 法案出台前相比，自 SOX 法案出台后他们通过更少接受高风险客户来降低诉讼风险。Amir 等（2014）基于瑞典审计合伙人刑事犯罪记录的独特数据集，考察审计合伙人的个人风险偏好是否影响对客户公司的选择。研究发现：有犯罪记录的审计合伙人比没有犯罪记录的审计合伙人更愿意接受风险更高的客户。具体而言，相比无犯罪记录审计合伙人的客户，有犯罪记录审计合伙人的客户具有更大的财务、治理和报告风险，支付的审计费用也更高。

（二）审计业务需求方

上市公司审计委员会直接负责外部审计师的任命、薪酬和监督工作，管理层在审计团队配置过程中也有较大发言权（Chen, et al., 2016）。因此，客户公司所处环境及偏好、与审计师的匹配度均会影响审计团队的配置。目前审计业务需求方视角下审计团队配置决策的研究，主要从客户经济重要性、审计师-客户特征相似性、审计师客户群相似性三个方面展开。

从客户经济重要性的角度来看，单个客户提供的经济利益越多，事务所保持客户满意的经济动机就越大。

从审计师-客户特征相似性的角度来看，同质性理论认为，个人更愿意与具有相似属性的人交往，客户公司董事会及管理层更倾向于选择具有相似个人特征（性别和经验）的审计师。Lee 等（2019）基于审计师-客户的性别、经验相似性研究发现，董事会和管理层的性别多样性增加了女性担任审计合伙人的可能性，董事会和管理层的经验也与审计合伙人的经验呈正相关。

已有研究对审计师客户群相似性对审计团队配置决策的影响并

未达成一致结论。一方面，审计师客户群相似度越高，意味着该审计师很可能已经开发出与该类型客户相关的专业知识和成本优势，客户与审计师匹配良好。Brown 和 Knechel（2016）基于年报文本计算单个客户与特定审计师同行业其他客户的相似度，从而得出客户与审计师客户群的匹配度。研究发现：与审计师客户群相似性最低的客户更换审计师的可能性最大。另一方面，客户可能出于对专有信息泄露的担忧，拒绝与同行共享审计师（Kang，et al.，2022）。

二、审计师个人特征

审计本身就是一个专业判断和决策过程，审计质量最终取决于审计师的专业判断以及决策能力，而专业判断和决策的质量依赖于审计师个体的特质（Lennox & Wu, 2018）。目前关于审计师个体的审计质量研究大致可分为两类：一是审计师人口特征，如审计师的性别、年龄、教育背景、职位、执业经验以及社会网络关系等；二是审计师工作特征，如审计师专长、忙碌程度等。以上人口特征和工作特征通过影响审计师的知识结构及职业判断来影响审计质量，但不同研究方法和制度背景下研究结论存在较大分歧。

（一）审计师人口特征

（1）性别。心理学研究表明，男性和女性在解决问题、风险偏好、道德要求等方面存在着显著的差异。与男性审计师相比，女性审计师往往更加谨慎细心，在处理复杂的审计任务和判断时更加高效，道德感更强，对风险的容忍度也更低，审计质量更高。

Mgbame 等（2012）研究发现，在风险规避方面，女性审计师比男性审计师明显更加谨慎，从而推断出女性审计师将比男性审计师选择更多的样本，发现并报告更多的重大错报。

有学者采用大数据研究结果得出性别对财务报告风格的形成没有显著的影响。Gul 等（2013）研究发现，女性与男性签字注册会计师发表非标意见的可能性没有显著差异。王良成等（2014）研究发现，签字注册会计师的性别差异在总体上对审计独立性没有显著影响。

但性别差异对审计质量的影响不能简单判定,男性和女性在提高审计质量上各有优势。Hardies 等(2021)采用实验的方法,将 20 名从事审计工作的男性和女性进行对比,发现女性审计师比男性审计师能更多地发现财务报告的错报,但男性审计师对错报类型把握的准确性要高于女性审计师。

(2)年龄。已有研究对审计师年龄与审计质量之间的关系并未达成一致结论。

一方面,年长的注册会计师往往具有更强的认知能力和更丰富的经验。年轻的注册会计师急于展示自身能力,容易过高评价私有信息而忽视公共信息,在审计决策过程中容易表现出过度自信;相反,经验丰富的年长注册会计师倾向于附和行业标准或历史经验,不愿意"离经叛道"从而损害以往积累的声誉和名望,决策行为比较保守(Prendergast & Stole, 1996)。

另一方面,职业发展理论认为,职业生涯分为探索、建立、维持和脱离四个阶段,在脱离阶段(退休前),员工的工作质量通常较低。即审计师在职业生涯的晚期,当市场不再评估他们的类型和价值时,他们的积极性会降低。例如,Sundgren 和 Svanstrom(2014)以瑞典审计市场为背景研究发现,审计师年龄与审计师发表持续经营意见的倾向呈负相关。

此外,审计师相对年龄差异可能造成审计质量差异。吴倩等(2021)考察了签字注册会计师出生月份不同引致其早期入学的相对年龄差异对审计质量的影响,结果表明:相对年龄通过促成个体更加积极的成长经历,在提高个体能力的同时,也会增加其风险承担意愿。相对年龄较大的签字注册会计师审计质量较低,表现为更高的客户财务报表操纵性应计利润绝对值和审计意见激进度。

(3)教育背景。审计师的教育背景代表个人的专业素养和道德水平。已有研究主要从学历水平和专业背景两个方面考察审计师教育背景与审计质量之间的关系。审计师的学历越高,接受的会计、审计知识越多，对专业的了解就越充分和深入，从而越能在审计实践中从多方面考虑有关审计决策的相关信息，对具体审计工作的把握就会越准确，审计判断也越谨慎（Gul, et al., 2013）。高学历审计师通常更容易接受新的审计思想和技术，更能适应不断变化的审计环境，对客户审计风险的识别与控制能力也更强，审计决策效率和审计质量也会随之提高。吴伟荣等（2017）采用固定效应回归模型研究注册会计师个体特征对审计质量的作用，结果显示教育水平较高的注册会计师的审计质量更高。

（4）职位。不同职位的审计师在执业中会有不同的表现。合伙人拥有和管理会计师事务所，其与事务所目标的一致性要高于其他审计师。Miller（1992）发现合伙人比其他审计师更保守、更具权威，在会计师事务所内部和与客户沟通时对会计调整要求标准更高。研究发现签字注册会计师在同时为合伙人的情况下会要求更多的原始底稿记录，对审计过程控制也更严格，因而审计质量也较高。Gul等（2013）发现，作为合伙人的注册会计师与非合伙人注册会计师之间的审计质量显著不同，级别越高的注册会计师审计质量越高。

基于中国数据，罗春华等（2014）研究发现，注册会计师职位越高，其对待风险的态度越谨慎，其道德判断成熟度明显高于其他注册会计师，审计质量也就越高。闫焕民等（2023）以我国会计师事务所的审计师晋升合伙人前后审计的客户公司为样本，研究发现：相比晋升合伙人之前，审计师在晋升之后提供了更高质量的审计服务，整体实现了"职质同趋"。

（5）执业经验。审计师执业经验与审计质量之间的关系不能简单判断。一方面，经验丰富的审计师拥有更多的关于财务报告错报的知识，从而增加了发现财务报告中错报的概率。审计师的经验越丰富，越能降低不相关信息的干扰，越能识别客户的经营和财务等风险，尤其是能够应对复杂的审计判断（Lee, et al., 2019）。Brown 和 Johnstone（2009）的研究表明，在审计流程的谈判阶段，经验丰富的审计师更容易在 GAAP 框架下达成稳健的、可接受的结果。王晓珂等（2016）研究发现，审计师个人经验与操纵性应计利润之间存在显著的负相关关系，说明审计师经验越丰富，越能抑制管理层的机会主义行为。潘临等（2019）的研究表明，在其他条件相同的情况下，签字注册会计师执业经验越丰富，企业会计信息可比性越高。Chen 等（2017）考察了审计师国际工作经验对审计质量的影响，研究表明：海外工作经验有助于审计师更好地理解国际审计惯例，与被审计客户较低的异常操纵性应计项目和较高的审计费用相关。

另一方面，随着审计经验的增加，审计师在判断和决策过程中更容易产生有意识或无意识的偏差，或者会对审计模型过度依赖，从而造成审计失败（Bazerman, et al., 1997）。

此外，另有研究关注了审计师前期经验与客户特定经验对审计质量的影响。Chi 等（2017）研究了审计合伙人的前期经验（审计合伙人在当前业务开始时已担任审计合伙人的年限）和客户特定经验（审计合伙人在当前客户处的任期）与审计质量之间的关系，发现审计师前期经验和客户特定经验均能提高审计质量和债券市场对审计质量的感知评价。进一步研究发现，审计合伙人的客户前期经验与审计业务早期的审计质量呈正相关，但当合伙人与客户合作至少五年后，关系不再显著。当合伙人或事务所发生变更时，前期经验并不能完全缓解特定客户知识的流失。

（6）社会网络关系。社会网络关系在一定程度上可以帮助事务所获得更多业务并降低审计风险，但也可能降低审计师的专业怀疑态度，从而对审计质量产生负面影响（Deng, et al., 2023）。

审计师最典型的社会网络关系是成为客户公司高管，审计师离开事务所后通常选择去前审计客户公司任职，这种从事务所向客户公司的人员流动被称为"旋转门"现象。已有研究表明，发生"旋转门"之后，前审计师对审计专业知识的传授（如重要性计算、测试范围和样本选择）以及与继任审计师的关系可能影响客户公司的审计质量（吴溪，等，2010；陈旭霞，等，2015）。

另有文献聚焦于审计师与客户的社会关联对审计质量的影响，主要围绕"乡音"关系和校友关系展开。袁德利等（2018）的研究表明，客户与审计师的纯粹同音、纯粹同乡和同乡同音三类关系均有损审计质量且程度依次增加，表现为更少的非标意见和更高的可操纵性应计数额。已有研究表明，客户与审计师在方言、母校或先前工作方面的相似性与出具标准审计意见和审计质量相关（Guan, et al., 2016; He, et al., 2017）。与先前研究结论不同，Earley等（2024）的研究表明，与客户的校友关系在审计师取证过程中存在利弊两面，校友关系可以通过增加审计师的证据收集而使审计受益，而当审计师的精力耗尽时，校友关系的好处实际上会发生逆转，因为审计师会过度依赖这种关系，从而过早地停止证据收集。

（二）审计师工作特征

审计师行业专长是指审计师拥有的对某一行业的专有知识和专业技能，能显著提升被审计客户的信息披露质量，有助于利益相关者对其投融资决策做出适当调整（DeFond & Zhang, 2014）。

审计师行业专长水平与会计重述的可能性呈负相关，审计师行业专长水平与错报检查水平和财务报表质量相关（Romanus, et al., 2008）。有学者研究发现，当企业的审计师具有行业专长时，企业的操纵性应计水平更低，盈余反应系数更高。Stein（2019）研究发现，相比于审计师没有行业专长，当企业的审计师具有行业专长时，企业更倾向于计提大额的资产减值损失，能够对损失及时地进行确认。王生年等（2018）研究发现，审计师的行业专长通过提高会计信息质量并减少投资者的异质信念来缓解企业资产错误定价。

刘继红和于鹏（2022）考察了审计师跨国专长在新兴跨国审计市场中的价值及重要性，结果表明：有跨国专长的审计师审跨国企业时，其操纵性应计水平更低。

在审计师工作忙碌程度对审计质量的研究中，既有证据支持工作忙碌程度会降低审计质量，也有研究发现忙碌程度与审计质量并无显著相关性。

一方面，繁重的工作量会分散审计师的注意力，使其无法充分关注审计工作，并促使审计师走捷径，而非收集充分必要的证据，导致审计质量低下。Sweeney 和 Summers（2002）通过实验研究发现，注册会计师在繁忙季度面临的时间限制和工作压力会造成职业倦怠。Sundgren 和 Svanstrom（2014）以瑞典即将破产的私营公司为研究对象，发现审计师的工作量与出具持续经营意见的概率之间存在显著负相关关系。Lai 等（2018）使用马来西亚的数据研究发现，拥有更多上市公司客户的合伙人提供的审计质量更低，表现为客户财务报表更高的操纵性应计利润绝对值，即合伙人繁重的工作量会影响审计质量。

另一方面，基于均衡理论，如果审计师工作量是由事务所质量控制系统合理管理的，那么审计师工作量可能反映出可管理的均衡状态。Goodwin 和 Wu（2016）以澳大利亚的上市公司为样本，研究发现：签字注册会计师忙碌程度与审计质量的关系并不显著，这与均衡理论一致，即不同签字注册会计师在能力方面存在异质性，工作忙碌程度是签字会计师在考虑收益和成本后作出的最优安排和决定，因此签字注册会计师工作忙碌并不会影响审计质量。

三、签字注册会计师合作关系

项目团队是审计工作的基本单元，作为核心决策者的签字注册会计师会对最终出具的审计报告产生决定性影响并对审计报告负责。签字注册会计师搭档包括负责具体项目的审计师和负责最终复核的审计师，负责人与复核人之间相互监督对方的活动，以确保审计的总体质量，这种长期相互联系、相对稳定的合作关系形成了签字注册会计师团队。

现有文献主要基于签字注册会计师搭档的同质性和异质性视角，研究对审计质量的影响。

（一）签字注册会计师搭档同质性视角

从签字注册会计师搭档同质性的视角出发，一方面，共享相似、稳定的特征会增强联系，并帮助审计师在依赖搭档时保持对自身的积极看法，更容易沟通、评价和预测彼此行为，有助于建立相互理解、相互合作的团队文化。负责人与复核人之间保持稳定的搭档关系意味着信任与默契程度较高，有助于对重要审计判断及审计结论形成一致性认识，提高项目复核工作效率，避免因不信任、意见分歧造成的低效率，从而提高审计质量。

有研究表明审计团队共同的教育背景会影响团队内部沟通的顺畅性，这种沟通的便利性对审计质量产生了正向影响。闫焕民等（2017）基于团队理论视角考察了签字注册会计师的搭档稳定性对审计质量的影响，结果表明签字注册会计师保持稳定搭档关系可以强化团队成员的心理安全感知，促进团队发挥协同效应，提高审计质量。有学者考察了签字注册会计师之间的校友关系对审计质量的影响，发现当签字注册会计师之间存在校友关系时，审计团队的沟通效率较高，团队合作效应增强，审计质量提高；进一步研究发现，审计师的性别和"211"高校学历在审计师校友关系对审计质量的影响中起到显著的正向调节作用。

另一方面，人们倾向于将自己归类为同质性社会群体，在群体中发展归属感和认同感，而对其他群体的成员表现出不那么友好的态度，普遍存在着群体内的偏袒和群体外的贬损。签字注册会计师搭档同质性可能会助长合谋行为，有损审计师的专业怀疑态度，从而对审计质量产生负面影响。Deng等（2023）基于2007—2019年我国签字注册会计师的家乡数据研究发现，签字注册会计师搭档的同乡关系可能会破坏监督效应，降低审计质量。

（二）签字注册会计师搭档异质性视角

签字注册会计师异质性研究集中在性别异质性、知识异质性、身份异质性等。不少研究表明男女搭配组合可以保证更高的审计质量，男性在与女性搭配的组合中比在与男性的组合中工作更积极，女性却正好相反，在与女性审计师的组合中积极性反而更高。

施丹和程坚（2011）以2001—2008年中国A股上市公司为研究

对象，考察签字注册会计师性别组成对审计质量的影响，研究发现：审计师的性别组成与绝对的、正向及负向操纵性应计并无显著关系。

李婉丽和仪明金（2012）检验了时间压力和知识异质性对审计团队判断绩效的影响机制，发现时间压力和知识异质性对审计判断绩效的影响具有交互效应。一方面，时间压力能够调节知识异质性对审计判断绩效的影响方向，无时间压力时，知识异质性对审计判断绩效具有正面影响，有时间压力时，知识异质性对审计判断绩效具有负面影响。另一方面，知识异质性能够调节时间压力对审计判断绩效的影响程度。知识异质性高时，时间压力对审计判断绩效的负面影响更大。

另有研究表明签字注册会计师身份异质性方面的党员异质性和年龄异质性能提升审计质量，而任务相关异质性对审计质量无影响。进一步研究发现：团队权力结构、团队规模、团队合作时长和客户重要性异质性对签字注册会计师团队异质性与审计质量的关系均有显著的调节作用。

刘洁和毕秀玲（2019）综合研究了性别、年龄、专业、学历、毕业院校、职位和政治面貌七个特征的异质性，发现签字注册会计师搭档异质性特征能够显著弱化正面报道对审计意见的影响，并提高了出具非标意见的概率。

四、其他层级的审计团队特征

审计公司是专业的服务组织，以团队的形式组织活动，审计天然具有团队属性（陈丽红，等，2022）。史文等（2019）将审计团队定义为多名审计师构成的相互合作、利益共享、风险共担的群体。审计工作涉及的复杂任务需要使用不同的能力和观点，而不仅仅是一个人所拥有的能力和观点，因此要分析审计的经济产出即审计质量，不仅要考察审计师个人特征，也需要了解审计团队特征，包括团队规模、项目团队层级配置、女性比例、共同教育背景、行业专长等。

审计团队规模是影响审计质量的关键因素。随着审计团队规模的扩大，团队成员间的意见分歧也将增加，进而导致内部沟通协调成本的提高。国内学者廖义刚和黄伟晨（2019）检验了审计团队规模及审计师的团队社会网络中心度对审计质量的影响。研究发现：审计团队规模与审计质量负相关，审计师的团队社会网络中心度与其审计质量正相关。

项目团队层级配置对审计质量有显著影响，审计团队中包含合伙人、高级经理、经理、高级审计师、初级审计师等多个层级，不同层级的审计师在执业经验和审计判断方面存在很大异质性。Hossain 等（2017）利用日本数据研究审计团队中高级审计师、助理审计师和其他专业人员数量与审计费用、审计质量之间是否存在正相关关系，发现高级审计师的数量与审计质量呈正相关，审计团队的助理审计师和其他专业人员的数量与审计质量衡量指标（持续经营意见、自由裁量权和营运资本应计项目的绝对值）没有显著的关联。Aobdia 等（2024）重点关注中层经理在审计团队中的角色，研究发现：客户专业知识和财政年度结束前的审计工作量对审计质量的提升作用在很大程度上由中层经理的审计行为来解释。进一步研究发现，合伙人对审计质量的有限作用可能受强制轮换要求的影响。

Cameran 等（2018）考察了审计团队的多样性如何影响审计质量，以及这种影响如何随审计任期的长短而变化。研究表明：平均而言，分配给合伙人和经理的审计时间比例越高，审计质量水平越低，这种关系随着审计任期的延长而逆转；具有共同教育背景的主要审计人员所占比例对审计质量有负面影响；女性领导审计人员的比例与审计质量正相关。

另有学者利用客户规模、团队成员数量、成员层级、审计小时数、审计成本、审计费率等描述性统计数据来刻画审计团队构成和劳动力配置，结果表明，相比于非上市公司客户，在对上市公司审计时，事务所要求高层级审计人员付出更多的努力，低层级审计人员被要求的努力较少，从而保证更高的审计质量。

Cahan 等（2022）利用国际四大会计师事务所的专有数据考察了审计团队成员的行业知识对审计质量的影响，研究发现：审计团队内行业知识的范围和分布会影响审计质量。具体而言，相比于非专家团队，拥有高级行业专家和初级行业专家的平衡审计团队提供的审计质量更高。

此外，随着事务所内成员在直接或间接合作过程中彼此情感与资源依赖的日益加深，事务所内部逐渐衍生出基于成员非正式关系而形成的特殊结构——非正式审计团队（史文，等，2019；Pittman, et al., 2022）。非正式审计团队是指通过对上市公司审计报告共同签字而拥有直接与间接合作关联的审计师的集合，并逐年界定事务所内部的合作关系网络。同一合作关系网络内任意审计师之间均具有直接或间接的合作关系，置身相同合作关系网络的审计师较易形成一致的审计风格与风险理念，进而可能产生合作关系网络内审计质量的传染效应（廖义刚和冯琳磬，2023）。

表 4-6 总结了审计团队配置与审计质量关系的相关文献。

表 4-6　审计团队配置与审计质量相关文献

特征		影响	相关文献
配置决策动因	审计业务供给方	事务所业务承接决策	Hsieh & Lin (2016)
		审计师-客户匹配决策	Amir, et al. (2014); Pittman, et al. (2022); Deng, et al. (2023)
	审计业务需求方	审计师-客户特征相似性	Lee, et al. (2019)
		审计师客户群相似性	Brown & Knechel (2016); Kang, et al. (2022)
审计师个人特征	性别	女性优于男性	Mgbame, et al. (2012)
		无差异	王良成，等 (2014); Gul, et al. (2013)
		混合	Hardies, et al. (2021)

续表

特征		影响	相关文献
审计师个人特征	年龄	正面	Prendergast & Stole (1996)
		负面	吴倩，等（2021）；Sundgren & Svanstrom (2014)
	教育背景	正面	吴伟荣，等（2017）；Gul, et al. (2013)
	职位	正面	罗春华，等（2014）；吴伟荣，等（2017）；闫焕民，等（2023）；Gul, et al. (2013)
	执业经验	正面	王晓珂，等（2016）；潘临，等（2019）；Chen, et al. (2017)；Lee, et al. (2019)
		负面	Bazerman, et al. (1997)；Chi, et al. (2017)
	社会网络关系	负面	袁德利，等（2018）；Guan, et al. (2016)；He, et al. (2017)
		综合	Earley, et al. (2024)
审计师工作特征	行业专长	正面	王生年，等（2018）；刘继红和于鹏（2022）；De Fond & Zhang (2014)；Stein (2019)
		无影响	Goodwin & Wu (2016)
	忙碌程度	负面	Sundgren & Svanstrom (2014)；Lai, et al. (2018)
签字注册会计师合作关系	搭档同质性	正向	闫焕民，等（2017）
	搭档异质性	正向	李婉丽和仪明金（2012）；刘洁和毕秀玲（2019）
		无影响	施丹和程坚（2011）
其他层级的审计团队特征	团队规模	负向	廖义刚和黄伟晨（2019）
	不同层级	混合	Cameran, et al. (2018)；Cahan, et al. (2022)；Aobdia, et al. (2024)
	非正式团队	混合	史文，等（2019）；Pittman, et al. (2022)

综上所述，现有关于审计团队配置与审计质量的研究主要围绕配置决策动因、审计师个人特征、审计师工作特征、签字注册会计师合作关系以及其他层级的审计团队特征展开，但是对于审计团队配置特征与审计质量的关系并未完全取得一致结论，原因可能是：

（1）分析样本不同。审计团队与审计客户均处于特定的环境中，不同国家和地区的研究样本有其固有的经济环境和制度背景，这些不可衡量的外部因素会影响研究结论。不仅如此，即使在同一地区的研究样本中也受到众多的外部影响，如时间变化、行业特征等。

（2）研究视角不同。审计工作是一项综合审计师判断能力、业务能力等多种能力的复杂事务。在研究中，往往针对审计团队的某一个特征或某一个特征的某一个方面进行考察，而忽略了该特征反映的其他方面的能力，导致结论并未反映全部的真实情况。

（3）研究方法不同。在审计团队特征与审计质量关系的已有研究中，包含了大数据实证检验、实验以及案例分析等不同的研究方法，各个方法有不同的侧重点，因此也揭示了不同的内在关系。

第四节　审计团队配置对审计质量的影响：中国经验与国际证据

一、中国经验

审计质量受审计师个人特征如学历、性别、职位、专业知识和工作经验等的影响。在中国，签字注册会计师的姓名是公开的，其个人身份信息、人口统计特征也可由中注协系统查询得到。

Gul 等（2013）通过这种独特的制度安排，考察了中国签字注册会计师人口统计特征在多大程度上可以解释审计质量的差异。研究发现：添加审计师个体效应显著提高了审计质量模型的解释力，具体提高了 7.02%，达到 33.82%。进一步地，该研究从签字注册会计师学历、教育背景、工作经验、年龄、级别等方面，考察了审计师人口特征对审计质量（非标审计意见、操纵性应计项目、非经常性损益和微利粉饰四个方面及以上指标平均值）的影响。

如表4-7所示，拥有硕士以上学历的审计师往往比其他审计师更激进；在大学期间有国外教育经历、拥有大型事务所工作经验以及合伙人级别的签字注册会计师似乎更加保守。以上结果表明，个体签字注册会计师的人口特征对审计质量的影响是显著的，并且与审计事务所、办事处和客户特征的影响同时存在。

表4-7　个体签字注册会计师人口特征对审计质量的影响

	审计意见激进度	操纵性应计项目	非经常性损益	微利粉饰	指标平均值
硕士以上学历	0.146* (1.691)	0.155* (1.777)	0.059 (0.659)	0.155 (1.614)	0.235*** (2.670)
国外教育经历	−0.057 (−0.706)	0.075 (0.893)	−0.160 (−1.883)	−0.122 (−1.326)	−0.170*** (−2.029)
会计专业	0.036 (0.628)	0.058 (0.975)	0.074 (1.222)	−0.048 (−0.724)	0.024 (0.403)
女性	−0.004 (−0.061)	0.007 (0.114)	0.029 (0.437)	−0.005 (−0.067)	0.022 (0.348)
大型事务所工作经验	−0.126 (−1.135)	−0.069 (−0.057)	−0.120 (−1.020)	−0.299** (−2.375)	−0.369*** (−3.209)
合伙人级别	−0.124** (−2.035)	−0.080 (−1.268)	−0.006 (−0.093)	0.013 (0.193)	−0.073 (−1.153)
中共党员	0.135** (1.992)	0.146** (2.073)	0.059 (0.814)	−0.063 (−0.816)	0.126* 1.788
年度固定效应	控制	控制	控制	控制	控制
客户固定效应	控制	控制	控制	控制	控制
事务所固定效应	控制	控制	控制	控制	控制
办事处固定效应	控制	控制	控制	控制	控制

资料来源：Johnstone K M, Bedard J C. Audit firm portfolio management decisions. Journal of Accounting Research, 2004 (4): 2016.

Pittman等（2022）以中国强制签字注册会计师轮换制度为情境，通过先前共同开展业务的经历识别现任审计合伙人与继任者之间的联系,以前五年中现任者和继任者共同签署审计报告的业务数量来衡量。该研究基于 2003—2015 年 A 股上市公司样本,以发生签字注册会计师轮换后三年的客户公司为实验组,考察了继任者与现任者共同签字经历对客户公司审计质量的影响。

如表 4-8 所示,交互项捕捉了继任者与现任者共同签字经历对轮换后客户公司审计质量的影响,其系数在 5% 的水平上显著为正,结果表明,先前与现任者的团队合作经验增大了继任者在接手审计业务时出具非标意见的倾向,有助于提高客户公司的审计质量。进一步地,该研究尝试排除继任者报告错误的情况(在应该出具无保留意见的情况下却出具了非无保留意见),将重点放在陷入财务困境或当年财务报告随后被重述或因财务舞弊行为而受到财政部或证监会监管处罚的观测值上。以上结果表明,在考虑了非标意见准确度的情况下,交互项系数仍在 5% 的水平上显著为正,即继任者与现任者共同签字经历确实能够在轮换后带来同等或者更好的审计质量。

表 4-8　继任签字注册会计师与现任签字注册会计师
共同签字经历对轮换后审计质量的影响

	非标意见	非标意见准确度
发生轮换后三年	−0.000 (−0.10)	−0.008 (−1.14)
发生轮换后三年 * 继任签字注册会计师与现任签字注册会计师在轮换前五年共同签署的审计报告数量	0.002** (1.99)	0.004** (2.10)
控制变量	控制	控制
年度固定效应	控制	控制
客户固定效应	控制	控制
事务所固定效应	控制	控制

资料来源:Pittman J, Wang L, Wu D. Network analysis of audit partner rotation. Contemporary Accounting Research, 2022 (2): 1108.

二、国际证据

(一) 美国

Lee 等 (2019) 基于美国数据,通过识别 2004—2015 年 SEC 意

见函中列出的审计合伙人姓名,并手工搜集其背景信息,考察审计合伙人配置(性别、经验)对审计质量的影响。如表4-9所示,女性审计合伙人能够提供更高的审计质量,表现为被审计客户公司更低的操纵性应计水平,但没有发现审计合伙人的经验影响客户操纵性应计水平的证据。同时研究表明,客户愿意支付更高的审计溢价,让女性和更有经验的审计合伙人领导审计团队工作。

表4-9 审计合伙人的配置对审计质量的影响

	修正琼斯模型	DD模型	财务重述	审计费用
女性审计合伙人	−0.024** (−2.45)	−0.009* (−1.77)	−0.210 (−1.00)	0.088* (1.68)
审计合伙人的经验	0.016 (0.92)	0.010 (1.26)	−0.134 (−0.55)	0.145* (1.88)
控制变量	控制	控制	控制	控制
年度固定效应	控制	控制	控制	控制
行业固定效应	控制	控制	控制	控制

资料来源:Lee H S, Nagy A L, Zimmerman A B. Audit partner assignments and audit quality in the United States. The Accounting Review, 2019 (2): 315, 317.

(二) 英国

英国要求审计合伙人在2009年4月及之后出具的审计报告上签名。在此情境下,Carcello和Li (2013) 基于2008—2010年英国上市公司样本,考察要求审计合伙人签署审计报告对审计质量的影响。值得注意的是,该研究包括了金融业样本(即包括银行业样本)。由于样本期内美国尚未实施强制性审计合伙人签字要求,而法国、德国、荷兰、卢森堡早在样本期之前就已实施审计合伙人签字制度,该研究借助这一准自然实验场景,分别以美国、欧盟成员国(法国、德国、荷兰、卢森堡)为对照组,进一步检验审计合伙人签字要求对审计质量的影响。

如表4-10 (a) 所示,在实施签字要求后的第一年,企业操纵性应计水平和微利粉饰倾向显著下降,出具非标意见的概率和盈余反应系数显著增加。表4-10 (b) 和 (c) 分别列示了以美国和欧盟成员国（法国、德国、荷兰、卢森堡）为对照组的检验结果。结果表明：相较已经实施或还未实施审计合伙人签字的国家，英国在采用审计合伙人签字要求后，审计质量显著提高，审计费用显著提高。

表4-10　审计合伙人签字对审计质量的影响

(a) 英国审计合伙人签字要求对审计质量的影响				
变量	操纵性应计	微利粉饰	盈余反应系数	非标意见
签字要求	−0.033*** (−6.18)	−0.988*** (49.54)	0.899*** (36.48)	0.842*** (9.27)
签字要求*盈余水平			0.151* (1.52)	
控制变量	控制	控制	控制	控制
行业固定效应	控制	控制	控制	控制
(b) 以美国为对照组：审计合伙人签字要求对审计质量的影响				
变量	操纵性应计	微利粉饰	盈余反应系数	审计费用
英国*签字要求	−0.041*** (−2.32)	−0.791** (5.29)		0.196*** (2.51)
英国*签字要求*盈余水平			1.099** (1.90)	
控制变量	控制	控制	控制	控制
行业固定效应	控制	控制	控制	控制
(c) 以法国、德国、荷兰、卢森堡为对照组：审计合伙人签字要求对审计质量的影响				
变量	操纵性应计	微利粉饰	盈余反应系数	审计费用
英国*签字要求	−0.011* (−1.32)	−0.510*** (−5.51)		0.852* (2.43)
英国*签字要求*盈余水平			0.787 (1.00)	
控制变量	控制	控制	控制	控制
行业固定效应	控制	控制	控制	控制

资料来源：Carcello J V, Li C. Costs and benefits of requiring an engagement partner signature: recent experience in the United Kingdom. The Accounting Review, 2013 (5): 1529, 1534, 1536.

(三) 比利时

比利时的审计法规与其他欧盟成员国非常相似（Hardies，et

al.，2018），但在审计团队配置的性别特征方面，审计团队一直由男性占主导地位。同时，比利时的诉讼环境较差，被指控职业性别歧视的诉讼很少见，因此女性团队成员进入审计领域的速度相对缓慢。20世纪90年代，比利时女性注册会计师的数量仅略高于10%，目前比利时女性注册会计师在公共会计领域的比例（约25%）仍与美国（约50%）存在较大差距。此外，比利时仅约15%的审计合伙人为女性，而在美国，这一比例达到约23%。

在这一背景下，Hardies等（2021）基于2008—2014年比利时94 882个包括私营企业和上市公司在内的审计数据，比较男女审计合伙人的相对生产率和被分配的客户类型，对审计团队配置中的性别歧视进行实证检验。

如表4-11所示，在考虑了客户特征、审计合伙人特征、审计事务所特征、城市固定效应、年份固定效应和行业固定效应之后，女性审计合伙人的审计溢价显著高于男性审计合伙人。进一步引入审计办事处男性比例及其与是否女性审计合伙人的交互项发现，在男性占主导地位的审计办事处，女性审计合伙人的审计溢价显著更高。

以上结果表明，女性要获得审计合伙人身份需要比男性合伙人付出更多的审计努力（提升审计质量）。这种溢价还可能反映出，与男性审计合伙人相比，女性审计合伙人具有更高水平的能力、知识及客户满意度。

表4-11 审计团队性别配置对审计质量的影响

变量	审计费用	
是否女性审计合伙人	0.039*** (2.96)	−0.352*** (−8.32)
是否女性审计合伙人 * 审计办事处男性比例		0.491*** (−8.71)
审计办事处男性比例		−0.295*** (−9.58)
控制变量	控制	控制

续表

变量	审计费用	
年度固定效应	控制	控制
行业固定效应	控制	控制
城市固定效应	控制	控制

资料来源：Hardies K, Lennox C, Li B. Gender discrimination? evidence from the Belgian public accounting profession. Contemporary Accounting Research, 2021 (3): 1528.

第五节 本章结论与建议

一、结论

通过回顾国内外审计团队配置的相关理论和经验证据，并对我国商业银行审计团队配置与特征进行分析，我们得出以下结论：

从理论上看，尽管有关审计团队特征对审计质量影响的结论并不一致，但就银行业审计而言，规模较大、经验较多、学历较高、稳定性强的审计团队配置更有利于审计质量的提高；从我国四大行的审计业务周期与核心审计团队配置来看，高审计业务负荷的压力影响了审计团队配置规模。

二、建议

针对本章研究内容的建议分为以下两方面。

首先，大型商业银行由于分行众多、业务复杂，审计业务的执行不仅需要具备过硬的专业素养，更需要充足的人力资源。因此，对银行业客户而言，审计团队需具备相应的资源规模来提供高质量的审计服务。为缓解审计团队资源配置压力，银行在选聘会计师事务所时，应考虑同一家事务所同时负责的大型商业银行业务。建议协调审计师聘任程序和流程，均衡事务所承担的大型商业银行审计业务，避免同一事务所同时承担多家大型商业银行审计业务，尤其是在审计业务初期时资源配置紧张。

　　其次，为增强审计师对银行业学习曲线的边际效应，充分利用审计师的经验积累以提高审计质量，建议适当延长银行业事务所轮换周期，保持相对稳定的审计师-客户关系。银行业作为一个经营货币资金的特殊行业，在会计报表和业务处理方面表现出固有的特殊性，大额、复杂的业务频繁发生，尤其是涉及多币种、多金融产品、大范围交易的大型商业银行，其审计项目整体风险较高。这就要求审计人员尤其是审计领导团队具备丰富的经验和商业银行相关专业知识，充分了解商业银行特定经营风险。不仅如此，如果审计师的执业经验长期针对特定行业，则会形成个人行业专长。银行业的固有特征决定了其审计师的学习曲线较长，丰富的审计经验和行业专长，有助于审计师掌握银行业的复杂经营特点、特殊会计政策等知识，有助于提高其专业判断能力和审计效率，从而提高审计质量。

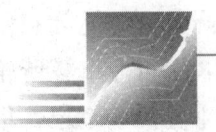

第五章 关键审计事项披露与商业银行审计质量

审计报告传达审计师对财务报表是否在所有重大方面公允反映公司财务状况的意见,也是审计师与诸多报表使用者,如股东、债权人、分析师等的沟通方式。近年来,包括中国在内的世界多数国家或地区推行实施旨在提高审计报告信息含量的关键审计事项披露改革,这成为注册会计师行业在审计报告方面的重大变化。

本章首先描述中国和国际上市商业银行关键审计事项披露的实践概况,对不同制度背景下新审计报告准则的演进和差异进行梳理。其次,分别从审计师、投资者、管理层等不同主体的视角,就关键审计事项与审计质量、信息价值等之间的关系进行系统深入的理论辨析。最后,分别从中国和国际方面为关键审计事项对银行审计质量的影响提供经验证据。

第五章 关键审计事项披露与商业银行审计质量

第一节　商业银行关键审计事项披露：中国现状与国际概况

一、中国现状

（一）我国上市商业银行关键审计事项披露整体概况

根据 2016 年 12 月财政部《关于印发〈中国注册会计师审计准则第 1504 号——在审计报告中沟通关键审计事项〉等 12 项准则的通知》的要求，2017 年 1 月 1 日起，A＋H 股上市公司供内地使用的审计报告应用此准则，披露关键审计事项信息，2018 年 1 月 1 日起，沪深两市全部上市公司的审计报告中都需要披露关键审计事项。

我们对 2017—2022 年我国境内上市商业银行的关键审计事项（KAM）披露进行了统计，见表 5-1 和表 5-2。

表 5-1　2017—2022 年我国上市商业银行关键审计事项披露统计

单位：项

年度	披露总数量	银行数量	年平均披露数量	最少披露数量	最多披露数量
2017	64	24	2.67	2	4
2018	83	34	2.44	1	5
2019	90	38	2.37	1	4
2020	90	39	2.31	1	4
2021	102	43	2.37	1	4
2022	103	43	2.40	1	4

注：由于银行上市与重组，各年度的上市商业银行数量不同。

由表 5-1 可知，首先，2017—2022 年我国上市商业银行关键审

表 5-2 2017—2022 年上市商业银行披露的关键审计事项数量分布

年度	关键审计事项披露数量				
	1 项	2 项	3 项	4 项	5 项
2017	0	10	12	2	0
2018	3	18	9	3	1
2019	2	24	8	4	0
2020	3	22	13	1	0
2021	1	26	15	1	0
2022	2	23	17	1	0
合计	11	123	74	12	1

计事项披露总数量逐年递增，这表明越来越多的上市商业银行在审计报告中披露了关键审计事项。其次，在披露关键审计事项的上市商业银行中，2019—2022 年最少披露数量稳定为 1 项，最多披露数量稳定为 4 项。从表 5-2 中可看出，各年度关键审计事项披露数量的分布基本呈正态分布，集中在 2 项或者 3 项。特别是在 2020—2022 年，这种分布趋势更为明显。

表 5-3 统计了我国上市商业银行披露的关键审计事项类型，主要涉及结构化主体合并、资产计量（金融工具公允价值计量、减值准备、预期信用损失、资产终止确认）、会计信息系统和个别特殊的银行业务①四大类。2020—2022 年度总体上，与资产减值相关的关键审计事项占三年关键审计事项数量之和的 43.4%（"减值准备"相关的关键审计事项占 23.7%，"预期信用损失"相关的关键审计事项占 19.7%），排名第一；"结构化主体合并"相关的关键审计事项占 37.3%，排名第二；"金融工具公允价值计量"相关的关键审计事项

---

① 个别特殊的银行业务，例如，邮储银行与中国邮政集团有限公司之间的代理银行业务被审计师认定为关键审计事项。

占 14.9%，排名第三。可见"资产减值"、"结构化主体合并"和"金融工具公允价值计量"是上市商业银行审计业务中风险较高的领域。

表 5-3 2020—2022 年我国上市商业银行关键审计事项披露类型统计

关键审计事项类型			年度			合计	占比
			2020	2021	2022		
结构化主体合并			35	40	35	110	37.3%
资产计量	金融工具公允价值计量		13	15	16	44	14.9%
	资产减值	减值准备	23	23	24	70	23.7%
		贷款和垫款减值准备	8	9	12	29	9.8%
		贷款、垫款和金融投资的减值准备	13	12	11	36	12.2%
		应收款项减值准备	2	2	1	5	1.7%
		预期信用损失	15	20	23	58	19.7%
	资产终止确认		1	0	1	2	0.7%
会计信息系统			1	2	2	5	1.7%
个别特殊的银行业务			2	2	2	6	2.0%

综上所述，自《中国注册会计师审计准则第 1504 号——在审计报告中沟通关键审计事项》实施以来，上市商业银行披露的关键审计事项数量不断增加，披露关键审计事项的上市商业银行数量也呈上升趋势；上市商业银行披露的关键审计事项涉及最多的类型是"资产减值"、"结构化主体合并"和"金融工具公允价值计量"，表明对于上市商业银行而言，这三大领域的风险较高。

（二）国内大型商业银行关键审计事项披露情况

表 5-4 统计了 2017—2022 年，我国大型商业银行的关键审计事项披露情况。其中，不论是关键审计事项的披露数量，还是年平

均披露文本长度，工商银行都是国内商业银行中最多的。相较而言，招商银行的关键审计事项披露得最少，有些年份仅披露1项关键审计事项，且年平均披露文本长度不超过5 000字节。其他银行关键审计事项的披露情况差异不大。

表5-4　2017—2022年我国大型商业银行关键审计事项披露情况统计

银行	最多披露数量（项）	最少披露数量（项）	年平均披露数量（项）	年平均披露文本长度（字节）
工商银行	5	4	4.2	12 326
建设银行	3	2	2.7	6 349
农业银行	3	2	2.5	7 925
中国银行	3	3	3	7 797
邮储银行	3	2	2.5	8 129
交通银行	3	2	2.6	9 187
招商银行	3	1	2.2	4 752
兴业银行	3	3	3	9 494
浦发银行	3	2	2.8	10 022
中信银行	4	2	2.8	7 824

二、国际概况

下面以德国、新加坡、英国、美国四个国家的大型商业银行为例，简要介绍国际方面商业银行关键审计事项的披露情况。

（一）德国

如表5-5所示，2017—2022年，在德国大型商业银行中，德意志银行与德国中央合作银行对关键审计事项披露得较多（年平均披露数量分别为4.8项和5项，年平均披露文本长度超过1.5万字节）。多数银行的年平均披露数量超过2.5项，年平均披露文本长度超过5 000字节。相较而言，德国复兴商业银行与德国北威州银行对关键审计事项披露得较少，年平均披露数量少于2项。

第五章　关键审计事项披露与商业银行审计质量

表 5-5　2017—2022 年德国大型商业银行关键审计事项披露情况统计

银行	最多披露数量（项）	最少披露数量（项）	年平均披露数量（项）	年平均披露文本长度（字节）
德意志银行	6	4	4.8	15 806
德国中央合作银行	6	4	5	20 321
德国复兴商业银行	2	1	1.2	3 786
德国商业银行	6	3	4.2	11 371
德国联合抵押银行	5	3	3.8	10 998
德国巴登-符腾堡州银行	3	2	2.8	10 933
德国巴伐利亚州银行	4	2	2.8	9 360
北德意志州银行	5	2	3.5	11 694
赫拉巴国际商业银行	3	2	2.5	7 795
德国北威州银行	1	1	1	4 411

（二）新加坡

表 5-6 统计了新加坡本土五大商业银行关键审计事项披露的情况。星展银行和华侨银行在关键审计事项披露的数量和文本长度方面都排在前列（年平均披露数量不少于 4 项，年平均披露文本长度超过 1 万字节）。相对地，马来亚银行与 RHB 银行在关键审计事项披露的数量和文本长度方面都排名靠后（年平均披露数量为 2 项，年平均披露文本长度小于 7 000 字节）。大华银行的关键审计事项披露情况处于中等水平（年平均披露数量为 3.2 项，年平均披露文本

长度为 7 621 字节）。

表 5-6　2017—2022 年新加坡本土五大商业银行关键审计事项披露情况统计

银行	最多披露数量（项）	最少披露数量（项）	年平均披露数量（项）	年平均披露文本长度（字节）
星展银行	4	4	4	10 675
华侨银行	5	4	4.2	12 643
大华银行	4	3	3.2	7 621
马来亚银行	2	2	2	6 595
RHB 银行	2	2	2	5 192

注：新加坡大型商业银行中，有一半来自境外（如中国银行、渣打银行、花旗银行），且这些银行不在新加坡上市，故未纳入统计。

（三）英国

如表 5-7 所示，在英国大型商业银行中，除维珍金融外，其余 9 家银行的关键审计事项最多披露数量均达到 5 项及 5 项以上。大型商业银行最少也会披露 2 项关键审计事项。此外，多数银行的关键审计事项年平均披露文本长度超过 1 万字节，甚至有 3 家银行超过 2 万字节。总体而言，英国商业银行关键审计事项披露在数量以及文本长度上都处于较高水平。

表 5-7　2017—2022 年英国大型商业银行关键审计事项披露情况统计

银行	最多披露数量（项）	最少披露数量（项）	年平均披露数量（项）	年平均披露文本长度（字节）
汇丰控股	8	4	5.5	14 950
巴克莱银行	6	4	5	21 011
劳埃德银行	7	5	6.2	21 769
苏格兰银行	7	3	4.2	18 151
渣打银行	6	5	5.3	18 499
西敏寺银行	7	6	6.3	26 931

续表

银行	最多披露数量（项）	最少披露数量（项）	年平均披露数量（项）	年平均披露文本长度（字节）
桑坦德银行	5	3	3.8	12 717
维珍金融	4	2	2.7	9 627
英国合作银行	7	2	4.5	11 961
英国首都银行	5	2	3.5	8 988

（四）美国

表 5-8 是 2019—2022 年美国大型商业银行关键审计事项披露情况（美国上市银行自 2019 年开始在年报中披露关键审计事项）。总体而言，美国商业银行披露的关键审计事项数量较少：仅多伦多道明的年平均披露数量达到 4 项，其他 9 家商业银行的年平均披露数量均少于 3 项，摩根士丹利和美国合众银行甚至不超过 2 项。但是，在披露文本长度方面，美国大型商业银行关键审计事项年均披露文本长度均超过 5 000 字节。其中，花旗银行、美国富国银行以及纽约梅隆银行 3 家银行的年平均披露文本长度均超过 1.1 万字节，并且也超过了披露数量最多的多伦多道明。

表 5-8　2017—2022 年美国大型商业银行关键审计事项披露情况统计

银行	最多披露数量（项）	最少披露数量（项）	年平均披露数量（项）	年平均披露文本长度（字节）
摩根大通银行	3	2	2.3	7 002
美国银行	2	2	2	6 832
花旗银行	4	2	3	12 528
美国富国银行	3	2	2.5	11 428
高盛集团	2	2	2	5 896
摩根士丹利	2	1	1.5	5 662
美国合众银行	3	1	1.5	6 939

续表

银行	最多披露数量（项）	最少披露数量（项）	年平均披露数量（项）	年平均披露文本长度（字节）
多伦多道明	4	4	4	10 939
PNC 金融服务集团	3	1	2	7 902
纽约梅隆银行	3	2	2.3	11 061

三、国际比较

为进一步体现不同监管条件下商业银行披露关键审计事项的差异，我们对中国、德国、新加坡、英国和美国五个国家大型商业银行所披露的关键审计事项进行对比分析。①

（一）基于国家的商业银行关键审计事项披露情况对比分析

首先，我们对不同国家大型商业银行审计报告中披露的关键审计事项进行统计，结果如表 5-9 所示。

(1) 在样本期间内，来自中国、德国和美国的商业银行关键审计事项的最少披露数量为 1 项；而新加坡和英国的最少披露数量则为 2 项。

(2) 在样本期间内，德国、英国的商业银行关键审计事项的最多披露数量为 6 项及 8 项，属于披露数量较多的国家；而中国、新加坡和美国商业银行的关键审计事项最多披露数量水平较低，不超过 5 项。

(3) 从关键审计事项披露文本长度来看，英国商业银行的关键审计事项披露文本内容最长，年平均披露文本长度均在 1.3 万字节以上；德国的商业银行次之，年平均披露关键审计事项除 2021 年接近 1 万字节，其他年份均超过 1 万字节；而中国、新加坡和美国的

---

① 美国商业银行在 2019 年开始在年报中披露关键审计事项，故其期间从 2019 年开始。

商业银行年平均披露文本长度较短，不超过9 500字节。

表5-9　样本期间各国大型商业银行关键审计事项披露情况

	年度	最多披露数量（项）	最少披露数量（项）	年平均披露数量（项）	年平均披露文本长度（字节）
中国	2017	4	3	3.3	7 345
	2018	5	1	2.7	7 744
	2019	4	2	2.6	8 582
	2020	4	2	2.8	8 817
	2021	4	2	2.9	8 533
	2022	4	2	2.9	8 960
德国	2017	6	1	3.4	11 117
	2018	6	1	3.4	11 321
	2019	4	1	3	10 360
	2020	6	1	3.3	11 511
	2021	5	1	3	9 813
	2022	5	1	3	10 373
新加坡	2017	4	2	3	7 538
	2018	4	2	3.3	9 294
	2019	4	2	3.2	8 200
	2020	5	2	3.2	9 211
	2021	4	2	3	9 147
	2022	4	2	3	8 702
英国	2017	7	3	4.9	13 760
	2018	7	2	5	17 501
	2019	7	3	4.9	17 978
	2020	8	2	4.8	17 868
	2021	6	2	4.3	15 480
	2022	6	2	4.3	16 175

续表

	年度	最多披露数量（项）	最少披露数量（项）	年平均披露数量（项）	年平均披露文本长度（字节）
美国	2019	4	1	2.3	6 568
	2020	4	1	2.5	9 325
	2021	4	1	2	7 457
	2022	4	1	2.4	8 763

其次，为更清晰明了地比较不同国家大型商业银行的关键审计事项披露情况，我们对各国样本期间的关键审计事项的平均披露数量和平均披露文本长度进行对比分析，如图5-1所示。

（1）披露数量方面：关键审计事项平均披露数量最多的是英国商业银行，其次是德国与新加坡的商业银行，中国和美国的商业银行的关键审计事项披露数量较少。

（2）披露文本长度方面：关键审计事项披露文本较长的是英国、德国的商业银行，中国、新加坡和美国的商业银行关键审计事项披露文本较短。

（二）基于会计师事务所的商业银行关键审计事项披露情况对比分析

在前文分析的基础上，我们进一步按照会计师事务所对不同国家大型商业银行关键审计事项披露情况进行统计分析，以判断不同事务所之间在关键审计事项披露方面是否存在系统性差异。

由表5-10可知，各国大型商业银行的审计业务基本由国际四大会计师事务所垄断，不过，国际四大会计师事务所在不同国家商业银行关键审计事项披露方面确实存在差异。例如，从披露数量来看，德勤对中国和德国的商业银行平均披露约3项关键审计事项，但对美国商业银行只披露1.5项关键审计事项，对英国商业银行披露的关键审计事项数量则最多，达到6项。从披露文本长度来看，除英国以外，毕马威在其他任何国家披露的关键审计事项的内容都最为详细，平均披露文本长度最长。

第五章　关键审计事项披露与商业银行审计质量

(a) 样本期间各国大型商业银行关键审计事项平均披露数量

国家	中国	德国	新加坡	英国	美国
项	2.9	3.2	3.1	4.7	2.3

(b) 样本期间各国大型商业银行关键审计事项平均披露文本长度

国家	中国	德国	新加坡	英国	美国
字节	8 330	10 749	8 682	16 460	8 028

图 5-1　样本期间各国大型商业银行关键审计事项披露情况

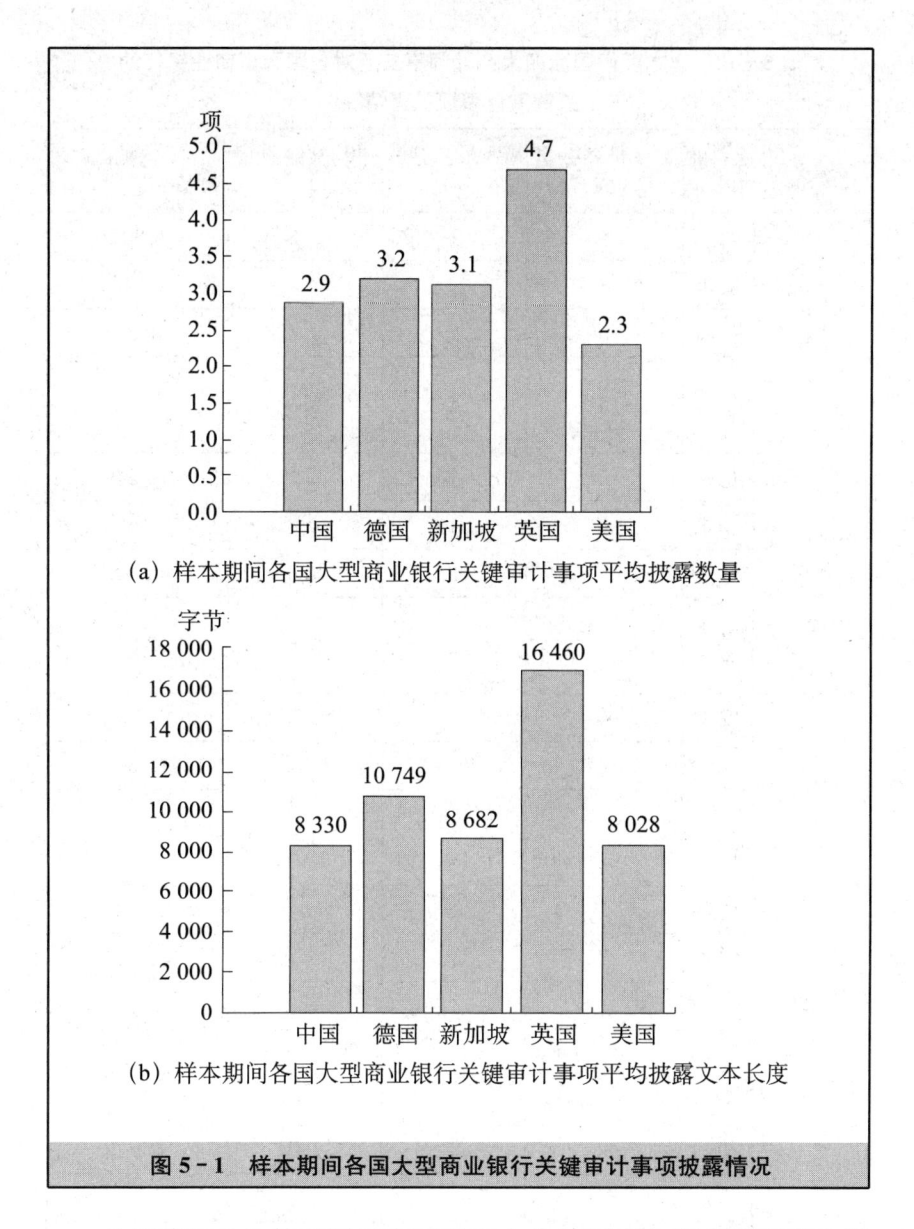

为更直观地比较不同国家国际四大会计师事务所在披露商业银行关键审计事项方面的差异，我们使用柱状图对表 5-10 中的部分数据（平均披露数量和平均披露文本长度）进行对比分析。为方便

表 5-10　样本期间国际四大会计师事务所对各国大型商业银行的
关键审计事项披露情况

国家	会计师事务所	最多披露数量（项）	最少披露数量（项）	平均披露数量（项）	平均披露文本长度（字节）
中国	德勤	4	1	2.8	6 802
	安永	3	2	2.9	6 743
	毕马威	5	2	3.3	11 248
	普华永道	4	2	2.6	7 867
德国	德勤	5	1	3.3	10 279
	安永	6	1	2.8	9 293
	毕马威	5	2	3.6	13 423
	普华永道	6	2	3.6	12 037
新加坡	安永	4	2	2.6	7 108
	毕马威	4	4	4	11 503
	普华永道	5	2	3.4	9 383
英国	德勤	6	6	6	22 636
	安永	7	2	4.5	16 724
	毕马威	6	2	4.6	15 773
	普华永道	8	3	5.1	15 709
美国	德勤	2	1	1.5	5 105
	安永	4	1	2.8	8 221
	毕马威	4	2	2.6	11 204
	普华永道	3	1	2.1	6 571

注：新加坡本土五大商业银行没有任何一家被德勤审计。

对比，我们对平均披露文本长度指标进行排序，并使用逆序数（平均披露文本长度由短到长分别取值为 1~4）表示文本长度，结果如图 5-2 所示。

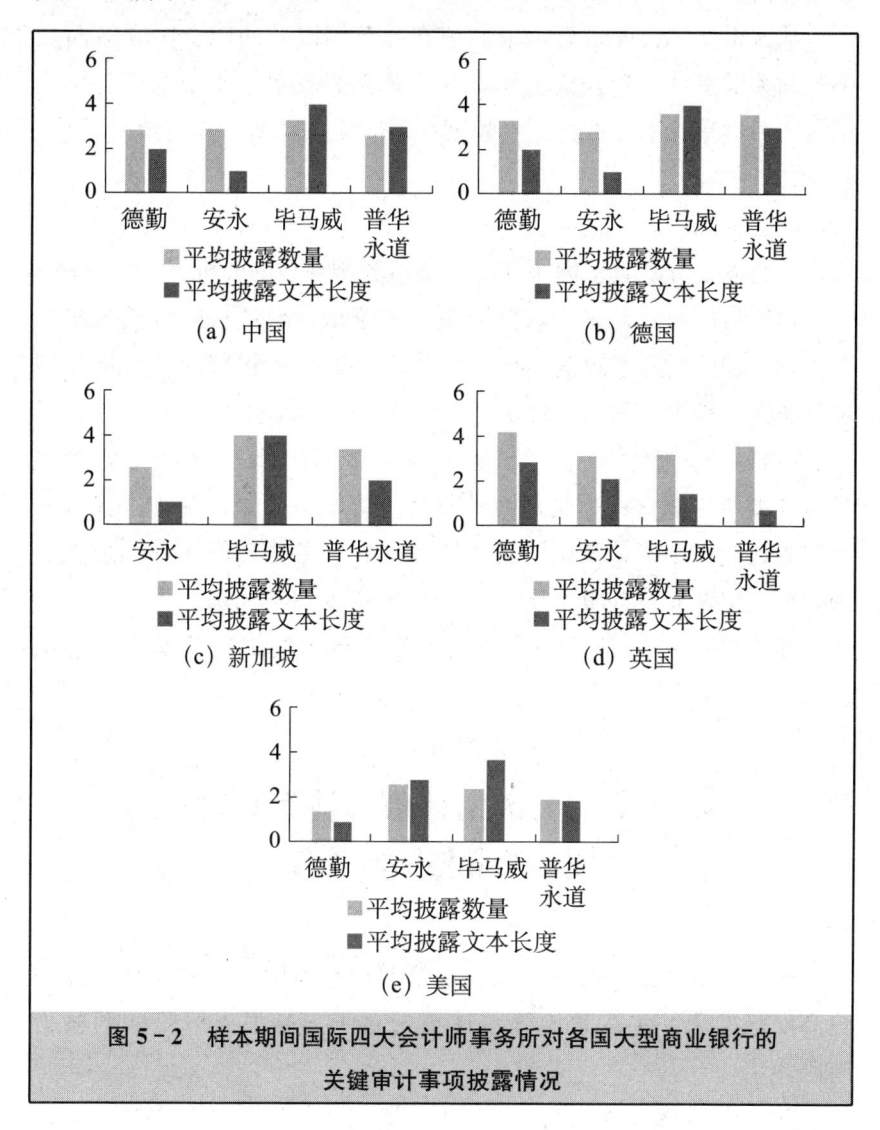

图 5-2 样本期间国际四大会计师事务所对各国大型商业银行的关键审计事项披露情况

从披露数量来看，由于德国和英国的商业银行关键审计事项披露的整体水平较高，因此这两个国家的国际四大会计师事务所对商业银行的关键审计事项披露数量也相对较多,且事务所之间差异不大;而在新加坡和美国,事务所之间在商业银行关键审计事项披露数量方面参差不齐,存在一家披露较多或一家披露较少的情形。

从披露文本长度来看,毕马威在除英国以外的四个国家对商业银行的关键审计事项披露文本最长,德勤、安永、普华永道对商业银行的关键审计事项披露文本长度在不同的国家则有所差异。

四、小结

综合以上分别基于国家和会计师事务所视角的分析,可以发现:

(1)从国家视角来看,商业银行关键审计事项披露数量最多的是英国,披露内容也最为详细;中国和美国商业银行的关键审计事项披露数量较少,内容也较少。

(2)从国际四大会计师事务所内部视角来看,其对商业银行关键审计事项的披露行为受地方监管环境影响较大,表现为:各事务所披露数量在中国、德国、英国不存在较大差异,但在新加坡、美国存在一定差异;各事务所披露的详细程度在不同国家不一致,仅毕马威在除英国以外的国家表现出较一致的详细的关键审计事项披露。

第二节　关键审计事项披露监管:中国探索与国际概览

对传统审计报告的质疑主要围绕其信息价值,人们担忧审计报告高度标准化,并认为传统审计报告对于财务报表风险的洞察力有限。

2008年全球金融危机突出表明,需要加强审计师与财务报表使用者之间的对话。这也进一步推动了审计准则制定者以及监管机构解决审计师在预警信号和提供对已审计财务报表的额外见解方面的作用。回顾审计师作为独立和可信任的提供者的角色，准则制定者和监管机构试图创造一种环境，使审计师能够明确讨论与审计相关的重要事项，如高风险领域和为财务报表使用者利益而付出的努力。

在此背景下，对审计师的报告模式作出重大改变的关键审计事项披露改革成为解决方法（张金丹，等，2019）。目前，包括中国在内，全球绝大多数国家和地区已经实施增加关键审计事项披露的新审计准则。

一、中国探索

我国审计报告的发展从一开始就较为重视借鉴国际经验。1996年，为规范我国审计实务，中注协参考国际审计准则，制定发布了首个适用于中国的审计报告准则《独立审计具体准则第7号——审计报告》。此准则规定，标准审计报告的基本要素规范为：（1）标题；（2）收件人；（3）范围段；（4）意见段；（5）签章和会计师事务所地址；（6）报告日期。此后，中国审计报告准则的数次修订基本跟随国际审计报告准则的最新进展。

在IAASB开始基于关键审计事项披露的审计报告改革后，中注协借鉴国际审计报告改革的成果并结合中国实际，启动了中国审计报告准则的改革修订工作。经过近两年的研究、起草、论证和广泛征求意见，2016年12月23日，财政部印发《中国注册会计师审计准则第1504号——在审计报告中沟通关键审计事项》等12项中国注册会计师审计准则。新审计报告准则对我国审计报告的要素、内容和表述都进行了改进，这些变化与新的国际审计报告准则的变化保持趋同。

在这12项审计准则中，最为核心的是《中国注册会计师审计准则第1504号——在审计报告中沟通关键审计事项》，该准则要求在上市公司的审计报告中增设关键审计事项部分，披露审计工作中的重点难点等审计项目的个性化信息。中注协对于关键审计事项的定义沿用了 IAASB 2015 年的表述，即关键审计事项是指注册会计师根据职业判断认为对本期财务报表审计最为重要的事项。除该准则外，有 6 项准则属于作出实质性修订的准则，另外 5 项准则属于为保持审计准则体系的内在一致性而作出相应文字调整的准则。根据财政部要求，新审计准则自 2017 年 1 月 1 日起，首先在 A+H 股公司以及纯 H 股公司中实施；自 2018 年 1 月 1 日起扩大到所有被审计单位，包括主板、中小板、创业板上市公司，IPO 公司，新三板公司中的创新层挂牌公司，以及面向公众投资者公开发行债券的公司。

二、国际概览

国际方面，独立审计的早期报告可追溯到 1883 年对美国纽约和西部铁路公司的审计。1939 年，经美国会计师协会（American Institute of Accountants，AIA）批准、审计程序委员会（Committee of Auditing Procedure，CAP）发布的《审计程序说明第 1 号》（Statement on Auditing Procedure (SAP) No.1)，标志着标准审计报告模式的确立。

在审计报告国际化的早期，国际审计报告准则受美国的影响比较大，国际审计实务委员会（International Auditing Practices Committee，IAPC）1983 年发布的《审计师关于财务报表的报告》（ISA 13）中的审计报告模式就参照了美国 1954 年的两段式审计报告模式。后来，IAPC 更名为国际审计与鉴证准则理事会（IAASB），并发展成为全球审计准则制定的领导者，由其发布的审计准则在 100 多个国家得到参考和应用。

不过，就审计报告而言，尽管历经数次修订[①]，审计意见的信息内容却始终未改变。2008 年全球金融危机发生后，国际上对提高

---

① 例如，1994 年，IAPC 参考美国 1988 年三段式审计报告模式，发布了《审计师关于财务报表的报告》(ISA 700)，对审计报告进行了修订；2004 年，IAASB 再次修订了审计报告准则，此次修订的主要变化是在审计报告中详细分列管理当局对财务报表的责任与审计师的责任，并将审计报告由三段式变为五段式，此外则是优化审计报告的表述。

第五章 关键审计事项披露与商业银行审计质量

审计质量与审计报告信息含量的呼声日趋强烈。为回应针对审计报告的批评以及增强投资者对财务报告和审计的信心，全球的准则制定者和监管机构着手制定和实施了新审计报告准则。

国际上最早的有关扩展审计报告的改革来自法国。自 2003 年起，法国审计师需要在审计报告中披露对理解财务报表具有重要意义的事项（Haut Conseil des Commissaires aux Comptes, 2006）；2013 年 6 月，英国财务报告委员会（FRC）颁布了经修订的《国际审计准则第 700 号——对财务报表形成审计意见和出具审计报告》（ISA（UK and Ireland）700），并于 2013 年 10 月 1 日起开始实施。修订后的审计准则要求审计师扩大报告范围，具体而言：审计师必须披露对总体审计策略、审计资源分配以及指导审计业务团队工作产生最大影响的风险；还应解释他们在审计期间如何确定和应用重要性概念，并描述审计范围以说明如何充分解决他们发现的重大错报风险。

2015 年 1 月，由 IAASB 制定的《国际审计准则第 701 号——在审计报告中沟通关键审计事项》（ISA 701）正式颁布，并于 2016 年 12 月 15 日开始生效。该准则明确了关键审计事项的概念，即关键审计事项是指注册会计师根据职业判断认为对本期财务报表审计最为重要的事项，如商誉、金融工具估值和新会计准则的影响，并对具体的判断和沟通等进行了明确的要求与指引。

美国的审计报告准则改革实施得较晚，并且采用了自己制定的标准。PCAOB 于 2017 年 6 月颁布审计准则第 3101 号《审计师针对财务报表审计发表无保留意见的审计报告》，要求审计师在审计报告中讨论关键审计事项，于 2019 年 6 月 30 日生效。PCAOB 将关键审计事项定义为：审计师同审计委员会沟通的与财务报表账目相关且具有挑战性、主观性或涉及复杂审计判断的事项。这一定义与 IAASB 的定义非常相近。

尽管改革方向一致，但上述由监管机构或准则制定者发布的审计报告准则在关键审计事项的定义与披露要求上存在一些差别。表 5-11 对关键审计事项准则的实施以及各准则的差异进行了简要总结。

表 5-11　基于关键审计事项披露的新审计报告准则对比

发布主体	实施时间	关键审计事项定义	重要性及审计范围	关键审计事项的应对措施
中注协	2017年1月1日和2018年1月1日分批实施	注册会计师根据职业判断认为对本期财务报表审计最为重要的事项	未要求	要求披露
FRC	2013年10月1日	对审计产生最大影响的重大错报风险	要求披露	未要求
IAASB	2016年12月15日	注册会计师根据职业判断认为对本期财务报表审计最为重要的事项	未要求	要求披露
PCAOB	2019年6月30日	具有挑战性、主观性或涉及复杂审计判断的事项	未要求	未要求

第三节　关键审计事项与审计质量：理论辨析

新审计报告准则尽管业已在多数国家实施，但也引发了市场的广泛讨论。一些批评者认为，披露关键审计事项的要求可能对审计师与管理层、审计委员会之间的沟通产生负面影响，从而影响审计质量；关键审计事项也可能导致审计费用上涨、审计师责任风险扩大等间接后果；甚至，一些观点表达了对新审计报告准则能否为投资者提供信息价值的怀疑。

学术界对于新审计报告准则的效果也进行了评估。现有研究一方面从审计师角度出发，考察关键审计事项的特征和影响因素，关注披露关键审计事项给审计质量、审计费用、审计师责任等方面带来的变化；另一方面基于信息价值视角，分析了关键审计事项对于投资者、债权人的信息价值，以及可能对管理层、审计委员会产生的影响。

下面从关键审计事项的特征和影响因素、关键审计事项披露对审计的影响、关键审计事项披露对不同主体的影响三个维度对相关文献进行回顾。

一、关键审计事项的特征和影响因素

（一）关键审计事项的特征

传统审计报告因其标准化措辞招致批评，新审计报告准则实施后，关键审计事项的披露是否提高了审计报告的沟通价值受到学术界关注。一个研究视角是考察增加关键审计事项后审计报告的可读性是否有所提升，另一个研究视角则是观察新审计报告准则如何影响用户浏览公司年报。

（1）提升审计报告的可读性。理论上，引入关键审计事项对于审计报告可读性可能具有正反两种影响。

一方面，审计师秉承对客户及公众负责的职业素养，遵守新审计报告准则的要求披露关键审计事项；同时，有效的关键审计事项披露可能在新审计报告准则环境下促进审计公司的差异化，增强公司在业务招投标时的竞争力，从而激励审计师在披露关键审计事项时考虑与注重报告内容的可读性，使其便于阅读和理解。另一方面，关键审计事项的描述涉及高度技术性和专业化的语言，可能阻碍读者获取信息，进而降低审计报告的可读性。

经验证据也提供了混合的结果。Smith（2023）利用文本分析发现，审计报告的可读性在新审计报告准则实施后有所提升，报告中出现了更多与财务交易相关的术语；并且，审计报告中消极与不确定的用语也有所增加。相反地，Carver 和 Trinkle（2017）通过实验研究发现，对于非专业投资者而言，增加关键审计事项降低了审计报告的可读性。

(2) 注意力导向作用。基于认知心理学的研究表明，财务报告使用者面临信息超载和有限的认知资源，如记忆力和注意力有限。当信息提供量超过信息处理能力时，一个人就难以识别相关信息。因此，使用者在浏览财务报告时会遇到一些问题，特别是有时倾向于低估或忽略附注披露（Schipper，2007）。对于审计报告，披露特定内容的关键审计事项相较审计报告中其他部分更为突出，因此可能更易吸引用户的关注，进而使财务报告中的相关披露也更为突出，即构成"信号效应"。

但是，由于关键审计事项可信、简明且易于获取（Christensen，et al.，2014），一些使用者可能将它作为公司财务报告的替代品。特别是，随着关键审计事项披露数量的增加，这种替代效应可能更明显。Sirois 等（2018）的实验研究证实了上述观点，他们发现使用者对财务报告与关键审计事项相联系的部分给予了更多关注；但是当关键审计事项数量增多时，使用者便较少地关注财务报告的其余内容。

（二）关键审计事项的影响因素

新审计报告准则实施后，一个重要的问题和担忧是：关键审计事项的披露是否会被会计师事务所主导而非审计合伙人基于对客户具体情况的判断做出，进而重蹈审计报告的样板化问题。

自 20 世纪 70 年代以来，会计师事务所一直试图推进审计实践的标准化以实现"一家公司"的目标，即客户由事务所内部任何一位审计师来审计，均能保持相同水平的审计质量（Dirsmith，et al.，1997）。这种做法的好处在于能够提高效率并降低合伙人的法律风险。已有研究也发现，共享同一会计师事务所的公司在关键审计事项披露上具有较大的相似性（田高良，等，2021）。问题在于，会计师事务所的标准化努力可能引致事务所层面的通用型关键审计事项披露。

近年来，关于审计合伙人个体特征作用的研究不断涌现，为打破通用型关键审计事项披露提供了可能。现有研究表明，审计合伙人具有个性化的决策风格,并且其个人特征会影响审计结果(Lennox & Wu, 2018)。Rousseau 和 Zehms(2024)比较了会计师事务所与合伙人决策风格在关键审计事项披露中的相对重要性,研究发现,合伙人对于关键审计事项披露的影响更大:共享同一合伙人会使关键审计事项的文本相似度提高10%,而共享同一家事务所仅使关键审计事项的文本相似度提高2%。国内文献也发现了类似证据(陈丽红,等,2022)。

除合伙人个体特征以外,其他相关研究发现,关键审计事项披露也会受到客户特征和监管机构的影响(陈丽红,等,2022)。

二、关键审计事项披露对审计的影响

(一)关键审计事项披露对审计质量的影响

理论上,关键审计事项披露有助于提高审计质量。原因如下:

(1)从审计投入角度来看,关键审计事项项目和内容的确定对审计师的专业判断能力要求较高,对于复杂业务的确认可能需要能力更强的审计师或利用专家,这些均提高了审计师工作的复杂度和审计投入,进而提高了审计师发现财务报告重大错报的概率。

(2)从审计师的监督职能角度来看,新的审计报告准则要求审计师与客户管理层和治理层充分沟通审计过程中发现的重大错报,内外部监督效用的发挥有助于抑制管理层的盈余管理行为,从而提高审计质量。

(3)从诉讼风险角度来看,关键审计事项披露会加重法官和陪审团评估的审计师法律责任,使得审计师面临更高的诉讼风险,从而有助于提高审计师的谨慎性,进而提高审计质量(Backof, 2015)。

一些研究为上述观点提供了支持证据。Reid 等(2019)使用英国数据发现,新的审计报告准则提高了财务报告质量,表现为上市公司操纵性应计减少和达到分析师预测的概率显著降低。Zeng 等(2020)发现中国实施新审计报告准则后,上市公司的应计盈余管理显著减少。张金丹等(2019)基于中国样本从市场角度分析,发现关键审计事项披露未对财务报告层面的审计质量产生影响，但对市场感知层面的审计质量产生了积极影响，具体表现为上市公司盈余反应系数显著提高。

尽管多数研究认为关键审计事项披露能够提高审计质量，但也存在一些相反观点。一些实务人员指出，新审计报告准则并不会导致管理层或外部审计师的行为发生改变，因为审计师只是公开披露他们一贯所做的工作，在这种情况下，审计质量并不会提升。其他一些研究也提供了审计质量没有因关键审计事项披露而提升的证据（Gutierrez, et al., 2018; Be'dard, et al., 2019; Burke, et al., 2023）。

（二）关键审计事项披露对审计费用的影响

现有研究认为关键审计事项披露对审计费用的影响可能存在两种情况。第一，关键审计事项披露会增加审计费用。现有文献研究了审计费用与客户规模、风险、复杂性以及审计师诉讼风险之间的联系。与扩展审计报告相关的审计工作以及诉讼风险的增加可能促使审计费用上升。一方面，为做好关键审计事项的确认、应对以及披露工作，审计师可能执行更多的审计程序，并且增加与公司治理层的沟通；另一方面，披露关键审计事项可能导致审计师对财务报表使用者产生更大的责任感，进而激励他们执行更多的测试与审查工作。审计师额外付出的时间和精力最终会转化为审计费用的增加（Defond & Zhang, 2014）。国内文献提供了关键审计事项披露增加审计费用的支持证据（周中胜，等，2020）。

第二，关键审计事项披露并不影响审计费用。一方面，与关键审计事项披露不影响审计质量的原因相类似，关键审计事项可能只是审计师从为审计委员会准备的摘要备忘录中提取的信息，因而并不需要执行额外的工作。另一方面，关键审计事项可能对管理层形成一种"披露威胁"。因为担心审计师对财务报告相关部分发表负面意见，管理层可能会就一些主观估计事项作出让步，在这种情况下，审计工作量也不会增加。Gutierrez 等（2018）和 Reid 等（2019）研究了英国实施新审计报告准则后的情况，未发现审计费用有显著变化。Be'dard 等（2019）和 Burke 等（2023）则分别考察了法国和美国实施新审计报告准则后的结果，结论与上述研究一致。

（三）关键审计事项披露对审计师责任的影响

Reffett（2010）和 Backof（2015）等研究发现，如果审计师未能发现错报，但是相关错报曾在审计师工作文件中被识别和记录，那么将增加陪审员对于审计师的责任判断。因此，他们认为关键审计事项披露可能导致针对会计师事务所的诉讼增加。Brasel 等（2016）指出，新审计报告准则区别于已有研究的背景条件，因为关键审计事项是公开披露的内容，而之前研究考察的审计工作文件并非如此。

决策影响理论认为，意外结果会比预期结果引发更强的情感反应（Shepperd & McNulty，2002）。借助关键审计事项披露，审计师提醒了使用者财务报表相关领域内错报的可能性。因此，如果关键审计事项里的相关内容事后被发现错报，那么陪审员会认为审计师已经做了风险预警工作，从而不太可能要求审计师承担损失赔偿责任。

有罪控制理论认为，本来可以避免的有害结果会导致负面影响，但这种反应是否会转化为责备取决于是否对相关行为者采取了适当控制的看法（Alicke，et al.，2008）。从这一角度看，关键审计事项中对相应审计程序的描述可能传达了审计师采取了合理预防措施以应对风险。因此，如果使用者认为审计师采取了合理的预防措施来防止损失，那么审计师可以避免对错报承担责任。Brasel 等（2016）的实验结果与上述理论一致，表明关键审计事项披露弱化了陪审员对审计师的责任判断。国内的实验研究也发现了相似的结论（韩冬梅，等，2020）。

Gimbar 等（2016）指出关键审计事项披露与会计标准精度之间会产生相互作用。具体而言，他们认为精确的会计标准限制了审计师对财务报告行使控制权的能力，因此在披露关键审计事项时将突出判断与估计在会计准则应用中的重要性。现有文献表明，会计标准精度会影响陪审员的判断。在精确会计标准情境下（如规则导向而非原则导向的会计准则），如果事后发现错报，则审计师可能被质疑为何不让客户更改财务报告，从而导致审计师法律责任增加。

Kachelmeier 等（2020）则比较了关键审计事项中涉及会计分类与会计估计的事项对审计师法律责任的影响。他们认为，如果错报涉及与会计分类相关的关键审计事项披露，则会削弱披露的预警效果，因为错误的类别会产生对比效应，人们会推理审计师本来可以做些什么来获得正确的分类。而当错报涉及与会计估计相关的关键审计事项披露时，这种对比效应并不存在。因此，研究认为，关键审计事项披露的责任减轻效应是由涉及会计估计的事项驱动的。

表 5-12 对关键审计事项披露对审计的影响的相关研究进行了总结。

表 5-12　关键审计事项披露对审计的影响：国内外文献归集

	影响	相关文献
审计质量	正向	张金丹，等（2019）；Reid, et al. （2019）；Zeng, et al.（2020）
	无影响	Gutierrez, et al.（2018）；Be'dard, et al.（2019）；Burke, et al.（2023）
审计费用	增加	周中胜，等（2020）
	无影响	Gutierrez, et al.（2018）；Reid, et al.（2019）；Be'dard, et al.（2019）；Burke, et al.（2023）
审计师责任	增加	Reffett（2010）；Backof（2015）
	减少	韩冬梅，等（2020）；Brasel, et al.（2016）；Gimbar, et al.（2016）

三、关键审计事项披露对不同主体的影响

增加关键审计事项的审计报告改革的初衷是为报告使用者提供

审计过程中涉及具体审计项目的私有信息,进而提高审计报告的决策有用性。现有研究基于信息经济学,就关键审计事项披露对投资者、管理层与审计委员会、债权人等主体的影响展开讨论。

(一)关键审计事项披露对投资者的影响

对于关键审计事项如何影响投资者所获取的信息,进而影响投资者行为,学术界存在不同的观点。

1. 正向影响

关键审计事项披露可能会提高审计报告的信息价值。原因如下:(1)关键审计事项披露具有"信息效应",能够直接丰富投资者用于决策的信息集,增强投资者分析公司的能力;(2)关键审计事项披露能产生"信息来源可靠性效应"(Kohler, et al., 2020),即事项由审计师而非管理层进行披露,会对投资者的投资决策行为产生更大影响,这意味着关键审计事项即使披露的是重复性信息,也可形成公司特有信息(Christensen, et al., 2014)。

部分研究为上述观点提供了支持。Doxey等(2015)发现当审计报告披露了关键审计事项时,实验参与者认为财务报告的质量更高,重述的概率更低,更愿意进行投资。类似地,Kohler等(2020)发现当审计报告中披露了关键审计事项时,投资者对公司经济状况的评估结果明显更优。Reid等(2019)发现在英国执行新审计报告准则后,公司盈余反应系数显著提高。赵刚等(2019)发现新审计报告准则实施后审计师盈余预测准确性有所提高,且审计报告中披露的关键审计事项越多,这种效应越明显。一些基于中国情境的文献也普遍支持关键审计事项能够提高审计报告的信息价值。

2. 无影响

关键审计事项披露也可能不会提高审计报告的信息价值,从而对投资者无影响。原因如下:(1)关键审计事项披露增加了审计报告的长度,且内容中通常包含专业术语,这可能降低审计报告的可读性(Carver & Trinkle, 2017),导致投资者难以获取更多信息,对于非专业投资者而言更是如此;(2)市场可能已经提前获知有关风险；（3）财务报告只是投资者的信息来源之一，并且通常不会向投资者提供大量新信息；（4）关键审计事项如果趋于样板化，则也不会带来增量信息。

部分研究为这一观点提供了支持。利用英国数据，Gutierrez 等（2018）以双重差分模型实证检验了新审计报告准则的影响，结果表明新的审计报告准则并未改善信息环境。Lennox 等（2023）得到相同结果，并且深究了原因：在英国，投资者在关键审计事项披露前就已了解大部分风险。来自美国、法国资本市场的研究也发现披露关键审计事项没有带来增量信息（Be'dard，et al.，2019；Burke，et al.，2023）。

(二) 关键审计事项披露对管理层与审计委员会的影响

新审计报告准则的实施可能促成一些间接后果，其中包含对管理层与审计委员会的影响。

1. 对管理层的影响

（1）管理层财务信息披露的可信度。关于新审计报告准则的一个担忧是，报告使用者可能将关键审计事项披露视为管理层及其财务信息披露的可信度较低。来源可信度理论认为，偏差和专业知识是影响来源可信度的两个方面（Pornpitakpan，2004）。一方面，部分关键审计事项涉及相对较高的主观性，而管理层作出的会计决策倾向于与他们的自身激励相一致（Beatty & Weber，2006）。另一方面，关键审计事项披露的相关报表科目的复杂性也可能导致投资者质疑管理层是否具有相应的专业知识。Rapley 等（2021）的研究发现，关键审计事项披露降低了管理层的可信度，进而导致管理层财务信息披露的可信度也下降。因此，关键审计事项披露可能对管理层（财务报告来源）可信度的两个方面都产生负面影响。

（2）管理层的披露行为。准则制定者期望，关键审计事项披露可以间接激励管理层扩大或补充其财务信息披露。管理层激励理论认为，管理层的财务信息披露决策受到多种激励与抵消因素的影响。一方面，管理层会提供高质量披露来建立信誉（Beyer，et al.，

2010），并借此降低融资成本和诉讼风险（Elliott，et al.，2020）；另一方面，管理者也可能限制披露内容，以避免向竞争对手泄露公司的专有信息，抑或防止披露不利消息后对股价造成负面反应（Beyer，et al.，2010）。综合性的激励与抵消因素促使管理者在考虑披露的成本和收益后寻求产生最大净收益的披露水平。

关键审计事项披露可能改变管理层的披露行为，原因是：

在审计师关于如何确定和应对每个关键审计事项的描述中，审计师会引用并突出财务报告的相关内容，并提供管理层之前未曾披露的信息；在考虑事后法律检查风险的情况下，这些突出的信息可能诱发管理层的行为变化。

审计报告准则并没有说明审计师应该如何与管理层沟通关键审计事项。基于社会距离理论的相关会计研究发现，审计师与管理层关系的亲疏影响审计质量的高低（Hoang，et al.，2019）。因此，审计师和管理层之间的关系亲疏可能影响管理层如何看待关键审计事项披露，即管理层可能将关系亲近的审计师的关键审计事项披露视为道德许可；将关系疏远的审计师的关键审计事项披露视为震慑。这些差异将影响管理层披露的激进程度。

Burke等（2023）基于美国审计报告的改革实践发现，新审计报告准则实施后与关键审计事项联系的财务报告脚注内容发生了显著变化，这表明关键审计事项影响了管理层的披露行为。Tan和Yeo（2022）的实验研究发现，管理层与审计师关系更近（远）导致了更激进（谨慎）的会计估计。国内研究同样观察到关键审计事项披露对于管理层披露行为的溢出效应，如杨世鉴等（2022）研究发现，关键审计事项披露要求实施后，公司更可能披露内部控制缺陷。

2. 对审计委员会的影响

新审计报告准则实施后，审计委员会在其中发挥的作用同样受到广泛关注。审计委员会是重要的治理机构，在监督管理层的决策和财务报告方面至关重要。并且，审计委员会影响着管理层与审计师之间有争议的会计和报告问题的解决（Cohen，et al.，2010）。现有研究表明，有效的审计委员会更加独立，具有更高水平的财务专业知识，更频繁地开会，这些最终转化为审计报告质量的提升（Agoglia，et al.，2011）。

新审计报告准则明确要求审计师就关键审计事项披露与审计委员会沟通，考虑到审计委员会对投资者的财务报告质量负责，新增披露的关键审计事项可能也增加了审计委员会对投资者的责任。在审计委员会更有力的监督下，管理层将提供更高质量的财务报告。Fuller等（2021）的实验结果也支持了上述理论预测。

（三）关键审计事项披露对债权人的影响

在新审计报告准则制定的磋商过程中，一些相关方从债务市场角度强调了扩展审计报告的重要性。例如，巴塞尔银行监管委员会认为扩展审计报告能够帮助银行改进风险管理，标准普尔表明关键审计事项能够为信用分析师提供重要信息。

现有文献关于审计报告是否在债务市场发挥作用存在一定争议。一系列文献主张审计报告有助于贷款人更准确地评估借款人的风险，因为它提供了有关会计数据质量的可靠信息（Christensen，et al.，2014），以及审计师关于借款人信誉的私人信息。也有文献认为，由于贷款人可获取私人信息，他们不太可能在贷款合同中使用审计报告中包含的信息（Baylis，et al.，2017）。

部分学者基于债权人视角对关键审计事项的影响进行了研究，结论也不一致。Boolaky和Quick（2016）提供了中立证据：关键审计事项披露不会改变银行信贷官对财务报表质量、审计和审计报告的看法，也不会改变他们的授信决策，因此对于银行信贷决策而言，关键审计事项披露不会产生影响。Porumb等（2021）利用英国数据发现，相较于未采用扩展审计报告的公司，采用扩展审计报告的公司获得了更低的贷款利差和更长的贷款期限。胡志颖等（2023）基于中国数据发现，关键审计事项披露增加了企业为单笔新增贷款提供担保的可能性。

表 5-13 对关键审计事项披露对不同主体的影响的相关研究进行了总结。

表 5-13　关键审计事项披露对不同主体的影响：国内外文献归集

	影响	相关文献
投资者	正向	赵刚等（2019）；Christensen, et al. (2014)；Doxey, et al. (2015)；Reid, et al. (2019)；Kohler, et al. (2020)；
	无影响	Burke, et al. (2023)；Lennox, et al. (2023)
管理层	影响财务信息披露的可信度	Rapley, et al. (2021)
	影响披露行为	杨世鉴，等（2022）；Tan & Yeo (2022)；Burke, et al. (2023)
审计委员会	正向	Fuller, et al. (2021)
债权人	正向	Porumb, et al. (2021)
	无影响	Boolaky & Quick (2016)
	负向	胡志颖，等（2023）

四、小结

综上所述，现有关于新审计报告准则的研究主要从关键审计事项的特征和影响因素、关键审计事项披露对审计的影响以及关键审计事项披露对不同主体的影响展开。

现有研究表明：（1）关键审计事项披露由合伙人而非事务所主导；（2）尽管关于关键审计事项与审计质量、审计费用的关系没有得出一致结论，但关键审计事项披露有助于减轻审计师的法律责任；（3）虽然关于关键审计事项披露对投资者、债权人的影响未得到一致结论，但关键审计事项披露能够间接影响管理层的披露行为，审计委员会也在其中发挥了监督和促进作用。

总的来说，增加关键审计事项披露提高了审计报告的沟通价值，相较传统审计报告实现了帕累托改进。

第四节 关键审计事项披露对审计质量的影响：中国经验与国际证据

一、中国经验

（一）基于商业银行结构化主体合并事项的证据

为通过定量研究证实关键审计事项披露对审计质量的提升作用，我们基于对商业银行披露最多的三种关键审计事项——结构化主体合并、资产减值和金融工具公允价值计量的考察，从中选取结构化主体合并为例进行分析。具体地，我们从审计师和商业银行两个方面进行分析，考察：（1）审计师在具体披露相关关键审计事项时的细节特征，如是否联系财务报告、是否表现出更多的职业怀疑；（2）披露相关关键审计事项的商业银行在下一年的财务报告中是否披露了更多相关信息。

我们选取 2020—2022 年披露结构化主体合并作为关键审计事项的 A 股上市银行作为研究样本，从中筛选出 90 个银行-年度观察值。由表 5-14（a）可知，在 90 个观察值中，有 2/3 的审计师在披露上市银行结构化主体合并事项时提及了财务报告附注，这有助于报告使用者在阅读财务报告时进行参考和对照。表 5-14（b）则具体列示了审计师提及财务报告附注时联系的附注项目，这些列示既反映出审计师对这些项目进行了详细审查，也能够通过强调披露的方式对管理层形成一定的威慑。特别地，超过 90% 的审计师提及了报告附注中单独详细披露结构化主体项目，有助于增强投资者对结构化主体涉及金额真实性、可靠性的信任。

第五章 关键审计事项披露与商业银行审计质量

表 5-14　商业银行披露结构化主体合并作为关键审计事项的情况

(a) 审计师披露银行结构化合并事项时是否提及财务报告附注		
观察值数量	提及财务报告附注的数量（占比）	未提及财务报告附注的数量（占比）
90	59（66%）	31（34%）
(b) 结构化合并事项披露具体涉及的财务报告附注		
	合并报表编制方法	重大会计判断和会计估计	财务报告附注项目：结构化主体
数量（比例）	36（61%）	45（76%）	53（90%）
(c) 结构化合并事项披露当期与次期的财务报告信息披露差异		
	样本数量	关键审计事项提及的财务报告附注文本长度平均值（字节）
披露当期	24	4 935.71
披露次期	24	5 008.71
差异	0	73

进一步地，我们在样本中筛选出至少两次把结构化主体合并作为关键审计事项，同时审计师提及财务报告附注的银行-年度观察值，比较在两次关键审计事项披露中，银行财务报告附注中与结构化主体合并关键审计事项有关的信息披露是否有所变化。我们得到24个同时存在当期与次期以结构化主体合并为关键审计事项并且提及财务报告附注的银行样本。表5-14（c）显示，相较于关键审计事项披露当期，披露次期银行财务报告中相关文本披露长度增加了73个字节，变化较小，这可能是由于研究样本内部存在系统性差异以及我们将比较对象限于银行自身。[①]

[①] 在数据处理过程中我们发现，财务报告披露文本增加与减少的观察值数量大体相当。

（二）基于 A 股上市公司财务报告质量的研究证据

Zeng 等（2020）以中国上市公司数据为样本，构建双重差分模型研究中国实施新审计报告准则对审计质量的影响。如表 5-15 所示，研究显示，新审计报告准则的实施显著降低了上市公司的操纵性应计水平，同时也显著减少了公司微利行为。这表明，关键审计事项披露有效抑制了管理层的盈余管理。从审计师方面看，新审计报告实施显著提高了审计师发表非标意见的可能性，审计费用也有所增加。这反映了风险的增加以及审计师更多的审计投入，审计师将这些增加的风险与努力纳入了审计费用。总体而言，该研究提供了中国实施新审计报告准则提高了审计质量的证据。

表 5-15 中国实施新审计报告准则对审计质量的影响

	基于业绩匹配的操纵性应计项目绝对值	微利行为	投资净收益	非标意见	审计费用
实施新审计报告准则	-0.008*** (-2.72)	-0.165** (-2.38)	-0.005*** (-8.31)	0.191** (2.32)	0.074*** (6.00)
控制变量	控制	控制	控制	控制	控制
行业固定效应	控制	控制	控制	控制	控制

资料来源：Zeng Y, Zhang J H, Zhang J, et al. Key audit matters reports in China: their descriptions and implications of audit quality. Accounting Horizons, 2021 (2): 181.

二、国际证据

（一）英国

Reid 等（2019）考察了英国实施新审计报告准则对审计质量的影响。具体地，他们用三种方式衡量审计质量：基于修正琼斯模型计算的异常应计项目绝对值、每股收益与分析师盈利预测之差是否在 0~1% 的二值变量、盈余反应系数。由于以英国实施新审计报告准则的前两年为研究期间，该研究使用欧洲和美国的公司进行匹配

第五章　关键审计事项披露与商业银行审计质量

作为对照组（欧洲、美国的公司在同期未实施新审计报告准则）。

如表5-16所示，研究发现，实施新审计报告准则后，英国上市公司的异常应计项目绝对值显著减小，这反映了公司财务报告质量的提高。基于每股收益与分析师盈利预测之差是否在0~1%、盈余反应系数回归的结果与之相一致。

表5-16　英国实施新审计报告准则对审计质量的影响

	基于修正琼斯模型计算的异常应计项目绝对值 (European Control)	基于修正琼斯模型计算的异常应计项目对值 (U.S. Control)	每股收益与分析师盈利预测之差在0~1% (European Control)	每股收益与分析师盈利预测之差在0~1% (U.S. Control)	盈余公告发布之后前两天的股票累计超额收益 (European Control)	盈余公告发布之后前两天的股票累计超额收益 (U.S. Control)
实施新审计报告准则	0.017*** (3.43)	0.002 (0.30)	0.034 (0.15)	0.157 (0.157)	−0.001 (−0.54)	−0.000 (−0.12)
英国	0.002 (0.54)	−0.011* (−1.80)	1.700*** (6.89)	2.374 (1.60)	0.002 (1.09)	0.014 (1.21)
实施新审计报告准则*英国	−0.027*** (−4.44)	−0.012** (−1.67)	−0.510** (−1.87)	−0.712* (−1.63)	0.001 (0.51)	0.001 (0.39)
实施新审计报告准则*未预期盈余*英国					0.151* (1.43)	0.400** (2.02)
其他变量	包含	包含	包含	包含	包含	包含
行业固定效应	控制	控制	控制	控制	控制	控制

资料来源：Reid L C, Carcello J V, Chan L, et al. Impact of auditor report changes on financial reporting quality and audit costs: evidence from the United Kingdom. Contemporary Accounting Research, 2019（3）: 1516-1519.

总体而言，该研究结果支持关键审计事项披露能够提高审计质量。此外，该研究还考察了新审计报告准则对审计费用的影响，尽管未发现显著变化，但是研究指出这并不能说明新审计报告准则对审计费用没有影响，因为审计师可能没有将额外费用转嫁给客户。

（二）美国

Burke 等（2023）的研究从管理层披露行为的视角提供了新审计报告准则影响的经验证据。具体地，该研究以美国上市公司为研究对象，考察新审计报告准则实施前后，公司在关键审计事项涉及的财务报告附注披露方面是否有所变化。

如表 5-17 所示，研究发现，关键审计事项引用的财务报告附注文本，在 2019 年后的平均长度变长，黏性降低，并且包含了更多的不确定性词汇（即管理层使用了更谨慎的语言）。因此，研究提供了新审计报告准则能够影响管理层披露行为的经验证据，反映出审计师对关键审计事项的披露使得管理层在公司财务报告披露方面更为谨慎小心。

表 5-17　美国实施新审计报告准则对管理层披露行为的影响

	财务报告附注：文本长度	财务报告附注：文本黏性	财务报告附注：文本不确定性
实施新审计报告准则	−0.045*** (−9.655)	0.018*** (4.353)	−0.046*** (−9.025)
关键审计事项是否引用报告附注	0.454*** (20.428)	−0.053*** (−10.307)	0.733*** (29.793)
实施新审计报告准则 * 关键审计事项是否引用报告附注	0.086*** (8.506)	−0.032*** (−4.890)	0.100*** (8.505)
控制变量	控制	控制	控制
公司固定效应	控制	控制	控制

资料来源：Burke J J, Hoitash R, Hoitash U, et al. The disclosure and consequences of U. S. critical audit matters. The Accounting Review, 2023 (2): 72-73.

三、小结

综上所述，审计报告中披露关键审计事项有助于提高上市公司的财务报告质量，提高公司透明度。我们认为，关键审计事项披露的这一作用正是高质量审计的体现，原因如下：

首先，从审计师与客户公司管理层的沟通角度看，一方面，新的审计报告准则要求审计师在关键审计事项披露前应与管理层就重大事项进行充分沟通，这有助于审计师约束管理层的激进管理行为（Reid，et al.，2019），经验证据发现的更为谨慎的会计处理和报告文字披露正是该作用的体现。另一方面，由于关键审计事项披露可能引起投资者对公司的负面评价，为尽可能减少对公司的不利影响，管理层会更愿意与审计师主动沟通，并协助审计师工作（Burke，et al.，2023）。本章的分析结果与经验证据表明，关键审计事项披露增加了财务报告的信息含量，改善了财务报告的信息透明度。这正是审计师与管理层沟通后的结果，目的是减少投资者对公司的负面评价，消除投资者对相关风险的担忧。

其次，从监督角度看，关键审计事项披露的额外风险性信息会吸引更多投资者和外部监管者的关注（Christensen，et al.，2014；Sirois，2018），这增大了审计师面临的诉讼风险（Gimbar，et al.，2016）。传统的审计理论研究认为，声誉风险、诉讼风险和监管风险是影响审计质量的重要因素（DeFond & Zhang，2014）。为降低可能面临的诉讼风险和监管风险，维护审计声誉，审计师会在审计计划和执行工作的过程中，更加关注披露的关键审计事项，更加谨慎地对待重大错报风险，从而提高审计质量。

最后，从审计投入角度看，关键审计事项披露的主要目的是增加审计报告的信息价值，其主要方式不但包括披露上市公司潜在的风险性信息，也包括披露审计流程等应对措施的相关信息，上述信息的披露会提高审计工作的透明度。已有研究表明，审计工作透明度的提高有助于改善审计质量。因此，关键审计事项披露的额外信息，有助于投资者对审计师的工作进行评估，从而激励审计师更加勤勉尽职，增加审计投入，进一步提高审计质量。

因此，我们认为在商业银行审计业务中，关键审计事项披露有助于提高审计质量。

第五节 本章结论与建议

一、结论

通过对关键审计事项披露对审计质量和审计报告信息价值等影响的相关文献的回顾，不同国家关键审计事项披露的对比以及我国商业银行关键审计事项披露的分析，本章得出下列结论：

第一，基于不同国家的分析结果表明，相较于英国，中国和美国的会计师事务所关键审计事项披露的数量较少，内容较少。

第二，基于会计师事务所的分析结果表明，国际四大会计师事务所的关键审计事项披露的数量受当地监管环境影响较大；但其披露的详细程度与地区无关，而与事务所相关，即国际四大会计师事务所在关键审计事项披露详细度方面存在系统性差异。

第三，针对我国商业银行的分析以及相关经验证据表明，商业银行披露的关键审计事项的类型主要涉及结构化主体合并、资产减值和金融工具公允价值计量三个方面；关键审计事项的列报提高了商业银行的信息披露质量和经营谨慎性，并通过影响审计师-管理层的沟通、外部监督、审计投入和审计师动机来提高审计质量。

二、建议

基于上述分析，本章的建议如下：

首先是信息披露方面。为进一步提高财务报告的信息价值，商业银行在披露与关键审计事项相关的信息时，应充分披露可能对商业银行财务报告具有潜在影响的交易或事项，增加关键审计事项披露的数量和内容长度，同时还应重视信息内容的可读性。此外，商业银行除了披露与关键审计事项相关的会计政策，还应披露更多与关键审计事项相关的公司具体信息,从实质上提高财务报告的信息价值。

其次是公司经营方面。对于关键审计事项带来的风险,除了审计师应报告其采取的降低审计风险的应对措施,建议监管部门要求商业银行披露已采取的风险应对措施,以降低投资者对银行经营风险的担忧,从而增强我国资本市场的稳定性。

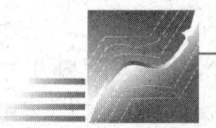

第六章　商业银行审计质量与市值管理

在有效资本市场假说下，资本市场充分有效，不存在系统性错误定价，风险是决定回报的唯一因素。然而，由于信息不对称及市场非强式有效等问题普遍存在，上市公司市值与内在价值在大多数情况下存在偏离。

2014年5月，国务院发布《关于进一步促进资本市场健康发展的若干意见》，首次提出"鼓励上市公司建立市值管理制度"，从资本市场顶层制度设计层面明确了公司市值管理的重要性。根据普华永道发布的《2023全球市值100强上市公司》，2023年全球市值100强上市公司排行榜中金融业公司占17家，总市值3.82万亿美元；相较于2022年，金融业公司市值明显下降[①]。根据德勤发布的《2024年银行业及资本市场展望》，在全

---

①　https://www.pwc.com/gx/en/audit-services/publications/top100/pwc-global-top-100-companies-2023.pdf.

球经济增速放缓和经济格局分化的冲击下，银行业盈利能力面临更大挑战。银行业在资本市场占据重要地位，其市值管理尤为重要[①]。审计作为重要的外部治理机制，能够提高银行财务报表的可信度和可靠性，降低信息不对称，提振资本市场信心；能够抑制管理层机会主义并改善银行治理，从而降低资本成本并提高银行价值。此外，银行对高质量审计的选择本身传递了银行价值相关信号，能够引导投资者作出积极反应。

本章首先对国内外上市银行市值现状进行分析，然后梳理市值影响因素，分析审计质量影响市值管理的理论机制，并提供佐证的经验证据，最后在此基础上提出结论和建议。

第一节　商业银行市值：中国现状与国际概况

一、中国现状

表 6-1 先对 2009—2022 年我国上市银行的市盈率和市净率进行了描述性统计。

(1) 从市盈率来看，2009 年上市银行的市盈率波动幅度较大，最大值为 80.99，最小值为 14.78，之后除 2016 年和 2017 年之外，其他年度相对稳定；市盈率均值在不同年度差异也较大。

(2) 从市净率来看，上市银行各年度的市净率较为稳定，标准差均小于 1；除 2009 年和 2010 年市盈率均值较高外，其他年度市盈率均值均在 1 左右，其中 2013 年、2018 年、2020 年、2021 年和 2022 年上市银行市盈率均值小于 1，说明股价低于每股净资产，上市银行市值较低。

[①] https://www2.deloitte.com/content/dam/Deloitte/cn/Documents/financial-services/deloitte-cn-fsi-2024-banking-and-capital-markets-outlook-zh-240109.pdf.

表 6-1 2009—2022 年我国上市银行市值统计

指标	年度	样本量	均值	标准差	最小值	最大值
市盈率	2009	14	24.84	17.01	14.78	80.99
	2010	16	10.40	2.18	8.33	16.02
	2011	16	7.28	1.27	5.70	9.75
	2012	16	6.34	0.66	5.37	7.63
	2013	16	5.13	0.55	4.56	6.76
	2014	16	7.64	1.05	6.17	9.41
	2015	16	7.31	1.03	5.82	9.51
	2016	24	10.39	6.71	5.55	27.27
	2017	25	9.85	5.29	5.98	28.98
	2018	28	6.81	1.85	4.71	11.40
	2019	36	8.48	3.04	5.20	14.65
	2020	36	7.99	2.92	4.44	14.88
	2021	36	6.31	2.27	3.69	13.98
	2022	36	5.20	1.44	3.30	9.55
市净率	2009	14	3.16	0.69	2.13	4.66
	2010	16	1.70	0.26	1.34	2.30
	2011	16	1.31	0.18	1.08	1.66
	2012	16	1.20	0.18	1.00	1.55
	2013	16	0.94	0.12	0.70	1.15
	2014	16	1.34	0.14	1.11	1.59
	2015	16	1.16	0.17	0.95	1.58
	2016	24	1.28	0.52	0.77	2.36
	2017	25	1.19	0.43	0.77	2.60
	2018	28	0.87	0.20	0.59	1.38
	2019	36	1.00	0.33	0.59	1.92
	2020	36	0.88	0.36	0.45	2.11
	2021	36	0.72	0.34	0.35	1.95
	2022	36	0.62	0.26	0.30	1.43

第六章　商业银行审计质量与市值管理

为便于纵向分析，我们对表6-1中的数据进行时间趋势分析，见图6-1。从时间趋势上看，整体上我国上市银行的市盈率和市净率在2009—2022年呈下降趋势，虽然市盈率在2013—2016年有小幅上升，但仍未扭转下降趋势。

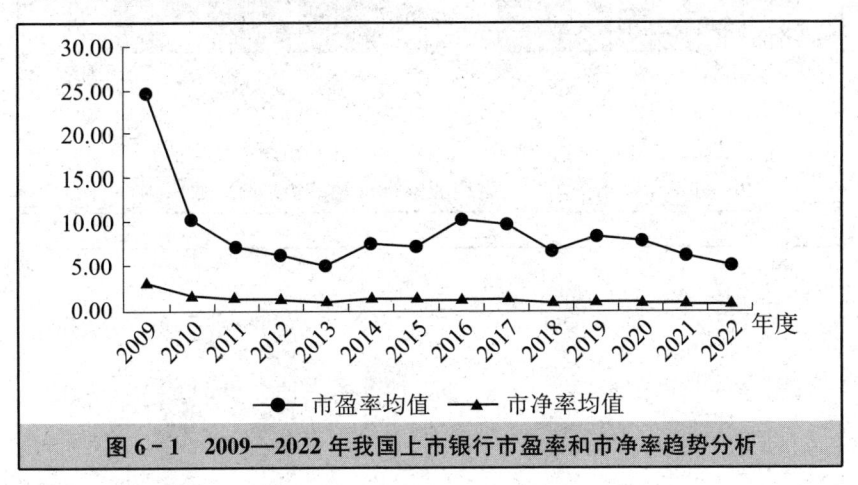

图6-1　2009—2022年我国上市银行市盈率和市净率趋势分析

二、国际概况

我们先对不同国家2009—2022年大型商业银行的市值进行统计，结果如表6-2所示。为便于横向比较，我们使用直方图进行对比分析（见图6-2至图6-4）。

表6-2　2009—2022年各国大型商业银行市值分析

国家	样本量	市盈率（均值）	市盈率小于0 数量	市盈率小于0 百分比	市净率（均值）	市净率小于1 数量	市净率小于1 百分比
中国	140	7.13	0	0.00	1.12	69	49.29
德国	42	10.71	7	16.67	0.40	33	78.57
日本	112	9.32	5	4.46	0.66	80	71.43
新加坡	104	35.20	2	1.92	0.96	32	30.77
英国	126	25.99	19	15.08	0.62	78	61.90
美国	140	14.53	7	5.00	1.22	40	28.57

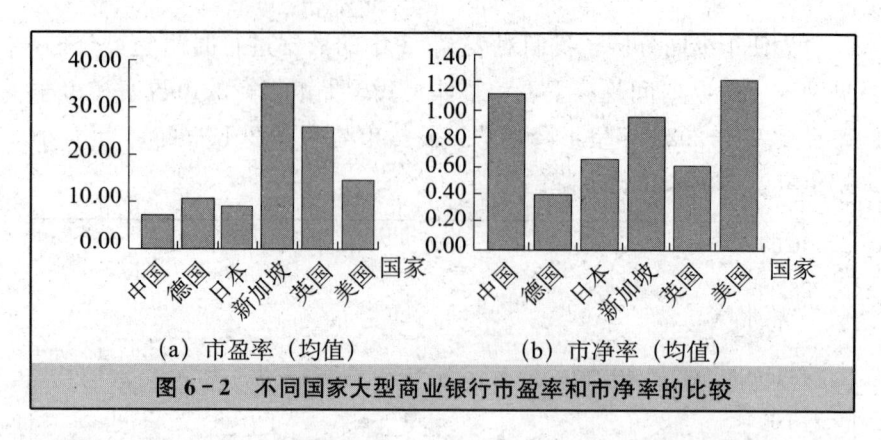

(a) 市盈率（均值）　　(b) 市净率（均值）

图 6-2　不同国家大型商业银行市盈率和市净率的比较

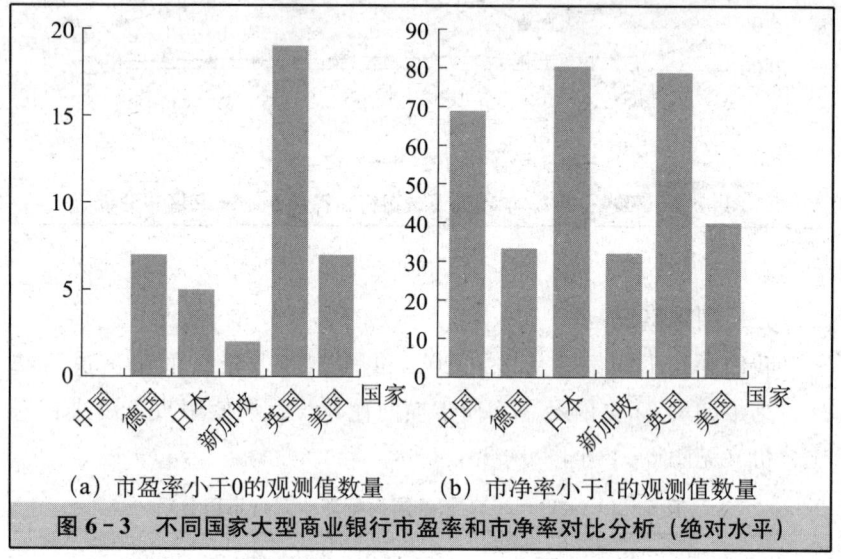

(a) 市盈率小于0的观测值数量　　(b) 市净率小于1的观测值数量

图 6-3　不同国家大型商业银行市盈率和市净率对比分析（绝对水平）

从统计结果可看出：

（1）不同国家大型商业银行的市盈率均值有较大差异，表明不同市场的投资者对公司盈余的反应程度不同，投资者对公司盈余反应最为强烈的是新加坡，其次是英国，反应最弱的是中国。

（2）除中国外，其他国家的大型商业银行均存在市盈率为负的情形，数量较多的是英国。

（3）从市净率来看，不同国家大型商业银行的市净率均值相差较小，只有中国和美国超过1。

第六章　商业银行审计质量与市值管理

图 6-4　不同国家大型商业银行市盈率和市净率对比分析（相对水平）

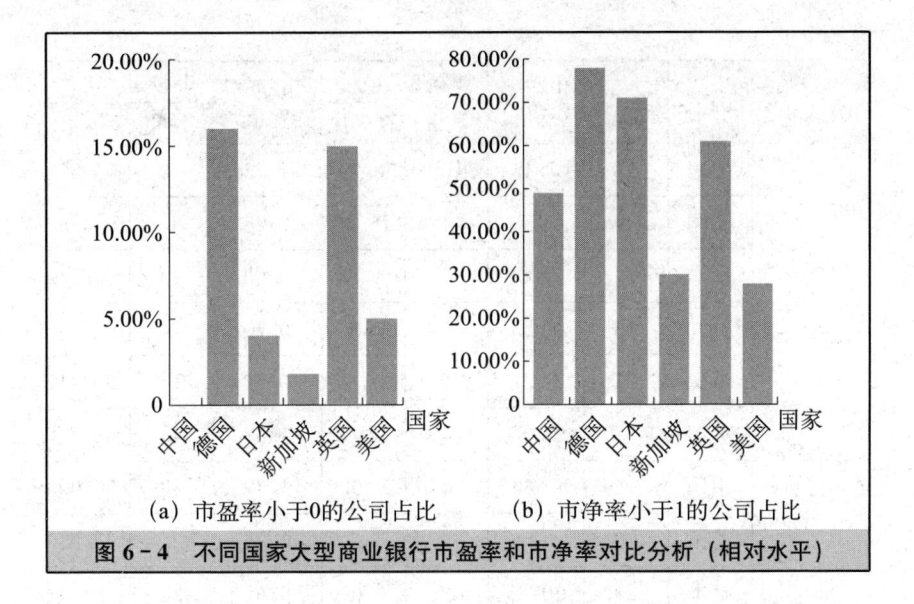

(a) 市盈率小于0的公司占比　　(b) 市净率小于1的公司占比

（4）不同国家大型商业银行均存在大量市净率小于1，即市值低于账面价值的情形，不论是从绝对数量还是从相对数量上看，日本和英国的大型商业银行股价跌破账面价值的情形最多，其次是中国。

在上文分析的基础上，我们进一步从四大会计师事务所视角对不同国家大型商业银行客户的市值进行了统计，结果见表 6-3。从表 6-3 中可以看出，同一事务所在不同国家的大型商业银行客户的市场表现存在较大差异，同一国家内不同事务所的大型商业银行客户的市场表现也存在较大差异。

表 6-3　2009—2022 年各国大型商业银行市值分析（基于会计师事务所视角）

会计师事务所	国家	样本量	市盈率（均值）	市盈率小于0 数量	百分比	市净率（均值）	市净率小于1 数量	百分比
德勤	中国	28	7.30	0	0.00	1.22	9	32.14
	德国	9	5.44	1	11.11	0.54	9	100.00
	日本	23	4.25	1	4.35	0.65	21	91.30
	英国	12	−39.94	4	33.33	1.49	4	33.33
	美国	14	8.35	2	14.29	1.11	6	42.86

续表

会计师事务所	国家	样本量	市盈率（均值）	市盈率小于0 数量	市盈率小于0 百分比	市净率（均值）	市净率小于1 数量	市净率小于1 百分比
安永	中国	18	7.45	0	0.00	1.23	10	55.56
	德国	6	18.71	1	16.67	0.28	6	100.00
	日本	23	27.50	2	8.70	0.60	16	69.57
	新加坡	13	8.23	0	0.00	0.70	9	69.23
	英国	21	6.97	6	28.57	0.52	17	80.95
	美国	19	13.87	0	0.00	1.82	0	0.00
毕马威	中国	34	7.65	0	0.00	1.21	17	50.00
	德国	13	−0.01	4	30.77	0.35	9	69.23
	日本	27	10.85	0	0.00	0.61	24	88.89
	新加坡	18	128.52	1	5.56	0.67	8	44.44
	英国	22	98.46	1	4.55	0.82	13	59.09
	美国	42	14.59	3	7.14	1.07	18	42.86
普华永道	中国	57	6.35	0	0.00	0.92	33	57.89
	德国	8	36.67	0	0.00	0.39	8	100.00
	新加坡	18	9.87	1	5.56	0.98	12	66.67
	英国	35	4.78	8	22.86	0.32	34	97.14
	美国	56	16.29	2	3.57	1.13	16	28.57

为便于横向对比，我们通过直方图进行具体分析，见图6-5和图6-6。由此可知：

(1) 四大会计师事务所在不同国家的大型商业银行客户的市净率存在较大差异。整体而言，德勤和安永在不同国家的大型商业银行客户的市净率水平整体较高，且不同国家内部差异不大，其次是毕马威，普华永道最低。

第六章　商业银行审计质量与市值管理

(2) 在中国市场上，安永的大型商业银行客户的市净率最高，其次是德勤和毕马威，普华永道最低。

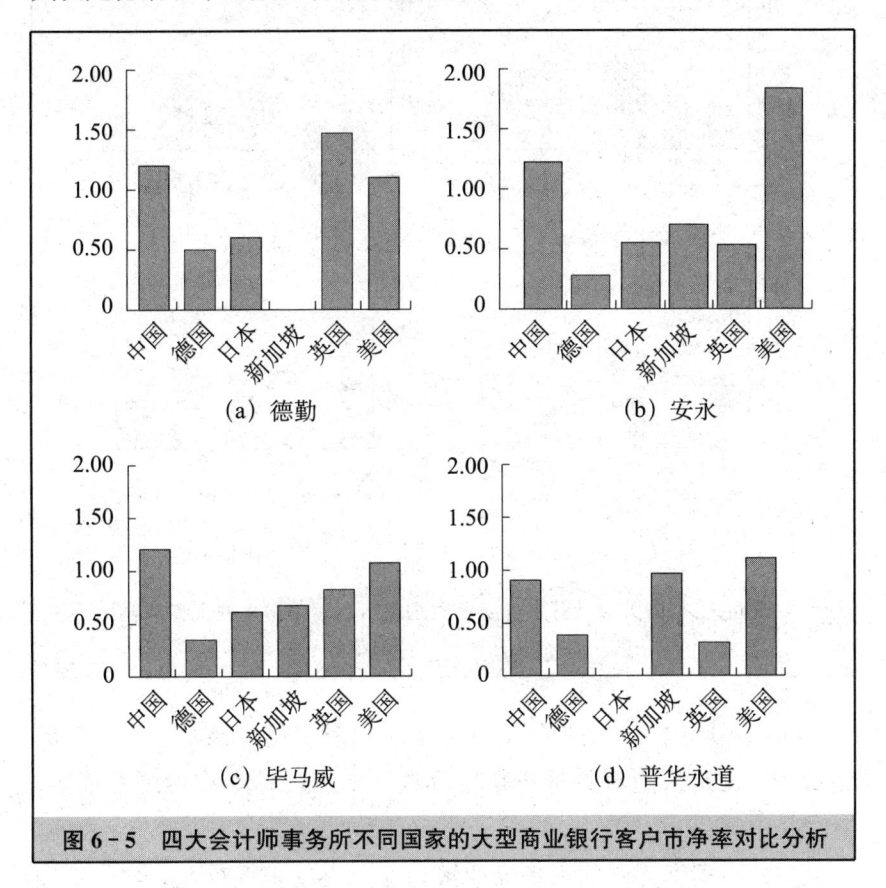

图6-5　四大会计师事务所不同国家的大型商业银行客户市净率对比分析

(3) 平均而言，德勤的大型商业银行客户股价跌破账面价值的情形最少，其次是安永。

综上所述，我们发现：

(1) 不同国家的投资者对大型商业银行的反应程度差异较大，市盈率最高的国家是新加坡，其次是英国。

(2) 除中国外，其他国家的大型商业银行均存在市盈率为负（公司收益为负）的情形。

(3) 各国的大型商业银行的市净率相差不大，均在1左右。

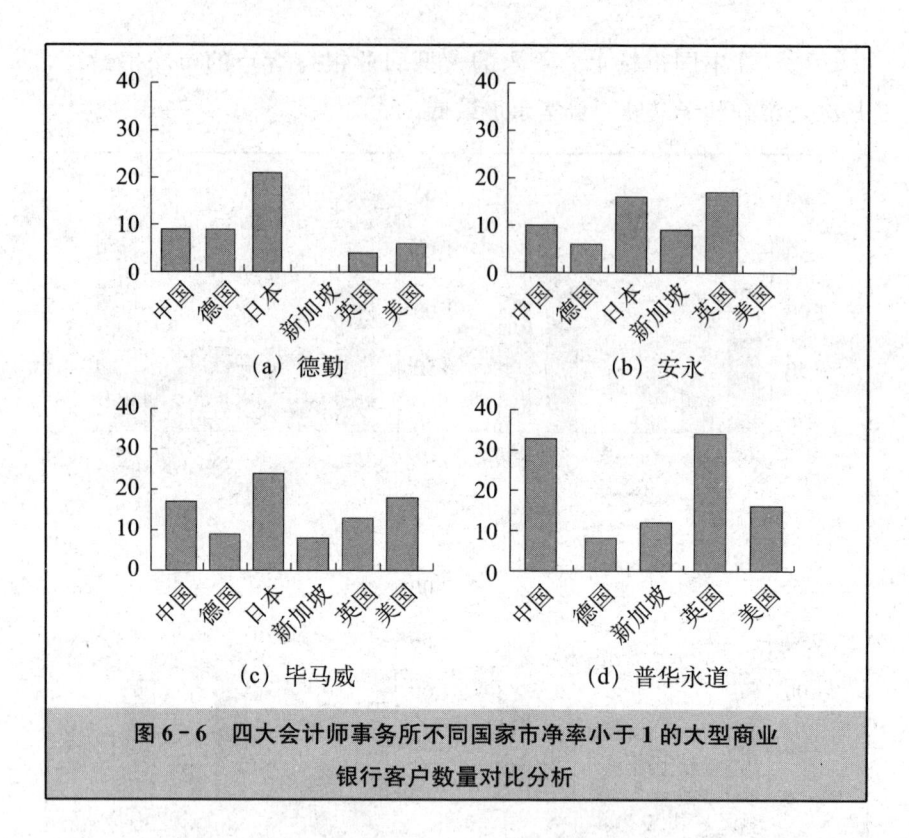

图 6-6 四大会计师事务所不同国家市净率小于 1 的大型商业银行客户数量对比分析

（4）不同国家商业银行均存在大量每股价格跌破每股净资产的情形，不论是从绝对数量还是相对数量上看，日本和英国都最多，其次是中国。

（5）不同事务所的大型商业银行客户市场表现存在差异，不同国家的大型商业银行客户市净率较高的事务所是德勤和安永，并且德勤的大型商业银行客户股价跌破账面价值的情形最少。

（6）在中国市场上，安永的大型商业银行客户的市净率最高。

第二节 市值影响因素：理论辨析

作为金融界最重要的理论基石之一，Sharpe（1964）提出的资本资产定价模型（CAPM）表明股票回报由其风险水平决定，通过CAPM我们可以计算股票的正常预期回报，且任何投资策略都无法获得长期超额回报。

然而，在经历无数次实证检验后，实证研究却发现了与CAPM相左的现象——市场存在异常回报，即存在其他影响股票价格的因素。常见的"异象"包括盈余公告后的漂移异象、规模异象、账面市值比异象、日历异象、应计盈余异象、动量异象、反转异象、稳健性异象等。

早期就有许多"异象"相关研究（Ball & Brown，1968），这些文献表明许多宏观层面、市场层面以及公司个体特征因素能够预测股票回报。但学术界对收益可预测性的原因仍存在分歧，目前有三种主流解释：

第一，收益可预测性可能是风险横截面差异的结果（Fama，1998）。在这种解释下，收益可预测性是预期的，因为收益差异反映了用于评估股票的贴现率的事前差异。

第二，收益可预测性可能反映错误定价。在这种观点下，投资者根据新的信息修正其信念，这反过来又修正了价格，并导致了收益可预测性。

第三，收益可预测性可能是数据挖掘的结果。正如 Fama（1998）指出的那样：在尝试数千个变量后，发现其中一些变量能够预测样本中的收益是有可能的，即便这些变量实际上不能预测。

为了解释资本市场存在的异象，Fama 和 French（1996）的三因素（市场因素、规模因素、账面市值因素）模型总结了截至 20 世纪 90 年代中期基于横截面的平均股票收益。在三因素模型的基础上，Carhart（1997）进一步发展了包含市场因素、规模因素、账面市值因素以及动量因素的四因子模型。然而，在之后的 20 年里，许多证据表明三因素模型无法解释大量的资产定价异常，Hou 等（2015）因此构建了一个由市场因素、规模因素、投资因素和盈利能力因素组成的经验 q 因子模型，且证据表明经验 q 因子模型优于

Carhart 的四因子模型。Fama 和 French（2015）将经验 q 因子模型进一步拓展到包含市场因素、规模因素、价值因素、盈利能力因素和投资模式因素的五因素模型。目前，股票价值相关性的研究仍在继续发展，如与环境、社会和公司治理（ESG）相关的非财务信息被证明会影响股票收益。

本节对影响市值的宏观、中观（市场）、微观（公司个体特征）层面的主要因素进行了梳理，并重点回顾了审计质量与公司市值关系的相关文献。

一、市值影响因素

（一）宏观层面因素

宏观层面的市值影响因素主要包括以下方面：

1. 宏观经济因素

研究表明宏观经济变量、经济周期及货币政策会影响公司市值。

（1）在宏观经济变量方面，Savor 和 Wilson（2013）发现，在通货膨胀率、失业率或利率等宏观经济消息公布的时期，股市的平均收益率和夏普比率更高。

（2）在经济周期方面，周泽将等（2021）认为经济扩张周期会诱发管理者的心理偏差，增强盈余管理动机，提高公司的负债融资水平和金融投资水平，从而增加股价崩盘风险，实证结果表明公司在经济扩张期间具有更高的股价崩盘风险。

（3）在货币政策方面，Ozdagli 和 Velikov（2020）研究了货币政策如何影响股票预期收益，发现股价对意外扩张性货币政策反应更积极的股票，其平均收益率更低，利用这一效应的多空投资策略在 1975—2015 年实现了 9.96% 的年化价值加权收益率，且这种收益溢价无法用标准因子模型解释。García-Feijóo 等（2023）认为经营杠杆和股票回报之间的关联取决于当前的融资环境，随着美联储转向宽松（紧缩）的货币政策，高经营杠杆的公司被认为风险更小（更大），未来前景更有利（不利），投资者会抬高高收益股票的价格，以反映它们在无约束时期的较低风险和较高预期业绩。

2. 法律法规与会计准则

(1) 在法律法规方面，Kravet 等（2018）研究了允许美国上市公司免受 SOX 法案第 404 条的约束对资本市场的影响，结果表明豁免公司未来重述的可能性更高，且豁免公司的异常收益在未来三年内比遵循 SOX 法案第 404 条的收购方低 12%。

国内学者魏志华等（2019）发现 IPO 首日限价政策使新股表现出显著更高的实际首日收益率，同时也显著提高了新股上市后的股价波动率、换手率、股票定价，以及股价同步性，不利于新股价格发现，并降低了股票市场定价效率。

时昊天等（2021）关注了 2008 年 4 月至 2019 年 2 月期间与我国 IPO 注册制改革相关的 91 个事件，发现与注册制积极推行的相关事件会显著降低壳公司股价，而与注册制暂缓推行的相关事件会显著提高壳公司股价。

(2) 在会计准则方面，Khan 等（2018）评估了 1973—2009 年颁布的 160 项美国财务会计准则委员会（FASB）准则是否增加了股东价值。具体而言，该研究考察了每项准则颁布的关键事件日期的异常股票收益，发现受影响公司的平均超额异常收益在统计上显著为 -1.67%，这表明，平均而言，这些准则的颁布降低了股东价值。

Allee 和 Wangerin（2018）发现在《财务会计准则公告第 141 号——企业合并》（SFAS 141（R））发布之后，市场对盈余公告的反应更为积极，这些结果对于拥有高质量审计师的收购公司更为明显。

刘行和赵弈超（2023）以我国 2014 年开始实施的固定资产加速折旧政策为切入点，发现投资者能够对政策产生的暂时性差异正确定价，而对其他暂时性差异错误定价，表现为高估其对未来股票收益的影响。

(二) 市场层面因素

市场层面的市值影响因素主要包括以下方面：

1. 市场运行机制

Miller（1977）的理论认为，当投资者对公司价值的信念是异质的，并且卖空被禁止时，公司的股价就会膨胀。Jones 和 Lamont（2002）的经验证据表明卖空成本越高的公司，股价越容易被高估，随后的股票收益越低。Deng 等（2020）利用《证券卖空条例》（Regulation SHO）试点计划作为卖空约束的外生冲击（该试点计划暂时取消了对随机指定股票的卖空限制），发现被随机选入试点计划的公司的股价崩溃风险显著降低。Chu 等（2020）发现在试点计划期间，相对于非试点股票，试点股票投资组合的 11 个常见"异象"的多空投资策略产生的异常收益更小，即卖空限制的取消削弱了 11 种常见"异象"，减少了资产错误定价。

国内学者李科等（2014）研究了卖空限制对股票错误定价的影响，发现卖空限制导致了不能被卖空的股票被严重高估，股票基础价值的变化不能解释高估的股价。也就是说，卖空限制导致了股价高估，融资融券制度等做空机制有助于矫正高估的股价，提高市场定价效率。

2. 投资者信念与情绪

Collins 等（2003）以机构投资者持股比例作为投资者成熟度的代理指标，研究发现股票的机构持股比例越高，应计异象的程度越小，说明机构投资者通过知情交易行为促进了价格发现，投资者成熟度有利于减轻市场对应计项目的错误定价。

Baker 和 Wurgler（2006）发现当投资者情绪低落时，小型股票、高波动性股票、无利可图的股票、不支付股息的股票、极端成长型股票和不良股票的后续收益相对较高；相反，当投资者情绪高涨时，这些模式减弱或完全逆转。赵宣凯和何宇（2021）发现如果市场投资者情绪高涨，则很容易呈现因投资者过度自信而导致的异常高交易量，而且理性投资者在套利约束下难以使价格处于合理价值区间，导致股票价格不断向上偏离基本面。Wang 等（2021）在国际背景下评估了投资者情绪对全球 50 个股票市场未来股票收益的影响，发现在全球范围内投资者情绪与未来股票收益之间存在负相关关系，且投资者情绪对新兴市场的影响更为直接，对发达市场的影响更为持久。

3. 信息中介

经验证据表明商业媒体报道能够减少错误定价。例如，Fang 和 Peress（2009）发现未被媒体报道的股票的未来收益显著高于被媒体大量报道的股票。Drake 等（2017）将新闻报道划分为专业新闻报道和非专业新闻报道，发现专业新闻报道提高了价格响应性，而非专业新闻报道降低了价格响应性。

除了新闻媒体，一些新兴文献也提供了社交媒体影响资本市场的证据，认为社交媒体提高了重要财务信息的价值相关性。例如，Nekrasov 等（2022）发现公司在推特上公布盈余公告的视觉效果时，投资者对盈余公告的即时反应更强，延迟反应更弱；在投资者注意力高度分散的时期，视觉效果对盈余反应系数的提高更加显著。然而，也有文献认为社交媒体可能降低资本市场效率。例如，Jia 等（2020）的研究表明，社交媒体可能充当信息谣言工厂，阻碍价格发现。Campbell 等（2023）发现盈余公告在社交媒体上的病毒式传播显著提高了异常交易量和价格波动。卢锐等（2023）发现股吧论坛中的投资者互动提高了公司传闻引发的股票累计超额收益率，加剧了公司传闻对股价的冲击。

分析师也是重要的信息中介，他们的预测和报告是价格信号的来源之一。Loudis（2024）基于标准特征的预期收益模型，建立了一个能够从分析师预期收益中分离信息和偏差成分的分析框架。研究结果表明价格对分析师预期收益中的信息成分反应不足，而对偏见成分反应过度。Langberg 和 Rothenberg（2023）认为市场价格的准确性取决于审计师和分析师的共同水平，即使出现错误的审计报告，由于分析师的信息生产，市场价格也可能反映基本价值。还有一些学者使用文本分析法，关注分析师报告特征对公司市值的影响。例如，马黎珺等（2022）发现分析师报告的逻辑不一致性降低了投资者对报告中信息的反应程度，加剧了公司未来的股价崩盘风险。

（三）公司个体特征因素

影响市值的公司个体特征因素主要包括以下方面：

1. 公司基本特征

已有文献表明公司规模、账面市值比等公司基本特征会影响公司市值。

(1) 在公司规模方面，Banz（1981）研究考察了纽约证券交易所普通股总市值与收益率之间的关系，发现小规模公司的收益在控制了风险收益后高于大规模公司的收益，并指出这种规模效应至少存在了 40 年，但该研究并未找到支撑结果的相关理论，不清楚这种规模效应是由规模本身造成的还是由与规模相关的其他因素造成的。

(2) 在账面市值比方面，Basu（1975）发现每股盈余与每股价格比值（E/P）较高的股票未来收益高于该比值较低的股票的未来收益。Hou 等（2015）表明投资账面市值比高的价值型公司比投资账面市值比低的成长型公司更少获得高额的预期收益。

2. 盈余信息含量

企业价值评估的准确性很大程度上取决于会计盈余的信息含量，而会计盈余的信息含量受到诸多因素影响，如盈余业绩、盈余质量、会计政策稳健性等。

(1) Ball 和 Brown（1968）发现盈余业绩好的股票在未来一年内的表现持续较好，而盈余业绩差的股票在未来一年内的表现持续较差，因为股票价格对盈余信息的反应不是充分、及时的，而是存在滞后，导致价格按照盈余信息的好坏，分别向上或向下漂移，逐渐吸收信息的价值。Asness 等（2019）分析了公司质量提升的六种不同衡量标准，其中之一是五年内公司盈利能力的变化。他们提供的证据表明，质量越高的公司平均股价越高。除了盈利水平，盈利能力的变化也能预测未来的股票收益。例如，Akbas 等（2017）使用过去八个季度的数据，研究发现盈利趋势提供了公司未来收益的增量预测信息，并且这种增量信息超出了盈利水平所包含的信息。

(2) 盈余质量也是影响公司价值的重要因素。Sloan（1996）区分了现金流和应计项目的信息含量，发现应计项目比重较大的公司后来的盈余质量会系统性下降，而投资者不能完全理解会计利润中应计项目部分和现金流部分对未来收益预测能力的差异，只关注盈余数字，因而高估了应计项目比重较大的公司的价值，低估了现金流比重较大的公司的价值。Ball 等（2016）的研究为这种"应计异象"提供了一个解释，他们认为应计利润高的公司的未来收益较低，是因为这部分公司基于现金的利润较低。

（3）会计政策稳健性能够通过影响会计盈余来影响企业估值。Penman 和 Zhang（2002）发现会计政策稳健性较好的股票的未来表现好于会计政策激进的股票，当公司实施稳健的会计政策时，投资的变化会影响盈余质量，投资增加会减少当期盈余，增加未来盈余；反之则会减少未来盈余。如果投资的变化是暂时的（不稳健），当期盈余的变化就是暂时性地增加或减少，则当期盈余对未来盈余就没有较好的预测作用。但投资者无法完全理解投资和稳健性会计政策对盈余质量产生的影响，只能锁定盈余数字。Heflin 等（2015）的证据表明，条件保守性降低了 GAAP 收益对投资者估值的有用性，随着 GAAP 盈余中的条件保守性增强，GAAP 盈余持续性、GAAP 盈余稳定性和 GAAP 盈余反应系数均下降。

3. 公司治理行为

已有研究表明公司的现金分红、信息披露和 ESG 行为等能够影响公司市值。

（1）在现金分红方面，张新一等（2021）发现现金分红与应计盈余管理和真实盈余管理行为之间存在替代关系。此外，为使净资产收益率考核达标而实施的分红对公司价值具有毁损效应。

（2）在信息披露方面，Arif 和 De George（2020）认为较低发布频率的财务报告削弱了投资者对公司估值的能力，造成了更大的股价波动。张俊生等（2017）发现不披露审计费用的公司所披露的超预期盈余的盈余反应系数较低。

（3）在 ESG 行为方面，Grewal 等（2019）研究了欧盟宣布 ESG 披露要求后的市场反应，发现 ESG 披露水平较高的公司的负面市场反应较少。Serafeim 和 Yoon（2023）发现市场对积极的 ESG 新闻有积极的反应，对消极的 ESG 新闻有消极的反应，并且对于

ESG 评级较高的公司，市场对积极消息的反应较小。Khan 等（2016）使用日历时间组合股票收益回归和公司层面的面板回归，研究发现在重大可持续性问题上评级较高的公司比评级较低的公司未来表现更好，并将其归因于可持续性投资。Ahn 等（2024）对此提供了另外一种解释，认为实质性 ESG 评级的变化包含尚未定价的隐藏信息，是在重大 ESG 问题上评级提高的公司投资组合表现优异的原因。

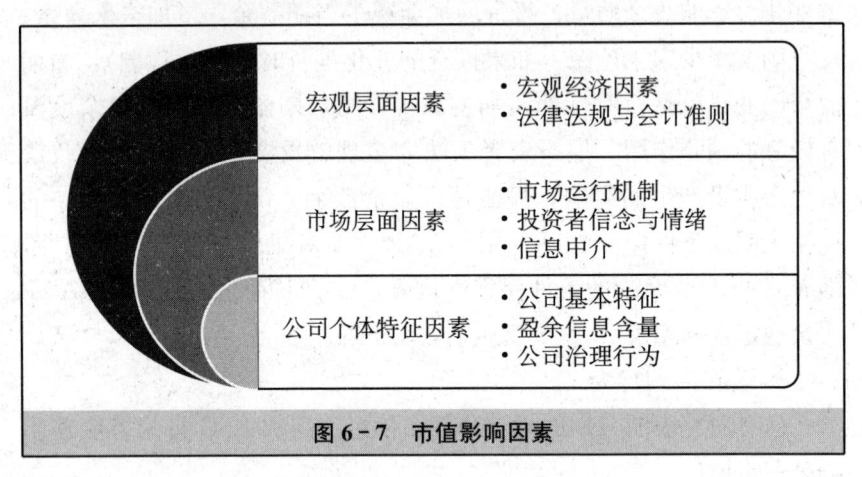

图 6-7 对市值影响因素进行了总结。

宏观层面因素	·宏观经济因素 ·法律法规与会计准则
市场层面因素	·市场运行机制 ·投资者信念与情绪 ·信息中介
公司个体特征因素	·公司基本特征 ·盈余信息含量 ·公司治理行为

图 6-7 市值影响因素

二、审计质量对公司市值的影响

为缓解上市公司与投资者之间的信息不对称，上市公司需定期向外部投资者披露经外部独立审计师审计的财务报告。学术界对财务报告价值相关性进行了广泛研究，普遍认为财务信息有助于投资者作出决策，无论在成熟市场还是新兴资本市场上均成立，且高质量的会计信息的价值相关性更高。

上市公司披露的经审计的财务报告的质量由管理层和审计师共同决定。前者决定了审计前的财务报告质量，主要受公司内部治理、准则运用等因素的影响；后者决定了审计质量，主要受审计师的独立性和胜任能力的影响。我们关注的是后者对上市公司市值的影响。

(一) 正向影响

信息不对称引起的逆向选择和道德风险会造成公司估值的不确定性，使得公司估值偏离实际价值。审计是一种能够提高公司价值的监督活动（Watts & Zimmerman，1983），能够通过鉴证、监督和信息传递等功能提高公司盈余信息质量，约束管理层机会主义行为，完善公司内部治理，从而提高公司市值并向资本市场传递公司价值，提高资本市场定价效率。审计对公司市值的影响具体体现在以下三个方面：

第一，审计具有信息鉴证功能，经高质量审计师鉴证的信息能够让投资者对公司的价值作出更准确的估计。一方面，独立的审计师能够确保公司的财务信息按照会计准则及时准确地反映在公司的财务报告中。更高的审计质量意味着审计师对财务报告质量的保证程度更高，表明公司财务报告按照会计准则要求编制，真实反映公司的经济状况和经营成果，提升投资者对财务报告的信任度，因而能够提高财务报告信息的价值相关性。另一方面，会计盈余是企业估值的一项重要参考指标，因而会计盈余的监督和鉴证对股东价值具有重大影响（Allee & Wangerin，2018）。高质量审计能够降低盈余绩效中因故意操纵或无意错误及偏差所产生的噪音，提高盈余信息含量。例如，Minnis（2011）提供的证据表明高审计质量提高了财务报告的有用性，其中的应计项目能更好地预测未来的现金流。

第二，审计具有监督功能，能够缓解由信息不对称导致的道德风险问题，通过减少管理层机会主义行为来促进公司治理和提高公司价值。在委托决策中，代理人有责任为委托人的利益采取行动，以换取报酬。然而，如果代理人的行为不能被直接观察到，那么就会导致道德风险或激励问题（Jost，2023）。作为一种委托代理的监督机制，高质量审计能够通过揭露和约束代理问题以及加强风险管理和内部控制来约束公司的活动（Watts & Zimmerman，1983），如抑制管理层过度投资、减少机会主义盈余管理、提高公司盈余的信息含量（Jiang & Zhou，2017）。Burnett 等（2012）利用审计师行业专长作为审计质量的代理变量，发现审计质量高的公司更有可能使用增值股票回购，而不太可能使用基于权责发生制的盈余管理来达到或超过分析师的共识预期。

第三，审计具有信息传递功能，能够向资本市场传递有关企业真实价值的信息，从而影响公司市值。资本市场普遍持有的一种观点是审计师的选择会影响企业股票价格，因为审计师与审计质量有一定的相关性。特别是当企业 IPO 时，投资者并不知道企业的真实价值，而企业选择的审计师的质量（一定程度上代表审计质量）能够向市场传递企业真实价值的相关信息。例如，Titman 和 Trueman（1986）指出那些拥有有利于企业价值信息的企业家比那些拥有不利信息的企业家更可能选择高质量的审计师，因为审计师提供给投资者的信息对企业越有利，企业家越愿意为高质量审计付费。鉴于此，投资者能够从企业家对审计师的选择中推断出公司信息的性质。审计（师）质量越高，投资者推断信息越有利，新股发行的价格也越高。总之，审计的信息传递功能不止体现在审计师向投资者提供的有助于投资者估计企业价值的信息本身，还体现在公司所选审计师的质量向投资者传递了有关公司价值的信息。公司所选审计师的质量越高，投资者估计的企业价值就越高。

审计质量对公司市值的影响路径十分清晰，但审计质量难以观测和衡量。学者们在研究中使用各种各样的指标来衡量审计质量。下面简要介绍几个指标。

(1) 会计师事务所规模。DeAngelo（1981）认为会计师事务所的审计质量与事务所规模和市场份额正相关。大型会计师事务所有更多的资源，其保护自身声誉的需求也更强烈，因此大型会计师事务所的审计质量高于小型会计师事务所（Palmrose，1988）。Jiang 等（2019）利用"N 大"会计师事务所收购非"N 大"会计师事务所的设定，研究发现非"N 大"会计师事务所在转向"N 大"会计师事务所后，审计质量有所提高，而非"N 大"会计师事务所之间的并购对审计质量影响不大。他们的研究为会计师事务所规模与审计质量的关系提供了新证据。

第六章　商业银行审计质量与市值管理

（2）审计师任期。Johnson 等（2002）使用审计师任期衡量审计质量，他们认为任期较长的审计师更了解客户的内部控制和会计信息系统，这有助于审计师抑制管理层的盈余管理行为和其他财务报告违规行为（Mansi, et al., 2004）。然而，Ghosh 和 Doocheol（2005）认为长审计师任期可能损害审计质量，因为这会损害审计师的独立性。

（3）审计意见类型。有学者使用非标意见衡量审计质量，即更高质量的审计师更可能出具非标意见（Chow & Rice, 1982）。

（4）行业专长。一些学者使用行业专长衡量审计质量，他们认为行业专家审计师可提供更高质量的审计服务。随着特定行业专业知识的增加，审计师更可能发现会计错误和识别异常交易（Krishnan, 2003）。

（5）财务报告重述。有学者认为，高质量审计师审计过的财务报告存在重大错报的可能性很小，因而后续发生重述的可能性很小。赵艳秉和张龙平（2017）的研究表明，在我国，审计质量高的上市公司发生财务报告重述的可能性相对较低。

（6）审计费用。Ireland 和 Lennox（2002）指出审计费用是审计质量的一个较好代理变量。获得低于预期审计费用的会计师事务所要么在亏损的情况下保证审计质量，要么降低质量以保持盈利（Schroeder, 2016）。因此，一般而言，较高的审计费用代表较高的审计质量。

我们基于不同的审计质量衡量方式梳理了支持高质量审计有助于提高公司市值的实证研究。

（1）会计师事务所规模。Teoh 和 Wong（1993）发现聘请"八大"会计师事务所的上市公司比聘请非"八大"会计师事务所的上市公司有更高的盈余反应系数，因为审计质量影响财务报告中会计数据的可靠性。Lin 等（2009）使用中国数据研究了投资者对审计质量的反应。实证结果显示当公司有正的异常盈余时，高审计质量（聘请大型会计师事务所）对盈余反应系数具有正向影响，转向规模更大的会计师事务所的上市公司有更高的盈余反应系数，表明大型会计师事务所提供的高质量审计可传递高质量盈余信号，更可能增加投资者对股票的估值。

(2) 审计师任期。Almutairi 等（2009）发现审计师任期与买卖价差之间的关系呈 U 形，买卖价差在审计师任期的第一年较高，在第二年和第三年下降，之后又增加。Su 等（2016）把审计师任期视作审计有效性的一个重要特征，以 2003—2012 年经四大会计师事务所审计的美国公司为样本，他们发现审计师任期越长，股价的特殊波动越大，并将其解释为更高感知透明度带来的私人信息激励效应。Cahan 等（2021）以 2000—2018 年的美国上市公司为样本，发现"N 大"会计师事务所和更长的审计师任期与更高的股价同步性和更低的特质风险相关，进一步拓展了 Su 等（2016）的研究。

(3) 审计意见类型。Chen 等（2001）使用 1995—1997 年公司样本，在控制了公告披露日的其他当期公告的影响后发现，非标意见与累计异常收益率显著负相关，与 Chow 和 Rice（1982）的研究发现一致，即标准审计意见可为投资者带来增量信息。还有学者关注了审计师持续经营意见修改的信息含量。例如，Myers 等（2018）研究了市场对审计师持续经营意见修改的反应，并检验了观测到的市场反应是否受其他重大披露的影响。他们发现大多数审计师持续经营意见修改与盈余公告同时发布，并且在审计师持续经营意见修改的年份发布的盈余公告会引起显著的负累计异常收益；与单独披露盈余公告相比，当审计师持续经营意见修改与盈余公告一起披露时，市场的负面反应更加明显。Chen 等（2020）研究了中国投资者对违反会计准则或披露规则的审计意见修改的反应，发现经历了审计意见修改的公司的未来表现不佳，并且在审计意见修改披露的短窗口期间，市场对审计意见修改产生了负面反应；审计意见修改披露后并没有出现长期的负股票收益，表明股票价格对审计意见修改的反应是迅速和公正的。

(4) 行业专长。Almutairi（2009）发现在经审计的财务信息披露后约 48 个交易日内，聘请专业审计师的公司的买卖价差低于聘请非专业审计师的公司；对于聘请专业审计师的公司来说，在审计业务开展的前几年，买卖价差的缩小幅度更大。Balsam等（2003）的研究结果也表明行业专家审计的客户有更高的盈余反应系数。王生年等（2018）通过理论分析和实证检验考察了审计师行业专长对资产错误定价的影响及其作用机理。研究发现，审计师行业专长能够有效缓解上市公司的资产错误定价现象，并且这种影响在审计师独立性较强时更为显著。进一步的中介效应检验表明，具有行业专长的审计师主要通过提高会计信息质量以及降低投资者异质信念来减少资产错误定价。

（5）财务报告重述。Palmrose等（2004）发现财务报告重述会引起上市公司的负面市场反应。Gleason等（2008）研究了财务报告重述的传染效应，发现公司重述的消息也会导致同一行业中非重述公司的股价下跌，特别是当同行业公司和重述公司共享外部审计师时，这种传染效应更加显著。汤泰劼等（2021）认为财务重述具有引导坏消息及时披露和减小股价崩盘风险的效果，即上市公司在实施盈余降低型财务报告重述行为后，其未来的股价崩盘风险会显著降低。

（6）审计费用。Okolie（2014）综合使用多个审计质量指标（审计师规模、审计费用、审计师任期和客户重要性）研究了审计质量与盈余反应系数之间的关系，发现审计质量与盈余反应系数显著正相关。李心愉等（2017）利用审计费用作为审计质量的代理变量，发现审计质量对于我国资本市场上的股票超额收益率具有解释力，这一解释力在长期具有可持续性，更重要的是，审计质量能够对股票价格产生影响，即具有股票定价作用。Schroeder（2016）以审计师规模和超额审计费用作为审计质量的代理变量，发现审计质量对盈余公告中包含的GAAP财务报表信息的数量与股票异常收益的正向关联具有促进作用，也就是说审计质量有助于披露更详细的盈余公告，并对股票市场产生影响。

（二）无影响

少数研究发现审计质量对公司市值无影响。Nichols和Smith

(1983)研究发现,股票价格对从非"八大"会计师事务所到"八大"会计师事务所变更公告的反应与从"八大"会计师事务所到非"八大"会计师事务所变更公告的反应的差异不具有统计学意义。Khurana 和 Raman（2004）分析了美国、澳大利亚、英国和加拿大公司的会计师事务所选择与股票定价的关系,发现澳大利亚、加拿大和英国的公司雇用四大会计师事务所并没有享受到更低的股权融资成本,只有在美国,四大会计师事务所的选择与较低的股权资本成本有关,他们将其归因于美国严格的诉讼环境。与之相反,Lawrence 等（2011）没有发现有证据表明会计师事务所的选择与美国公司的股票价格有关。

表 6-4 总结了审计质量对公司市值的影响的相关研究。

表 6-4　国内外审计质量对公司市值的影响的研究文献归集

影响		相关文献
正向影响	会计师事务所规模	Teoh & Wong（1993）；Lin, et al.（2009）
	审计师任期	Almutairi, et al.（2009）；Su, et al.（2016）；Cahan, et al.（2021）
	审计意见类型	Chow & Rice（1982）；Chen, et al.（2001）；Myers, et al.（2018）；Chen, et al.（2020）
	行业专长	Balsam, et al.（2003）；Almutairi（2009）
	财务报告重述	汤泰劼, 等（2021）；Palmrose, et al.（2004）；Gleason, et al.（2008）
	审计费用	李心愉, 等（2017）；Okolie（2014）；Schroeder（2016）
无影响	会计师事务所规模	Nichols & Smith（1983）；Lawrence, et al.（2011）

综上所述,现有关于审计质量对公司市值的影响的研究并未得出一致结论,绝大部分研究发现审计质量可提高公司市值,也有部分研究得出审计质量无法为投资者带来增量信息的结论。原因可能

在于：(1) 使用的审计质量指标不同；(2) 不同国家的证券市场有效性不同，影响了审计质量的信号作用；(3) 使用不同时期的样本进行检验，投资者、市场环境等特征可能发生较大变化。

第三节 商业银行审计质量对银行市值管理的影响：中国经验与国际证据

一、中国经验

为分析银行业审计质量对公司市值的影响，借鉴已有研究，我们使用会计师事务所类型（"四大会计师事务所"和"非四大会计师事务所"）衡量审计质量，原因如下：

(1) 四大会计师事务所的规模较大，有更多的资源和专业优势，因而能提供更高的审计质量。

(2) 我国银行业审计市场主要集中在四大会计师事务所，四大会计师事务所在银行业审计中具有专业优势，审计质量更高。

(3) 四大会计师事务所的声誉较好，其审计失败成本高于非四大会计师事务所，因此四大会计师事务所有动机提高审计质量。

此外，为保证结果的稳健性，我们还使用审计费用衡量审计质量，理论上会计师事务所收取的审计费用越高，审计师在执行审计工作时付出的努力和资源越多，越不可能为了保证利润而削减审计投入。

首先，我们对比了四大会计师事务所和非四大会计师事务所的银行业客户的市盈率和市净率指标，见图 6-8。由图 6-8 可知：(1) 非四大会计师事务所的银行业客户的市盈率和市净率均高于四大会计师事务所客户；(2) 在四大会计师事务所内部，银行业客户在市盈率和市净率方面表现不存在较大差异，安永的客户表现略好。

图6-8 四大会计师事务所与非四大会计师事务所的银行业客户市值对比分析

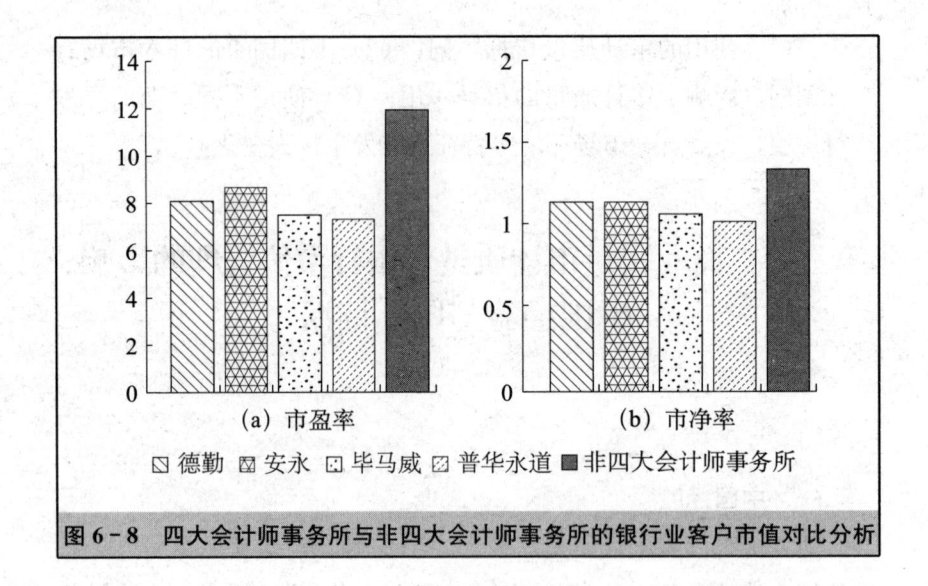

其次,我们对四大会计师事务所与非四大会计师事务所的银行业客户的市值差异进行方差分析,结果如表6-5所示。由方差分析结果可知,四大会计师事务所银行业客户的市盈率和市净率均显著低于非四大会计师事务所银行业客户,且审计费用较高组银行的市盈率和市净率也显著低于审计费用较低组银行。这表明在我国银行业审计市场中,审计质量对银行市值无提升作用(甚至对非四大会计师事务所的客户作出了更大的市场反应),对大型商业银行更是如此。

表6-5 2009—2022年我国银行业上市公司市值方差分析

指标	会计师事务所类型		会计师事务所差异	审计费用		审计费用差异
	四大会计师事务所	非四大会计师事务所		高	低	
样本量	294	37		224	107	
市盈率	7.84	11.93	−4.09***	7.46	10.05	−2.60***
市净率	1.08	1.36	−0.29***	1.04	1.25	−0.21***

注:*、**和***分别代表双尾t检验中10%、5%和1%的显著性水平。下同。

我们进一步区分大型商业银行和非大型商业银行,分析二者的

第六章 商业银行审计质量与市值管理

市场表现差异，见图6-9和表6-6。

(a) 市盈率　　　(b) 市净率

□ 德勤　■ 安永　▨ 毕马威　▩ 普华永道　▦ 非四大会计师事务所

图6-9　2009—2022年我国大型商业银行与非大型商业银行市值（年均）对比分析

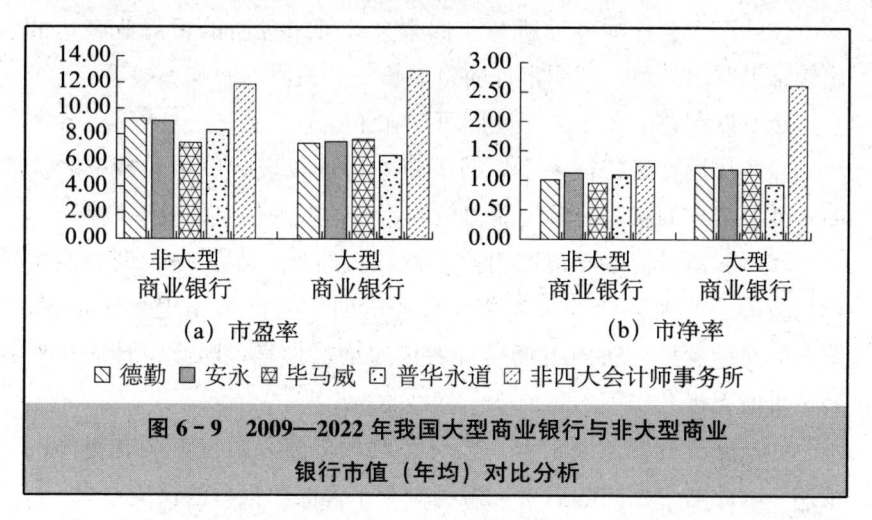

表6-6　大型商业银行与非大型商业银行的市值方差分析

指标	大型商业银行	非大型商业银行	差异
样本量	129	202	
市盈率	7.17	9.02	－1.85***
市净率	1.13	1.10	－0.03

从图6-9和表6-6中可以发现：

（1）从市盈率来看，德勤、安永和普华永道的非大型商业银行客户的市盈率高于大型商业银行客户，非四大会计师事务所的大型商业银行客户的市盈率显著高于非大型商业银行。

（2）从市净率来看，除普华永道外，其他事务所的大型商业银行客户的市净率均高于（或等于）非大型商业银行客户，但方差分析表明二者之间不存在显著差异。

对我国上市银行的分析，并未得到与现有研究一致的结论，即并未发现高质量审计可提升公司市值。相反，我们发现：

（1）从市盈率来看，市场对非大型商业银行的估值明显更高。

（2）从市净率来看，大型商业银行的市值仍高于非大型商业银行（但二者间不存在统计上的显著差异）。

（3）四大会计师事务所与非四大会计师事务所的银行业客户的比较结果并不一致，表明审计质量对投资者估值的影响不显著。

之所以存在上述结果，原因可能在于：

（1）从投资者特征来看，我国资本市场投资者以中小投资者为主，其对信息的获取与解读能力较弱，股价反映信息的效率较低。

（2）从信号传递角度来看，在我国银行业，尤其是大型商业银行均聘请了四大会计师事务所，事务所的信息传递作用无法发挥，统一的非标意见无法向市场投资者传递增量信息，因此审计质量对公司市值无提升作用。

（3）从投资者预期来看，投资者对大型商业银行可能有更高的预期，因此对于相同的盈余，市场对非十大商业银行的反应更大。

（4）从市值影响因素来看，市场对商业银行的估值水平与审计师提供的审计质量可能无关，银行固有特征可能对市场反应或市场估值的影响更大。

二、国际证据

（一）美国

在银行业，贷款损失意味着银行市值降低。Lisowsky 等（2017）为我们提供了审计质量与银行市值相关性的国际经验证据。该研究基于美国背景，利用双重差分模型检验了经济增长与债务融资中经审计的财务报告利用之间的关系。研究发现，在 2008 年之前的房地产繁荣时期，银行减少了对建筑公司的无保留审计意见财务报告需求。相反，在经济衰退期间（2008—2011 年），上述结果发生了逆转（如表 6-7 所示）。此外，银行从建筑公司借款人那里获取的无保留审计意见财务报告的比例与随后的贷款损失之间存在显著的负向关系（如表 6-8 所示）。以上结果表明，在经济繁荣时期，从建筑公司借款人处获取无保留审计意见财务报告比率较低的银行，在房地产泡沫破裂期间遭受了更多的贷款损失。

第六章　商业银行审计质量与市值管理

表6-7　无保留审计意见财务报告使用频次分析

	繁荣时期（2002—2007年）	衰退时期（2008—2011年）
2007年	−4.675*** (−11.54)	
2007年*建筑公司	−3.841*** (−4.05)	
2011年		−1.233*** (−4.54)
2011年*建筑公司		1.835*** (2.43)
年份趋势	−0.817*** (−9.01)	−0.492*** (−6.60)
年份趋势*建筑公司	−0.808*** (−5.88)	0.619*** (2.56)
控制变量	控制	控制	控制	控制
规模固定效应	控制	控制	控制	控制
行业固定效应	控制	控制	控制	控制

资料来源：Lisowsky P, Minnis M, Sutherland A. Economic growth and financial statement verification. Journal of Accounting Research, 2017 (4): 763.

注："2007年"是一个虚拟变量，若该财年为2007年，则该变量取值为1，否则取值为0；"2011年"是一个虚拟变量，若该财年为2011年，则该变量取值为1，否则为0；"建筑公司"是一个虚拟变量，若借款人为建筑公司借款人，则该变量取值为1，否则取值为0。

表6-8　无保留审计意见财务报告利用与随后的贷款损失

无保留审计意见财务报告的百分比	−0.023* (−1.92)	−0.024*** (−2.04)	−0.009*** (−2.76)	−0.010*** (−2.92)	−0.007*** (−2.35)
控制变量	部分控制	部分控制	部分控制	部分控制	部分控制

资料来源：Lisowsky P, Minnis M, Sutherland A. Economic growth and financial statement verification. Journal of Accounting Research, 2017 (4): 779.

银行的融资能力也是其价值创造能力的重要体现。Lo（2015）以小型非公银行为研究样本，发现在货币紧缩期间，审计能够提高银行的融资能力并较好地维持其贷款水平。首先，该研究检验了在货币政策紧缩期间，经审计的银行是否吸引了更多外部融资。检验结果如表 6-9 所示,在不考虑货币紧缩政策的滞后效应和考虑货币紧缩政策的滞后效应的情况下,经审计的银行在货币紧缩期间均比未经审计的银行更容易获得融资。

表 6-9　经审计和未经审计银行的负债管理对货币紧缩的反应比较

因变量银行未担保负债变化

	经审计银行	未经审计银行	经审计银行	未经审计银行
	考虑 滞后效应	不考虑 滞后效应	不考虑 滞后效应	考虑 滞后效应
货币政策紧缩	0.014 6*** (3.58)	0.019 1*** (4.85)	0.022 8*** (2.59)	0.031 9*** (4.22)
货币政策紧缩 * 是否接受审计	0.011 2*** (13.54)	0.003 7*** (6.31)	0.021 2*** (13.62)	0.006 9*** (4.99)
控制变量	控制	控制	控制	控制

资料来源:Lo A K. Accounting credibility and liquidity constraints: evidence from reactions of small banks to monetary tightening. The Accounting Review,2015 (3):1095.

其次,该研究检验了在货币政策紧缩期间,经审计的银行抑制放贷的程度是否低于未经审计的银行,结果如表 6-10 所示。同样地,在不考虑货币紧缩政策的滞后效应和考虑货币紧缩政策的滞后效应的情况下,经审计的银行在货币紧缩期间均能更好地维持贷款水平。

表 6-10　经审计和未经审计银行的总贷款对货币紧缩的反应比较

因变量银行贷款总额变化

	经审计银行	未经审计银行	经审计银行	未经审计银行
	不考虑 滞后效应	不考虑 滞后效应	考虑 滞后效应	考虑 滞后效应
货币政策紧缩	−0.017 1*** (−8.96)	−0.015 6*** (−8.14)	−0.026 8*** (−8.75)	−0.026 4*** (−8.87)
货币政策紧缩 * 是否接受审计	0.006 9*** (4.86)	0.004 0*** (5.41)	0.007 9*** (6.12)	0.006 3*** (6.59)
控制变量	控制	控制	控制	控制

资料来源:Lo A K. Accounting credibility and liquidity constraints: evidence from reactions of small banks to monetary tightening. The Accounting Review,2015 (3):1097.

除了 Lisowsky 等(2017)和 Lo(2015)的研究,还有另外两项基于美国借贷市场的研究也能佐证审计质量与银行市值之间的正向关联。

Minnis（2011）发现经审计的财务报告信息更加丰富，并且会显著影响贷款人的决策。具体地，经审计的公司的债务成本明显较低：与未经审计的公司相比，经审计的公司的平均贷款利率低69个基点（根据不同模型和公司特征，为25~105个基点）。

Jiang 和 Zhou（2017）探讨了债务违约后的高质量审计需求，研究发现，债务违约导致了更高质量的审计需求。具体地，违反债务契约的公司在最初违约的年份和最初违约后的三年内，比未违约的同行业公司支付更多的审计费用，高出5%~11%；增加审计费用的违约公司支付的利率比违约前高11个基点。相反，没有增加审计费用的违约公司需要支付的利率比违约前高25个基点，表明审计质量的提高能够减小违约后借款成本的增加幅度。此外，研究还发现违约后审计费用增加的公司会采取更加保守的政策，这表明审计质量的提高有助于减小违约后借款成本增加幅度的一个原因是更好地遏制了管理层的过度投资。

（二）其他国家

公司对债务期限结构的管理是公司市值管理的内容之一。El Ghoul 等（2016）基于1994—2003年来自42个国家的大型上市公司样本，考察了选择四大会计师事务所对公司债务期限的影响，提供了审计质量影响银行市值管理的跨国证据。

首先，研究检验了会计师事务所选择对全球公司债务期限结构的重要性，发现四大会计师事务所客户的债务期限更长。具体结果如表6-11所示，在总样本、美国样本和非美国样本中，四大会计师事务所的选择能够显著延长公司的债务期限。接着，检验了国家法律制度特征是否对会计师事务所选择与公司债务期限之间的关系具有调节作用，发现在法律制度更好的国家，四大会计师事务所的选择更具信息价值，即延长债务期限更加明显，结果如表6-12所示。四大会计师事务所延长公司债务期限的作用在法律制度更完善的样本中更加显著。

表6-11 债务期限与会计师事务所选择

	总样本	美国样本	非美国样本
四大会计师事务所	0.032 4***	0.050 3***	0.036 3***
	(3.48)	(2.61)	(2.38)
控制变量	控制	控制	控制
国家固定效应	控制	控制	控制

资料来源：El Ghoul S, Guedhami O, Pittman J A, et al. Cross-country evidence on the importance of auditor choice to corporate debt maturity. Contemporary Accounting Research, 2016, 33 (2): 732.

表6-12 债务期限、会计师事务所选择与国家法律制度特征

	产权		法律秩序		腐败程度	
	弱	强	劣	优	低	高
四大会计师事务所	−0.032 7	0.062 0***	−0.032 6	0.060 4***	−0.059 7	0.067 3***
	(−0.69)	(4.63)	(−0.73)	(4.30)	(−0.57)	(4.63)
控制变量	控制	控制	控制	控制	控制	控制
国家固定效应	控制	控制	控制	控制	控制	控制
	债权人权力		债务合同效率		信息深度指数	
	弱	强	低	高	低	高
四大会计师事务所	0.032 6	0.057 1***	−0.004 3	0.068 1***	−0.000 2	0.044 0***
	(0.38)	(3.53)	(−0.32)	(3.75)	(−0.74)	(4.18)
控制变量	控制	控制	控制	控制	控制	控制
国家固定效应	控制	控制	控制	控制	控制	控制

资料来源：El Ghoul S, Guedhami O, Pittman J A, et al. Cross-country evidence on the importance of auditor choice to corporate debt maturity. Contemporary Accounting Research, 2016, 33 (2): 735.

第四节 本章结论与建议

一、结论

通过回顾与审计质量对公司市值的影响相关的文献，对比不同国家的大型商业银行市值，分析我国上市银行审计质量与公司市值

之间的关系,我们得出下列结论:

第一,不同国家大型商业银行的市场价值普遍偏低。从市盈率来看,除英国和新加坡外,大部分国家大型商业银行的市盈率在10左右;从市净率来看,不同国家大型商业银行的市净率均在1左右,且均在一定程度上存在大型商业银行市值跌破净资产的情形。

第二,同一会计师事务所在不同国家的大型商业银行客户之间,及同一国家不同会计师事务所的大型商业银行客户之间的市值均存在差异。整体而言,德勤和安永在不同国家的大型商业银行客户的市净率水平整体较高,且不同国家内部差异不大,其次是毕马威;毕马威存在某一市场内的大型商业银行客户市盈率极高,其他市场内的大型商业银行客户市盈率极低的情形。

第三,与其他国家相比,中国大型商业银行的市盈率最低,市净率处于中等水平,且我国上市银行的市盈率和市净率在2009—2022年呈下降趋势。

第四,在我国银行业审计市场中,公司市值与审计质量的关联性不显著。具体表现为:整体来看,非四大会计师事务所银行业客户的市盈率和市净率均高于四大会计师事务所客户,四大会计师事务所内部不存在较大差异。进一步区分大型和非大型商业银行,发现从市盈率来看,市场对非大型商业银行的估值明显更高;从市净率来看,大型商业银行的市值仍高于非大型商业银行(但二者间不存在统计上的显著差异);四大会计师事务所与非四大会计师事务所银行业客户的比较结果并不一致,表明审计质量对投资者的估值无显著影响。

二、建议

上述分析表明,高质量审计和财务报告信息与上市银行市场价值的关联性不显著,在银行业整体估值偏低的情形下,上市银行应从公司经营和内部治理出发,寻求提高市值的解决办法,包括但不限于:

第一，向市场传递积极信号。例如，通过股票回购、内部人增持向市场传递高管对公司未来发展的乐观预期；通过股权激励将高管个人利益与公司股价挂钩，增强管理层关注公司市值的动力等。

第二，积极管理投资者关系。与基金公司、证券分析师等资本市场信息中介建立沟通，积极披露公司财务报告、社会责任报告、组织结构图等信息，主动解答投资者常见问题等，减少公司与投资者之间的信息不对称，从而缩小投资者估值偏差。

第七章　商业银行审计市场格局与联合审计制度

在中国商业银行审计市场上，普华永道遭受了严重的市场危机。受"恒大事件"①影响，包括中国银行、杭州银行、招商银行、民生银行、宁波银行、苏州银行等在内的多家银行，接连宣布不再聘任普华永道或改聘其他会计师事务所负责其审计。2023年3月，德勤因"华融事件"②，

---

① 2024年5月，证监会发布了对恒大地产的行政处罚决定书。经证监会认定，2019—2020年，恒大地产通过提前确认收入进行财务造假，虚增收入5 641.46亿元，虚增利润920.11亿元，在交易所市场面向合格投资者公开发行5期合计208亿元的债券，存在欺诈发行行为。普华永道在2009—2022年均对恒大地产年报出具了标准无保留意见的审计报告，这不仅说明普华永道在对恒大地产的审计过程中未能及时发现并指出其财务问题，更意味着普华永道的职业审计师未表现出审计师应具有的公正性、独立性以及专业性。2024年9月13日，财政部、证监会对恒大地产年报及债券发行审计工作未勤勉尽责案分别作出行政处罚：财政部给予普华永道警告、暂停经营业务6个月、撤销普华永道广州分所的行政处罚，并罚没1.16亿元；证监会对普华永道处以责令改正，并罚没3.25亿元。财政部和证监会对普华永道合计罚没4.41亿元。

② 2023年3月17日财政部官网发布，中国华融资产管理股份有限公司2014—2019年度不同程度存在内部控制和风险控制失效、会计信息严重失真等问题。德勤华永会计师事务所在为其提供审计服务期间，未保持职业怀疑态度，未有效执行必要的审计程序，未获取充分适当的审计证据，存在严重审计缺陷。

其北京分所被暂停经营业务3个月，没收违法所得并处罚款总额2.1亿元。受此影响，2022年以来，多家银行发布公告表示不再聘用德勤负责其审计业务，德勤也在中国商业银行审计市场受到较大冲击。

2024年审计轮换以来，6家国有大型商业银行和12家全国性股份制商业银行中，没有一家银行拟继续聘用普华永道和德勤，大型商业银行审计市场原有的"四大"格局演变为"二大"的新局面。代表性银行简单又直接的解聘或改聘会计师事务所的行为（"一辞了之"）呈现出典型的审计需求的政治保险假说（political insurance hypothesis）倾向，即以简单的解聘当前的"问题审计师"作为解除政治责任与受托责任的基本方法，而忽略这些行为可能对中国商业银行审计市场产生严重的经济后果。普华永道和德勤逐步退出中国商业银行审计市场，使得中国商业银行审计市场加速呈现双寡头垄断的格局。

习近平总书记在中央国家安全委员会第一次会议上首次提出了总体国家安全观。金融安全是国家经济安全的核心，金融审计是服务国家治理、强化金融监管、防范重大风险、深化金融改革的重要手段，是保障国家经济金融安全的内在要求（陈汉文，等，2023）。

我国商业银行审计市场的双寡头垄断格局可能引发国家金融安全风险。受普华永道事件影响，被四大会计师事务所垄断多年的国有大型商业银行审计市场，迎来新的审计模式变革。邮储银行、中国银行、工商银行陆续确定了2024年的审计机构，"国际事务所主审＋本土事务所参审"的新审计模式开始出现，立信、天健等本土会计师事务所首次部分参与国有大型商业银行金融审计业务。这一变化标志着我国商业银行审计市场正在逐步朝着更加专业化和多元化的高质量阶段发展。

为此，本章首先对中国商业银行审计市场的现状进行分析，并基于国家金融安全的视角，对联合审计制度的紧迫性进行较为深入的政策选择研究。本章探讨了如下现实需求，即当前亟须高度关注

"二大"的双寡头垄断格局,亟须扶持本土会计师事务所发展壮大,以实现对国际会计师事务所的最终替代。而在短期内能同时满足这两个现实需求的政策选择便是联合审计(joint audit)制度。在此基础上,本章对商业银行审计市场开展联合审计的制度安排、国际经验、架构设计等进行了系统的研究。

第一节 中国商业银行审计市场双寡头格局与国家金融安全

一、中国商业银行审计市场现状

我国商业银行审计市场长期由四大会计师事务所主导。截至2023年底,我国6家国有大型商业银行、12家全国性股份制商业银行的审计机构均为四大会计师事务所。据不完全统计,2023年,由四大会计师事务所进行审计的银行合计资产规模达到258.45万亿元,占我国银行资产总规模(417.3万亿元)的61.93%,审计费用累计8.79亿元(详见表7-1)。由此可见,四大会计师事务所占据了商业银行审计市场的重要份额,反映出中国商业银行审计市场对四大会计师事务所的高度信赖性。

表7-1 2023年中国大型商业银行的审计构成情况

类别	银行	审计机构	审计费用（百万元）	资产规模（万亿元）
国有大型商业银行	农业银行	毕马威	112	39.87
	交通银行	毕马威	75	14.06
	工商银行	德勤	184	44.70
	邮储银行	德勤	41	15.73
	建设银行	安永	141	38.32
	中国银行	普华永道	205	32.43

续表

类别	银行	审计机构	审计费用（百万元）	资产规模（万亿元）
全国性股份制商业银行	广发银行	安永	6	3.5
	渤海银行	德勤	5	1.73
	恒丰银行	毕马威	—	1.44
	浦发银行	毕马威	7	9.01
	华夏银行	安永	6	4.25
	民生银行	普华永道	10	7.67
	招商银行	德勤	34	11.03
	兴业银行	毕马威	9	10.16
	光大银行	安永华明	10	6.77
	浙商银行	毕马威	7	3.14
	中信银行	毕马威	16	9.05
	平安银行	安永	11	5.59
合计			879	258.45

2024年以来，大型商业银行的审计机构出现了新一轮调整，截至2024年9月18日，6家国有大型商业银行和12家全国性股份制商业银行中的7家银行已陆续与普华永道及德勤解聘、改聘或拟改聘毕马威和安永（如表7-2所示），这一调整让我国商业银行审计市场进一步趋于集中化。这说明，大型商业银行的审计业务由"二大"实现全覆盖，审计市场原有的"四大"格局向"二大"格局转变。

表7-2 2024年大型商业银行的审计机构调整

序号	银行	2023年聘用的会计师事务所	2024年（拟）聘用的会计师事务所
1	工商银行	德勤	安永/毕马威
2	农业银行	毕马威	毕马威
3	建设银行	安永	安永
4	中国银行	普华永道	安永/毕马威
5	邮储银行	德勤	安永/毕马威

续表

序号	银行	2023 年聘用的会计师事务所	2024 年（拟）聘用的会计师事务所
6	交通银行	毕马威	毕马威
7	招商银行	德勤	安永
8	兴业银行	毕马威	毕马威
9	中信银行	毕马威	毕马威
10	浦发银行	毕马威	毕马威
11	民生银行	普华永道	选聘中
12	光大银行	安永	毕马威
13	平安银行	安永	安永
14	华夏银行	安永	安永
15	广发银行	安永	安永
16	浙商银行	毕马威	毕马威
17	渤海银行	德勤	德勤
18	恒丰银行	普华永道	选聘中

二、国家金融安全：亟须高度关注"二大"的双寡头垄断格局

我国商业银行审计市场的双寡头垄断格局极易引发国家金融安全和国家经济信息安全风险。因此，为保障国家金融安全，目前亟须高度关注"二大"的双寡头垄断格局。

Francis 等（2013）的研究结果指出，审计业务过度集中，不利于一个国家的审计质量提高，会引发监管机构和政策制定者的合理担忧。Ahn（2021）发现，在审计市场中占有垄断性份额的会计师事务所会产生更多审计失误，这会降低市场审计质量乃至金融市场稳定性。鲁瑞娟（2017）指出，审计师在执业时容易获取被审计方的大量经济信息，此类信息往往具备战略价值，金融业等特定行业的审计市场高度集中，将导致信息主权弱化进而引发国家经济安全问题。因此，已有研究表明，银行审计市场的过度集中化会对审计质量产生负面影响，还可能威胁国家金融安全乃至国家经济安全。

会计师事务所在审计工作中有可能接触到我国大型商业银行的核心数据，以及特定国家信息，这些数据及信息有可能涉及我国银行业乃至经济体系的运行情况，这将对国家金融体系和经济体系整体安全构成巨大的潜在风险。为了防范国家金融安全风险，至少在当前甚至未来较长的时期内，必须高度平衡国际会计师事务所和本土会计师事务所的业务结构。

以四大会计师事务所为代表的国际会计师事务所凭借其在全球网络、专业团队、先进技术和工具等方面的优势，在复杂金融交易审计和评级机构评级时展现出很高的专业性和市场声誉价值。例如，在银行IPO的审计业务方面，四大会计师事务所往往负责重大或复杂的IPO项目，这也反映了其极强的专业能力。截至2023年底，A股历史上IPO募资额前七家银行的审计机构均为四大会计师事务所（如表7-3所示），这说明四大会计师事务所在银行IPO这一涉及复杂专业知识的审计项目上具有更高的审计专业性和市场认可度。因此，以四大会计师事务所为代表的国际会计师事务所对我国经济社会还具有一定的价值，主要体现在如下方面：

表7-3　A股历史上IPO募资额前七家银行及其审计信息

	募资总额（亿元）	审计及验资费（万元）	审计机构
农业银行	685.29	9 694.00	德勤
建设银行	580.50	—	安永
工商银行	466.44	2 800.00	安永
邮储银行	327.14	2 116.00	普华永道
招商银行	287.00	—	德勤
交通银行	252.04	1 348.00	德勤
光大银行	217.00	4 814.00	毕马威

第一，四大会计师事务所的信号显示机制能够降低我国商业银行在海外市场的融资成本。产品、人才与资本是企业面临的三大竞争。审计需求的信号传递观认为，企业上市融资面临着激烈的竞争，为了能够从竞争中脱颖而出，就必须向市场传递信号以表明自身具

有高素质。这里的信号是指高素质的银行可以低成本地采取某种行动（如审计），而低素质的银行采用同样的行动则会被认为是不理智的或不符合成本效益原则的。

审计是一种可以区分高素质银行与低素质银行的信号显示机制。当一家高素质银行与一家低素质银行同时 IPO 时，它们为了尽可能地使自己的股票具有好价格，会试图向市场展示最优的状态。由于都是首次发行股票，市场很难利用它们过去的业绩对其未来进行预期，这就给它们利用报表粉饰或财务舞弊手段提供了机会，同时市场还可能出现逆向选择的现象。因此对于高素质银行，面对资本市场上激烈的竞争，为了有效避免逆向选择，一种有效的方式就是向市场传递真实的财务信息，通过聘请高质量的审计人员向市场传递其财务报告更具可信性的信号，以区别于低素质银行，从而达到高股票价格、有效融资的目的。

国际、国内学术界的研究成果都表明，四大会计师事务所的品牌和质量优势是得到国内外金融市场和资本市场认可的。Bley 等（2019）的研究表明，经四大会计师事务所审计的银行的融资成本要低于经非四大会计师事务所审计的银行，他们对来自 116 个新兴国家和发达国家的 5 498 家银行在跨国背景下的会计师事务所选择对银行风险承担的重要性进行了调查，发现聘请四大会计师事务所审计的银行风险更低。王华和余冬根（2017）发现，选择高声誉会计师事务所对降低债务融资成本有显著作用；Pittman 和 Fortin（2004）发现，聘请高质量会计师事务所可以通过提高财务报告的可信度来降低债务监控成本，从而使"年轻"的公司降低融资成本。

第二，四大会计师事务所可以降低我国商业银行的境外监管合规成本。我国商业银行的境外经营管理，面临着经营所在地的一系列监管要求，合规成本较高。高质量的外部审计可以降低监管合规成本。例如，洪金明等（2011）发现聘请四大会计师事务所能够降低控股股东的资金占用程度，即证实四大会计师事务所具有更强的外部监督效应；翟胜宝等（2017）发现对于非四大会计师事务所而言，四大会计师事务所针对控股股东股权质押的风险应对行为更加明显；雷光勇等（2009）发现上市公司倾向于选择四大会计师事务所以传递自身公司治理结构良好的信号。

审计具有增信价值。在一定程度上，四大会计师事务所可以为境外监管机构提供增信价值，对银行财务报告的鉴证以及增强资本管理、税务管理、信息系统等的信心都有帮助。拥有国际网络的四大会计师事务所可以利用全球网络中的专业资源，在我国金融机构与境外监管机构的沟通交流中发挥桥梁作用，并通过为国有金融机构的海外分支机构提供专业服务，帮助其完善合规、内控和风险管理体系，避免业务及声誉损失。

第三，四大会计师事务所对我国银行的境外经营管理活动亦有一定的市场价值。

首先是对我国银行的境外牌照和网络资源的维护价值。在国家的支持下，我国大型商业银行通过不懈努力和不菲的成本获得了境外经营网络资源和金融牌照，大型国有商业银行等已在全球主要的金融中心完成了金融服务网络布局，持有商业银行和投资银行等金融服务牌照，参与了主要国际货币的结算清算体系。可以说，中国大型商业银行为我国经济与世界经济相连接提供了金融支持。四大会计师事务所在我国大型银行获取境外牌照和建立经营网络的过程中提供了重要的中介服务支撑。在当前复杂多变的国际环境下，需要维护好国际金融牌照资源和境外经营网络，因此还需要四大会计师事务所提供国际网络资源服务。

其次是对交易对手敞口风险管理的价值。大型商业银行是国际金融与商品期货市场的重要参与者或做市商，其财务报告不仅要满足投资者及监管机构的需要，还要满足交易对手针对交易对手风险管理的信用审查和信息需要。

此外，在复杂的金融衍生产品交易中，大型商业银行为中国大型企业担当了交易中介的角色，为我国企业参与国际金融市场提供金融服务网络支撑。经过四大会计师事务所审计的财务报告是交易对手的必备风险管理资料。高质量审计有助于增强交易对手对于中国金融机构财务信息的信任程度，降低它们面临的信息风险，进而降低中国金融机构在国际金融市场上的交易成本。

第四，四大会计师事务所在银行信用评级和国家主权信用评级方面具有一定的声誉价值。国家主权信用评级关系一国金融安全和稳定，评级等级的骤然下调会引发市场恐慌甚至金融震荡（李若杨，2024）。因此，我国非常重视信用评级体系的自主建设和维护。

在当前的银行信用评级中，信用评级在一定程度上是评级机构依据经审计的财务信息如盈利能力、偿债能力等得出的结果（方红星，等，2013）。朱松（2013）发现聘请四大会计师事务所审计的企业得到了更多债券市场参与者的认可，即评级机构给予由"四大"参与审计的企业更高的信用评级，且债券投资者要求的投资收益更低，债券融资成本更低。陈超和李熔伊（2013）发现当上市公司的审计事务所为四大会计师事务所之一时，公司债的债券评级和主体评级更高。这表明，从评级机构的视角看，四大会计师事务所具有一定的市场价值。

三、国家金融安全：亟须扶持本土会计师事务所发展壮大

尽管近年来国内本土会计师事务所的市场份额有所增长，且占据上市公司整体近70%的审计费用，但其业务能力与事务所业务体量之间有一定的不平衡性。通过对比四大会计师事务所与非四大会计师事务所的审计质量、审计效率以及审计收费（溢价能力），可以发现，相较于四大会计师事务所，本土会计师事务所的业务能力还有较大的发展空间，短期内难以完全承接四大会计师事务所的市场份额。

审计市场的适度分散化和本土会计师事务所的发展壮大有利于维护我国的金融安全与金融稳定，因此，长远来看，亟须扶持本土会计师事务所发展壮大，以实现对四大会计师事务所的最终替代。

在审计质量方面，四大会计师事务所凭借资源优势和专业化背景，其审计质量在短期内与本土会计师事务所相比仍有微弱的优势。2019—2023年会计师事务所违规处罚案例中（见表7-4），四大会计师事务所仅受到5次来自证监会及证券交易所的违规处罚，且均为出具警示函，属于处罚力度最轻的类别；而本土会计师事务所累计受到525次处罚，包括批评、警告、谴责、罚款及没收非法所得等更为严厉的监管处罚，部分会计师事务所甚至同时被处以多项处罚。

表7-4 2019—2023年会计师事务所违规处罚情况汇总

	批评	警告	谴责	罚款	没收非法所得	其他	违规处罚总次数
四大会计师事务所	0	0	0	0	0	5	5
本土会计师事务所	13	7	3	70	65	485	525

资料来源：会计师事务所及会计师违规数据来源于CSMAR数据库、证券交易所以及证监会公开发布的处理文件。

此外，根据财政部每年开展的财会监督专项行动，本土会计师事务所被发现的违规行为更多，2023年财政部组织各地财政厅（局）对2 161家会计师事务所开展检查，各地财政厅（局）对197家中小会计师事务所、509名注册会计师做出行政处罚[①]。

在审计效率方面，2019—2023年，对比四大会计师事务所与本土会计师事务所每一单位审计收费所审计的上市企业资产，发现四大会计师事务所每一单位审计收费所审计的上市企业资产约为本土会计师事务所的10倍（如表7-5所示）。例如，2023年在本土会计师事务所市场份额提升的背景下，四大会计师事务所每一单位审计收费所审计的上市企业资产为11.71万元，而本土会计师事务所每一单位审计收费所审计的上市企业资产为1.01万元，两者之间存在一定的差异，说明短期内本土会计师事务所的审计效率与四大会计

---

① 《中华人民共和国财政部会计信息质量检查公告》（第四十五号）。

师事务所尚有差距。

表7-5 四大会计师事务所与本土会计师事务所的审计效率比较

	2019年	2020年	2021年	2022年	2023年
①四大会计师事务所每一单位审计收费所审计的上市企业资产（万元）	8.35	9.24	10.01	10.09	11.71
②本土会计师事务所每一单位审计收费所审计的上市企业资产（万元）	0.97	1.00	0.92	1.01	1.01
①/②	8.60	9.29	10.89	9.95	11.55

除审计质量与审计效率的差距之外，四大会计师事务所与本土会计师事务所在审计收费溢价能力上也存在差异。四大会计师事务所年人均审计收费以及年所均审计收费均明显高于本土会计师事务所，如表7-6所示。其中，四大会计师事务所的年人均审计收费最高为本土会计师事务所的5.71倍，年所均审计收费最高是本土会计师事务所的6.88倍，这说明国内本土会计师事务所的实际审计收费溢价能力与四大会计师事务所也存在一定差距。

表7-6 四大会计师事务所与本土会计师事务所的审计收费溢价能力比较

年度	年人均审计收费			年所均审计收费		
	①四大会计师事务所（元）	②本土会计师事务所（元）	①/②	③四大会计师事务所（元）	④本土会计师事务所（元）	③/④
2019	7 952.86	1 393.23	5.71	526 676.40	82 025.10	6.42
2020	5 575.03	1 062.88	5.25	438 572.02	63 722.35	6.88
2021	5 502.63	1 393.23	3.95	405 222.82	82 025.10	4.94
2022	5 366.59	1 119.98	4.79	380 471.08	62 382.22	6.10
2023	4 182.07	1 040.19	4.02	355 325.98	63 236.31	5.62

注：考虑到事务所年度内的审计业务数量，各事务所单个业务的注册会计师年人均审计收费计算方法为：（事务所年度审计收费/审计业务数量）/事务所注册会计师总人数，并在此基础上求得四大会计师事务所及本土会计师事务所均值。"年所均审计收费"的计算原理相同。

第二节 联合审计制度

一、最优的政策选择

基于国家金融安全，当前亟须高度关注中国商业银行审计市场的双寡头垄断格局，亟须扶持本土会计师事务所发展壮大，以实现对四大会计师事务所的最终替代。而短期内能同时满足这两个现实需求的政策选择便是联合审计制度。

在当前的审计模式中，虽然存在审计轮换，但本质上是由一家审计机构独立承担一家企业的审计业务。这一审计模式存在固有缺陷，因此世界各国对审计模式的改革进行了持续的探索。

美国曾提出财务报表保险（financial statement insurance，FSI）制度[①]，但因其会加长委托代理链条和加剧信息不对称等而未被最终采纳。为提高审计独立性与审计质量，世界各国已发展出二次审计（duplicate audit）、双重审计（dual audit）以及联合审计三种审计模式，如表7-7所示。

表7-7 三种审计模式比较

	二次审计	双重审计	联合审计
参审事务所数量	2家	2家	2家及2家以上
审计时点	先后开展	同时开展	同时开展
审计报告数量	2份	2份	1份
审计工作是否重叠	是	否	否

---

① 罗恩教授在2002年提出建立财务报表保险制度，即上市公司不再直接委托会计师事务所对其财务报表进行审计，而是选择向保险公司购买财务报表保险，由保险公司选聘审计师。一旦因为财务报表中的不实陈述或漏报给投资者造成了经济损失，保险公司将承担向受损投资者进行赔偿的责任。

（1）二次审计，是指由另一家独立的审计机构对已经完成审计工作的财务报告进行复核和重新审计。此模式可以理解为重新审计，当审计机构对被审计单位出具了非标意见时，被审计单位有可能通过更换会计师事务所进行重新审计等行为来改善审计意见，以消除不利影响（刘成立和吴柳，2019）。当然，前后两次完全重复的审计工作增加了审计业务的烦琐程度和不必要性，审计成本较高。

（2）双重审计，是指一家企业为了增强其财务报告的准确性和可靠性，同时雇用两家不同的会计师事务所进行审计。两家会计师事务所各自负责不同的审计范围（如财务报告审计或内部控制审计），并在完成审计后分别出具独立的审计报告（Holm & Thinggaard, 2018）。

（3）联合审计[①]，是由两个或两个以上审计机构共同对同一企业的财务报告进行法定审计，并在同一审计报告上签字。在国际范围内，出于提高审计质量、审计师独立性和维护金融安全以及降低市场集中度的考虑，部分国家的立法机构和经济主体实施了联合审计。联合审计的支持者认为，联合审计是审计治理的一种高级模式，增强了审计独立性和审计师在与被审计实体意见不同的情况下坚持自己立场的能力，从而能提高审计质量。同时，对比二次审计与双重审计，联合审计的职责分配还可以降低重复审计的工作量，提高审计效率。

我国目前还未有明确的联合审计制度，对于联合审计的初步探索表现为：当前部分集团公司及子公司通过开展"主审＋参审"的审计模式，让更多会计师事务所参与审计环节，但最后由一家会计师事务所发表意见。邮储银行进行了初步尝试，2024年8月下旬审计招标结果显示，该行2024—2028年会计师事务所选聘采购项目分为"包1"和"包2"。"包1"为主审会计师事务所，"包2"为参审

---

① 联合审计需要区别于同一审计机构的两个合伙人签署审计报告的审计模式。

会计师事务所,第一中标候选人分别为毕马威和天健。

总体而言,三种审计模式都提高了会计师事务所的参与程度,在不同程度上提高了审计独立性。相较于二次审计,联合审计可以提高审计工作效率;相较于双重审计,联合审计通过在同一审计报告上签字,体现了不同会计师事务所之间的制约和监督,能提升审计独立性进而提高审计质量。联合审计的潜在效应在于可以在审计过程中调动国内本土会计师事务所缩小与国际会计师事务所在审计资源和审计能力方面的差距,发挥国际会计师事务所对本土会计师事务所的审计带动效应。

因此,为避免审计市场集中化引发国家金融安全和国家经济安全风险,充分考虑到国际会计师事务所的专业性及国际声誉价值,当前应在总体上维持国际会计师事务所在中国商业银行审计市场的参与度,同时需积极提升国内本土会计师事务所的业务能力和市场份额,而联合审计制度无疑是上述"难题"的最优解。

二、制度安排与国际经验

目前,世界范围内部分国家或地区已有针对银行业开展联合审计制度的多年实践,其初衷是提高银行审计质量,同时削弱国际大型会计师事务所对本土会计师事务所的业务冲击。根据 IFAC 和英格兰及威尔士特许会计师协会(ICAEW)的数据,有超过 55 个司法管辖区开展了不同程度的联合审计。部分地区如奥地利、德国、英国等,允许被审计公司自愿选择联合审计。部分地区明确要求对银行业开展联合审计。法国自 1966 年以来要求对所有上市公司进行联合审计。丹麦 1930—2005 年要求对所有上市公司进行联合审计。阿尔及利亚、刚果(布)、印度、科特迪瓦和科威特对特定类型的公司或部门实体(如银行和国有企业)实施强制性联合审计。加拿大 1923—1991 年对银行业实施了强制性联合审计。

(一)会计师事务所组合与工作分配

会计师事务所的组合与工作分配是开展银行业联合审计的首要

第七章　商业银行审计市场格局与联合审计制度

步骤。无论是对银行业开展的强制性联合审计还是自愿性联合审计，均倡导采用"大型＋非大型"会计师事务所的团队构成。联合审计的工作分配，则是指参与联合审计的会计师事务所在制定并同意业务的总体审计策略、共同制订审计计划的基础上，就待执行工作的分配达成书面协议并执行。

（1）在会计师事务所组合方面，"大型＋非大型"会计师事务所的构成可以充分调动不同规模事务所的审计优势，也可以发挥大型会计师事务所对非大型会计师事务所的带动作用，推动本土中小型会计师事务所的发展。

出于审计质量以及降低市场集中度的考虑，倡导对银行业实施联合审计的地区鼓励更多"大型＋非大型"的组合，例如，2010年欧盟委员会绿皮书在建议开展地区联合审计中提倡至少任命一家非系统性（"非大型"）会计师事务所与一家较大的会计师事务所组合，英国竞争与市场管理局（Competition and Markets Authority，CMA）提议350家最大的上市公司要么开展联合审计，并且其中一家为非大型会计师事务所，要么指定非大型会计师事务所作为其唯一审计机构，目标是使非大型会计师事务所能够提高能力和扩大规模，以更有效地与大型会计师事务所合作或竞争。在要求特定行业开展联合审计的地区，瑞典金融监管局规定在银行业等行业开展联合审计。

（2）在联合审计的工作分配方面，大部分地区强调遵循"实质参与"与"平衡分担"两个原则。"实质参与"是指联合审计要求两家事务所都对那些高度实质性和/或涉及高水平专业判断的领域（如实体的持续经营状况）进行审计。[①] 例如，新加坡在《审计指导说明》（Audit Guidance Statement 10，AGS 10）中指出，联合审计的会计师事务所应分别确保各自的工作分配涵盖被审计单位财务报告

---

① 具体可参考英国CMA 2019年发布的《强制性审计服务市场研究》（Statutory Audit Services Market Study）。

的重要组成部分。"平衡分担"是指无论工作分配的基础如何,都应使联合审计的每个事务所达到平衡。

具体来说,联合审计的工作分配既需要考虑到参与审计的事务所的特征和差异,又需要使得审计分配的任务满足联合审计对审计独立性的要求。法国专业执业标准 NEP-100 明确要求两个联合审计的会计师事务所之间平衡审计工作分配以确保有效的双重控制机制(Gonthier-Besacier & Schatt, 2007)。

然而在实践过程中,联合审计的具体工作分配可能受到审计组合的影响。比如,较小的会计师事务所并不总是拥有充分的资源来为大型、业务多元化和经营范围分散的公司进行大部分审计工作,从而可能导致联合审计的各方之间工作份额不平衡。因而,不同地区对于联合审计工作分配的具体依据给出了不同要求或参考建议,详见表7-8。

表7-8　代表性地区对联合审计工作分配的规定及建议

工作分配	相关规定及建议
英国	CMA 在联合审计建议中指出,审计委员会应确保两个联合会计师事务所的工作份额相对平均,每个会计师事务所通常至少收取 30% 的审计费用,即任何一方的工作分配不应低于审计业务总量的 30%。从长远来看,每一项审计工作分配都应实现平衡的工作份额,随着联合审计市场的成熟,建议监管机构考虑在中期将最低分配比例上调至 40%
新加坡	AGS 10 指出,联合审计各方可以按照业务单位、子公司、地理位置、资产负债项目或收支项目进行分工
法国	NEP-100 规定:审计工作应在"平衡分担"原则的基础上,按照定性或定量方式在联合审计的会计师事务所之间分配。如果使用定量方式,则可以参照完成审计所需的估计工作时数进行分配。如果采用定性方式,则可以参照联合审计各方的资格和经验水平进行分配

(二) 单一审计意见与责任承担

参与联合审计的会计师事务所应共同或分别负责对应的审计工

作,但联合审计要求针对财务报告发表由联合审计双方共同签名的单一审计意见,并就单一审计意见承担连带责任。

联合审计的审计报告基于对所获得的充分、适当的审计证据(包括所有参与联合审计的审计师所做的工作)的评估得出结论,以对审计结果形成审计意见。绝大部分地区规定联合审计应出具单一审计意见,如 AGS 10 指出联合审计各方应当对财务报告发表单一审计意见,并在单一审计报告上共同签字。法国 NEP-100 指出,联合审计所表达的审计意见为单一审计意见。

当对联合审计意见存在分歧时,即参与联合审计的事务所对审计意见的形成有不同意见时,应作特别规定和说明。事实上,几乎没有非单一审计意见。因此,联合审计的审计意见往往是由双方协商并统一的。若对于审计意见产生分歧,则联合审计各方应尽可能在最终确定审计报告之前解决分歧,具体包括:(1)联合审计师应制定解决与其他联合审计师意见分歧的政策和程序,有效的程序鼓励在早期阶段识别意见分歧,为后续步骤提供明确的指导方针,并要求记录有关解决分歧和实施后续步骤的文件。(2)如果联合审计师之间的意见分歧无法解决,则联合审计师应尽快通知管理层和/或负责治理的人员。(3)在无法统一审计意见的极少数情况下,联合审计师必须考虑是否退出。

联合审计的各参与方需要就单一审计意见承担连带责任。英国 CMA 在提倡联合审计时也强调,审计意见和审计责任应由参与联合审计的各方共同负责。参与联合审计的各方都需要对单一审计意见的签字承担连带责任,且对其他联合审计师的工作负责,不得声称不了解其他联合审计师的工作而推卸责任。

(三)审计成本和审计质量控制

对联合审计的实践担忧主要源于联合审计是否会带来更高的审计成本以及如何满足社会对审计质量的要求。欧盟委员会绿皮书就联合审计成本提出建议,指出联合审计应将审计费用控制在与单一审计情况下相同的水平,联合审计产生的额外成本应由联合审计的双方来承担，不应将不必要的成本体现在审计费用上。不过实际上仍存在审计收费溢价（Ittonen & Trønnes，2015）。欧盟也在建议中要求参与联合审计的四大会计师事务所与非四大会计师事务所分享审计技术，以进一步提高联合审计质量，降低联合审计成本。

对于联合审计的质量控制，主要是在承担连带责任的基础上，开展交叉审查。承担连带责任可以激励联合审计各方高标准地对彼此的工作进行交叉审查。联合审计各方的交叉审查主要是针对财务报告的重大风险领域。法国、欧盟、新加坡等开展联合审计的地区都强调了交叉审查的必要性。法国指出，交叉审查应特别考虑对被审计实体的了解、对账目异常风险的评估以及其他联合审计师所开展的工作；欧盟强调在交叉审查环节，审计师应运用批判性思维，评估双方是否遵循了共同决定的审计方法以及是否按照规范要求实施了控制，是否获得了充分且适当的证据以支持所得出的结论，并且审计业务的审计摘要备忘录和工作底稿档案须接受同行评审。新加坡在 AGS 10 中指出，交叉审查应涵盖以下几方面：是否已执行规划阶段确定和商定的、由其他联合审计师执行的审计程序；是否从所执行的审计程序中获取了充分、适当的审计证据作为审计意见的基础；其他联合审计师的结论在总体上是否适当且一致。

（四）自愿性联合审计的激励措施

相较于某些地区对银行业实施的强制性联合审计，更多地区采用自愿性联合审计。这些地区为了鼓励更多地开展联合审计，往往会对采用联合审计的企业制定更多的激励措施，主要包括延长强制性审计任期、设立招标基金以支付对非大型会计师事务所的招标费用，从而增强企业参与联合审计的积极性。

以欧盟为例，正常情况下审计任期最长不能超过 10 年，但是欧盟为鼓励开展联合审计，建议同时聘用一家以上会计师事务所并按照规定提交联合审计报告的企业，可以将审计任期延长至 24 年。设立招标基金，是指为鼓励联合审计，政府层面设立招标基金，从而缓解资金压力。CMA 的市场研究发现，设立招标基金以支付对非大型会计师事务所的招标费用，可以有效鼓励非大型会计师事务所参与联合审计。

第三节　我国商业银行联合审计制度的架构设计

在我国，开展自愿性联合审计需要更高的市场成熟度和配套制度。鉴于银行业在我国金融及经济体系中的重要地位，考虑到我国商业银行审计市场缺乏联合审计前期基础和市场成熟度有限，开展强制性联合审计也许更为现实。因此，为了提高审计独立性，保障商业银行审计质量，对银行业实施强制性联合审计成为必要的监管手段。

考虑到我国商业银行审计市场的现状，提出"国际＋本土"的联合审计架构设计，包括会计师事务所的组合及选聘、审计工作分配和责任承担、审计成本和质量控制等内容。一方面利用多年服务于中国市场的国际会计师事务所的品牌效应与国际声誉价值，另一方面尽可能提高商业银行审计市场的多元化水平，扶持本土会计师事务所以适当降低商业银行审计市场集中度。

一、会计师事务所的组合及选聘

在强制性联合审计的背景下，为了提高本土中小型会计师事务所的参与度，采用"国际＋本土"的会计师事务所组合，根据会计师事务所的业务熟悉度和参与度确定会计师事务所在联合审计中的相对地位，即"主审"或"参审"。

具体来说，可以选择经验更为丰富的国际会计师事务所作为主审，根据其资源优势分配审计工作并相应收取审计费用；对于相对缺乏审计背景和经验的本土会计师事务所，可以选择其以参审的地位参与联合审计，分配审计工作并相应收取审计费用。随着本土会计师事务所逐渐成熟，本土会计师事务所同样可以作为主审，由国际会计师事务所作为参审进行联合审计。

建议的联合审计会计师事务所组合详见表7-9。

表7-9 会计师事务所的组合及地位

		参审	
		国际	本土
主审	国际	不允许	允许
	本土	允许	不允许

当前我国会计师事务所选聘主要通过招标及银行指定的方式开展，对于联合审计的相关会计师事务所的选聘方式，建议可采用：

(1) 单独招募，指采用两个分包的方式，根据主审会计师事务所及参审会计师事务所的审计要求分别招募，应聘成功的会计师事务所可以在充分协商的基础上开展联合审计规划，进一步明确地位和工作分配。

(2) 联合招募，指根据审计要求以两家会计师事务所的联合审计方案为应标要求，要求会计师事务所自行组队报名参与投标。这种选聘方式便于会计师事务所寻求与自己协作性更高的合作者来共同应聘，降低后期联合审计的磨合成本。

二、审计工作分配和责任承担

如前所述，联合审计应秉持"实质参与"与"平衡分担"两个工作分配原则。在采用"主审＋参审"的审计模式下，"实质参与"并不意味着参审方只需要负责非实质性的审计工作，联合审计双方均应对那些高度实质性和涉及高水平专业判断的领域进行审计，双方应分别确保各自的工作分配涵盖被审计单位财务报告的重要组成部分。"平衡分担"并不等同于"平均分担"，而是要求主审及参审事务所根据自身的资源优势、专业胜任能力，尽可能平衡审计工作的体量。

在此原则下，参考法国强制性联合审计的已有流程，联合审计在具体开展时应由双方共同确定以下内容并签订相关协议：(1) 年度审计目标和审计方法，包括制订基于风险的联合审计计划，共同发布联合审计说明以及审计程序手册。(2) 联合审计工作要点及分配。

第七章　商业银行审计市场格局与联合审计制度

(3) 审计分歧发生的应对方案。联合审计双方应就审计过程中可能出现的审计分歧进行前期讨论，以确保后期审计工作的有效落实。

由于国际会计师事务所与本土会计师事务所在总体审计质量上存在暂时性差异，需要进一步明确审计工作分配以及责任承担。可借助定性或定量方法进行工作分配，此部分内容前文已有述及，此处不再赘述。

三、审计成本和质量控制

考虑到联合审计的双方在审计技术、能力上的差异以及协商过程会增加审计成本进而影响审计质量，对于审计成本的控制应以不额外增加审计费用为目标，由审计双方分担额外审计费用。

在具体操作中，应通过严格控制审计程序、优化审计项目组织工作、进行预算控制、建立节约奖励制度来确保审计流程的有序进行和把控成本。例如，通过促进审计资源整合，统一技术手段和工具，提高审计工作的效率和准确性；在不影响审计独立性的前提下，工作分配及安排要尽可能就近就地；对审计人员进行专门及联合培训，提高其专业技能和效率。通过这些措施的有效实施，可以在确保审计质量的前提下降低审计成本。

在此基础上，为进一步提升联合审计的审计质量，应确保审计人员的专业性和独立性，加强审计过程中的沟通和协作。同时，需要强化审计质量评估和监控，引入外部监督和评价体系，即鼓励引入独立的第三方机构对联合审计的审计工作进行监督和评价。

第四节　本章结论与建议

一、结论

当前，由于"恒大事件"和"华融事件"的影响，我国商业银行审计市场格局从"四大"转向"二大"。这意味着二大会计师事务所将承担60%以上的银行资产审计业务，这可能带来国家金融安全、国家经济安全的潜在风险以及诱发主权信用评级变动的风险。为此，本章基于国家金融安全的视角，对联合审计制度的紧迫性进行了较为深入的研究。

本章的分析表明，当前亟须高度关注我国商业银行审计市场的双寡头垄断格局，亟须扶持本土会计师事务所发展壮大，以实现对国际会计师事务所的最终替代。而在短期内能同时满足这两个现实需求的政策选择便是联合审计制度。

二、建议

联合审计是审计治理模式的一种高级形式，可以提高审计质量和防范国家金融安全风险，并降低重复审计的工作量，提高审计效率。世界范围内的联合审计制度由来已久，在我国情境下如何针对银行业有序、有效开展联合审计还需要考量更多因素。

本章建议针对银行业开展强制性联合审计，搭建"国际＋本土"会计师事务所的审计组合，在会计师事务所的组合与选聘、审计工作分配与责任承担、审计成本和质量控制等审计关键要素上提供配套操作方案，以建立有利于商业银行审计市场发展的联合审计制度。

参考文献

[1] 陈超, 李镕伊. 审计能否提高公司债券的信用评级. 审计研究, 2013 (3): 59-66, 80.

[2] 陈汉文, 张笛, 韩洪灵. 国家审计与国家安全: 逻辑必然与实现路径. 会计之友, 2023 (23): 2-11.

[3] 陈汉文, 韩洪灵. 审计理论与实务. 北京: 中国人民大学出版社, 2019.

[4] 陈丽红, 易冰心, 张龙平. 异常审计费用与关键审计事项披露. 审计研究, 2022 (2): 60-70.

[5] 陈丽红, 周佳, 张龙平, 等. 非正式审计团队规模与关键审计事项披露. 会计研究, 2022 (11): 139-154.

[6] 陈信元, 夏立军. 审计任期与审计质量: 来自中国证券市场的经验证据. 会计研究, 2006 (1): 44-53.

[7] 陈旭霞,吴溪,杨育龙. 审计师成为客户高管前对未来雇主的审计更宽松吗?. 审计研究,2015（1）：84-90.

[8] 方红星,施继坤,张广宝. 产权性质、信息质量与公司债定价：来自中国资本市场的经验证据. 金融研究,2013（4）：170-182.

[9] 龚启辉,王善平. 审计师轮换规制效果的比较研究. 审计研究,2009（3）：81-90.

[10] 韩冬梅,张继勋,杨雪梅. 关键审计事项结论性评价与审计师感知的审计责任：一项实验证据. 审计研究,2020（6）：51-58.

[11] 韩维芳. 审计市场结构与审计结果：以地区为视角. 会计与经济研究,2015,29（5）：71-87.

[12] 洪金明,徐玉德,李亚茹. 信息披露质量、控股股东资金占用与审计师选择：来自深市A股上市公司的经验证据. 审计研究,2011（2）：107-112.

[13] 胡志颖,卢芳,宋云玲. 披露关键审计事项会影响银行信贷条款设置吗?. 审计研究,2023（1）：112-122.

[14] 江伟,李斌. 审计任期与盈余价值相关性：基于签字注册会计师任期的经验研究. 审计与经济研究,2007（5）：51-56.

[15] 雷光勇,李书锋,王秀娟. 政治关联、审计师选择与公司价值. 管理世界,2009（7）：145-155.

[16] 李科,徐龙炳,朱伟骅. 卖空限制与股票错误定价：融资融券制度的证据. 经济研究,2014,49（10）：165-178.

[17] 李若杨. 主权信用评级对国家金融安全的影响研究. 西南金融,2019（10）：13-20.

[18] 李婉丽,仪明金. 时间压力、知识异质性与审计团队判断绩效. 审计与经济研究,2012,27（1）：24-29.

[19] 李心愉,赵景涛,段志明. 审计质量在股票定价中的作用研究：基于我国A股市场的分析. 审计研究,2017（4）：39-47.

[20] 廖义刚,冯琳磬. 审计师合作关系网络、跨所流动与行政处罚溢出效应. 审计研究,2023（3）：98-111.

[21] 廖义刚, 黄伟晨. 非正式审计团队与审计质量: 基于团队与社会网络关系视角的理论分析与经验证据. 审计研究, 2019 (4): 66-74.

[22] 刘斌, 王雷. 制度环境, 审计市场集中度与审计质量. 审计与经济研究, 2014, 29 (4): 22-29.

[23] 刘成立, 吴柳. 重新审计: 上市公司改善审计意见的一剂良药?: 基于*ST 弘高的分析. 财务与会计, 2019 (5): 48-50.

[24] 刘继红, 于鹏. 审计师跨国专长与跨国企业盈余操纵. 审计研究, 2022 (2): 107-116.

[25] 刘洁, 毕秀玲. 签字注册会计师搭档异质性特征与审计意见研究: 基于媒体报道利用视角. 北京工商大学学报 (社会科学版), 2019, 34 (3): 62-73.

[26] 刘明辉, 李黎, 张羽. 我国审计市场集中度与审计质量关系的实证分析. 会计研究, 2003 (7): 37-41.

[27] 刘启亮. 事务所任期与审计质量: 来自中国证券市场的经验证据. 审计研究, 2006 (4): 40-49.

[28] 刘行, 赵弈超. 投资者真的不能对会计-税收差异正确定价吗: 基于加速折旧税收优惠政策的考察. 会计研究, 2023 (1): 92-107.

[29] 卢锐, 张亚楠, 蔡贵龙. 社交媒体、公司传闻与股价冲击: 来自东方财富股吧论坛的经验证据. 会计研究, 2023 (4): 59-73.

[30] 鲁瑞娟. 审计与国家经济安全研究. 北京: 首都经济贸易大学, 2017.

[31] 罗春华, 唐建新, 王宇生. 注册会计师个人特征与会计信息稳健性研究. 审计研究, 2014 (1): 71-78.

[32] 马黎珺, 吴雅倩, 伊志宏, 等. 分析师报告的逻辑性特征研究: 问题、成因与经济后果. 管理世界, 2022, 38 (8): 217-234.

[33] 潘临, 郝莉莉, 张龙平. 签字会计师执业经验与会计信息可比性: 来自中国证券市场的经验证据. 审计与经济研究, 2019,

34 (4): 44-56.

[34] 沈玉清, 戚务君, 曾勇. 审计任期、公司治理与盈余质量. 审计研究, 2009 (2): 50-56.

[35] 施丹, 程坚. 审计师性别组成对审计质量、审计费用的影响: 来自中国的经验证据. 审计与经济研究, 2011, 26 (5): 38-46.

[36] 时昊天, 石佳然, 肖潇. 注册制改革、壳公司估值与盈余管理. 会计研究, 2021 (8): 54-67.

[37] 史文, 叶凡, 刘峰. 审计团队: 中国制度背景下的研究视角. 会计研究, 2019 (8): 71-78.

[38] 汤泰劼, 马新啸, 宋献中. 财务报告重述与金融市场稳定: 基于股价崩盘风险的视角. 会计研究, 2021 (11): 31-43.

[39] 田高良, 陈匡宇, 齐保垒. 会计师事务所有基于关键审计事项的审计风格吗: 基于中国上市公司披露新版审计报告的经验证据. 会计研究, 2021 (11): 160-177.

[40] 王华, 余冬根. 会计信息质量、审计师选择与债务融资成本: 基于中国 A 股上市公司的经验证据. 会计之友, 2017 (2): 53-59.

[41] 王娟, 高燕. 三个审计师签字与盈余反应系数. 审计研究, 2023 (4): 129-138, 160.

[42] 王良成, 董霖, 杨达理, 等. 性别差异、职业阶段与审计独立性. 审计与经济研究, 2014, 29 (b): 32-41.

[43] 王生年, 宋媛媛, 徐亚飞. 审计师行业专长缓解了资产误定价吗?. 审计研究, 2018 (2): 96-103.

[44] 王晓珂, 王艳艳, 于李胜, 等. 审计师个人经验与审计质量. 会计研究, 2016 (9): 75-81.

[45] 魏志华, 曾爱民, 吴育辉, 等. IPO 首日限价政策能否抑制投资者"炒新"?. 管理世界, 2019, 35 (1): 192-210.

[46] 吴汉洪. 西方产业组织理论在中国的引进及相关评论. 政治经济学评论, 2019, 10 (1): 3-21.

[47] 吴倩, 陈露丹, 吕文岱. 签字注册会计师相对年龄效应与

审计质量. 审计研究, 2021 (1): 94-105.

[48] 吴伟荣, 李晶晶, 包晓岚. 签字注册会计师过度自信、政府监管与审计质量研究. 审计研究, 2017 (5): 70-77, 86.

[49] 吴溪, 王晓, 姚远. 从审计师成为客户高管: 对旋转门现象的一项案例研究. 会计研究, 2010 (11): 72-80, 97.

[50] 武恒光, 张龙平, 马丽伟. 会计师变更、审计市场集中度与内部控制审计意见购买: 基于换"师"不换"所"的视角. 会计研究, 2020 (4): 151-182.

[51] 谢盛纹, 闫焕民. 事务所轮换与签字注册会计师轮换的成效对比研究. 审计研究, 2014 (4): 81-88, 112.

[52] 徐业坤, 郑秀峰. 审计市场竞争加剧能改善审计质量吗?: "备案制"实施的准自然实验. 审计研究, 2024 (1): 89-101.

[53] 闫焕民, 刘宁, 陈小林. 事务所转制是否影响审计定价策略: 来自我国上市公司的经验证据. 审计研究, 2015 (5): 93-101.

[54] 闫焕民, 王浩宇, 张文. 审计师任期交错与审计意见决策: 基于项目团队与业务团队的双维视角. 审计研究, 2019 (5): 112-119.

[55] 闫焕民, 王子佳, 吴益兵. 职业晋升与审计质量能够"职质同趋"吗: 来自审计师晋升合伙人的经验证据. 会计研究, 2023 (2): 181-192.

[56] 闫焕民, 严泽浩, 刘宁. 审计师搭档稳定性与审计质量: 基于团队视角的研究. 审计研究, 2017 (6): 76-83.

[57] 杨世鉴, 甄玉晗, 胡国强. 关键审计事项披露对内部控制缺陷披露的溢出效应: 基于新审计报告准则实施的准自然实验. 审计研究, 2022 (5): 118-128.

[58] 易玄, 吴蓉. 市场准入放松、审计市场竞争强度与审计质量. 审计研究, 2023 (5): 120-133.

[59] 袁德利, 许为宾, 陈小林, 等. 签字会计师-高管乡音关系与审计质量. 审计研究, 2018 (2): 113-121.

[60] 翟胜宝,许浩然,刘耀淞,等.控股股东股权质押与审计师风险应对.管理世界,2017(10):51-65.

[61] 张金丹,路军,李连华.审计报告中披露关键审计事项信息有助于提高审计质量吗?:报表盈余和市场感知双维度的经验证据.会计研究,2019(6):85-91.

[62] 张俊生,汤晓建,曾亚敏.审计费用信息隐藏与审计质量:基于审计独立性和投资者感知视角的研究.会计研究,2017(8):88-93,95.

[63] 张新一,崔宸瑜,谢德仁.分红都是为了回报投资者吗:净资产收益率考核与分红动机异化.会计研究,2021(8):107-123.

[64] 赵刚,江雨佳,马杨,等.新审计准则实施改善了资本市场信息环境吗?:基于分析师盈余预测准确性的研究.财经研究,2019,45(9):114-126.

[65] 赵宣凯,何宇.黎明前的疯狂:盈余公告前的投机泡沫:基于异常交易量的视角.会计研究,2021(10):28-42.

[66] 赵艳秉,张龙平.审计质量度量方法的比较与选择:基于我国A股市场的实证检验.经济管理,2017,39(5):146-157.

[67] 赵宜一,赵嘉程.审计市场结构与客户商誉减值.会计研究,2021(12):162-174.

[68] 周冬华,周红,赵玉洁.审计任期、审计质量与投资者反应:来自中国证券市场的经验证据.审计研究,2007(6):67-73.

[69] 周泽将,汪帅,王彪华.经济周期与金融风险防范:基于股价崩盘视角的分析.财经研究,2021,47(6):108-123.

[70] 周中胜,贺超,邵蔚.关键审计事项披露与审计费用.审计研究,2020(6):68-76.

[71] 朱松.债券市场参与者关注会计信息质量吗.南开管理评论,2013,16(3):16-25.

[72] Agoglia C P, Doupnik T S, Tsakumis G T. Principles-based versus rules-based accounting standards: the influence of

standard precision and audit committee strength on financial reporting decisions. The Accounting Review, 2011 (3): 747-767.

[73] Ahn B H, Patatoukas P N, Skiadopoulos G S. Material ESG Alpha: a fundamentals-based perspective. The Accounting Review, 2024, 99 (4): 1-27.

[74] Ahn J. The effects of audit-firm monopolies within local audit markets. Northeastern U. D'Amore-McKim School of Business Research Paper, 2021.

[75] Akbas F, Jiang C, Koch P D. The trend in firm profitability and the cross-section of stock returns. The Accounting Review, 2017 (5): 1-32.

[76] Alicke M D, Buckingham J, Zell E, et al. Culpable control and counterfactual reasoning in the psychology of blame. Personality and Social Psychology Bulletin, 2008 (10): 1371-1381.

[77] Allee K D, Wangerin D D. Auditor monitoring and verification in financial contracts: evidence from earnouts and SFAS 141 (R). Review of Accounting Studies, 2018, 23: 1629-1664.

[78] Almutairi A R, Dunn K A, Skantz T. Auditor tenure, auditor specialization, and information asymmetry. Managerial Auditing Journal, 2009 (7): 600-623.

[79] Amir E, Kallunki J P, Nilsson H. The association between individual audit partners' risk preferences and the composition of their client portfolios. Review of Accounting Studies, 2014 (19): 103-133.

[80] Aobdia D, Choudhary P, Newberger N. The economics of audit production: what matters for audit quality? an empirical analysis of the role of midlevel managers within the audit firm. The Accounting Review, 2024 (2): 1-29.

[81] Aobdia D, Shroff N. Regulatory oversight and auditor

market share. Journal of Accounting and Economics, 2017, 63 (2 - 3): 262 - 287.

[82] Arif S, De George E T. The dark side of low financial reporting frequency: investors' reliance on alternative sources of earnings news and excessive information spillovers. The Accounting Review, 2020 (6): 23 - 49.

[83] Arrunada B. Audit quality: attributes, private safeguards and the role of regulation. European Accounting Review, 2000, 9: 205 - 224.

[84] Arruñada B, Paz-Ares C. Mandatory rotation of company auditors: a critical examination. International Review of Law and Economics, 1997 (1): 31 - 61.

[85] Asness C S, Frazzini A, Pedersen L H. Quality minus junk. Review of Accounting Studies, 2019, 24: 34 - 112.

[86] Backof A G. The impact of audit evidence documentation on jurors' negligence verdicts and damage awards. The Accounting Review, 2015 (6): 2177 - 2204.

[87] Baker M, Wurgler J. Investor sentiment and the cross-section of stock returns. The Journal of Finance, 2006 (4): 1645 - 1680.

[88] Ball R, Brown P. An empirical evaluation of accounting income numbers. Journal of Accounting Research, 1968 (2): 159 - 178.

[89] Ball R, Gerakos J, Linnainmaa J T, et al. Accruals, cash flows, and operating profitability in the cross section of stock returns. Journal of Financial Economics, 2016 (1): 28 - 45.

[90] Ball R. Market and political/regulatory perspectives on the recent accounting scandals. Journal of Accounting Research, 2009 (2): 277 - 323.

[91] Balsam S, Krishnan J, Yang J S. Auditor industry specialization and earnings quality. Auditing: a Journal of Practice &

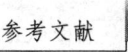

Theory, 2003 (2): 71-97.

[92] Banz R W. The relationship between return and market value of common stocks. Journal of Financial Economics, 1981 (1): 3-18.

[93] Basu S. The information content of price-earnings ratios. Financial Management, 1975 (2): 53-64.

[94] Baylis R M, Burnap P, Clatworthy M A, et al. Private lenders' demand for audit. Journal of Accounting and Economics, 2017 (1): 78-97.

[95] Bazerman M, Korgan K P, Loewenstein G. The impossibility of auditor independence. Sloan Management Review, 1997 (4): 89-94.

[96] Beatty A, Weber J. Accounting discretion in fair value estimates: an examination of SFAS 142 goodwill impairments. Journal of Accounting Research, 2006 (2): 257-288.

[97] Beck M J, Gunn J L, Hallman N. The geographic decentralization of audit firms and audit quality. Journal of Accounting and Economics, 2019, 68 (1).

[98] Beyer A, Cohen D A, Lys T Z, et al. The financial reporting environment: review of the recent literature. Journal of Accounting and Economics, 2010 (2-3): 296-343.

[99] Blandon J G, Bosch J M A. Audit firm tenure and qualified opinions: new evidence from Spain. Revista de Contabilidad: Spanish Accounting Review, 2013 (2): 118-125.

[100] Bley J, Saad M, Samet A. Auditor choice and bank risk taking. International Review of Financial Analysis, 2019, 61: 37-52.

[101] Blouin J, Grein B M, Rountree B R. An analysis of forced auditor change: the case of former Arthur Andersen clients. The Accounting Review, 2007 (3): 621-650.

[102] Boolaky P K, Quick R. Bank directors' perceptions of expanded auditor's reports. International Journal of Auditing, 2016 (2): 158-174.

[103] Boone J P, Khurana I K, Raman K K. Audit firm tenure and the equity risk premium. Journal of Accounting Auditing Finance, 2008, 23 (1): 115-140.

[104] Boone J P, Khurana I K, Raman K K. Audit market concentration and auditor tolerance for earnings management. Contemporary Accounting Research, 2012 (4): 1171-1203.

[105] Brasel K, Doxey M M, Grenier J H, et al. Risk disclosure preceding negative outcomes: the effects of reporting critical audit matters on judgments of auditor liability. The Accounting Review, 2016 (5): 1345-1362.

[106] Brown H L, Johnstone K M. Resolving disputed financial reporting issues: effects of auditor negotiation experience and engagement risk on negotiation process and outcome. Auditing: a Journal of Practice & Theory, 2009 (2): 65-92.

[107] Brown S V, Knechel W R. Auditor-client compatibility and audit firm selection. Journal of Accounting Research, 2016 (3): 725-775.

[108] Burke J J, Hoitash R, Hoitash U, et al. The disclosure and consequences of U.S. critical audit matters. The Accounting Review, 2023 (2): 59-95.

[109] Burnett B M, Cripe B M, Martin G W, et al. Audit quality and the trade-off between accretive stock repurchases and accrual-based earnings management. The Accounting Review, 2012 (6): 1861-1884.

[110] Bédard J, Gonthier-Besacier N, Schatt A. Consequences of expanded audit reports: evidence from the justifications of assess-

ments in France. Auditing: a Journal of Practice & Theory, 2019 (3): 23 - 45.

[111] Cahan S F, Che L, Knechel W R, et al. Do audit teams affect audit production and quality? evidence from audit teams' industry knowledge. Contemporary Accounting Research, 2022 (4): 2657 - 2695.

[112] Cahan S, Lam B M, Li L Z, et al. Information environment and stock price synchronicity: evidence from auditor characteristics. International Journal of Auditing, 2021 (2): 332 - 350.

[113] Cameran M, Prencipe A, Trombetta M. Mandatory audit firm rotation and audit quality. European Accounting Review, 2016, 25 (1): 35 - 58.

[114] Cameran M, Prencipe A, Trombetta M. Mandatory audit firm rotation and audit quality. European Accounting Review, 2016, 25 (1): 35 - 58.

[115] Cameran M, Ditillo A, Pettinicchio A. Audit team attributes matter: how diversity affects audit quality. European Accounting Review, 2018 (4): 595 - 621.

[116] Campbell B, Drake M, Thornock J, et al. Earnings virality. Journal of Accounting and Economics, 2023, 75 (1) .

[117] Carcello J V, Li C. Costs and benefits of requiring an engagement partner signature: recent experience in the United Kingdom. The Accounting Review, 2013 (5): 1511 - 1546.

[118] Carcello J V, Nagy A L. Audit firm tenure and fraudulent financial reporting. Auditing: a Journal of Practice & Theory, 2004 (2): 55 - 69.

[119] Carey P, Simnett R. Audit partner tenure and audit quality. The Accounting Review, 2006 (3): 653 - 676.

[120] Carhart M M. On persistence in mutual fund perfor-

mance. The Journal of Finance, 1997 (1): 57 - 82.

[121] Carver B T, Trinkle B S. Nonprofessional investors' reactions to the PCAOB's proposed changes to the standard audit report. Working Paper, 2017.

[122] Casterella J R, Francis J R, Lewis B L, et al. Auditor industry specialization, client bargaining power, and audit pricing. Auditing: a Journal of Practice & Theory, 2004, 23 (1): 123 - 140.

[123] Che L, Svanström T. Team composition and labor allocation in audit teams: a descriptive note. Managerial Auditing Journal, 2019 (5): 518 - 548.

[124] Chen C J P, Chen S, Su X. Profitability regulation, earnings management, and modified audit opinions: evidence from China. Auditing: a Journal of Practice & Theory, 2001 (2): 9 - 30.

[125] Chen C J P, Su X, Wu X. Forced audit firm change, continued partner-client relationship, and financial reporting quality. Auditing: a Journal of Practice Theory, 2009 (2): 227 - 246.

[126] Chen C Y, Lin C J, Lin Y C. Audit partner tenure, audit firm tenure, and discretionary accruals: does long auditor tenure impair earnings quality?. Contemporary Accounting Research, 2008 (2): 415 - 445.

[127] Chen F, Peng S, Xue S, et al. Do audit clients successfully engage in opinion shopping? partner-level evidence. Journal of Accounting Research, 2016 (1): 79 - 112.

[128] Chen S, Hu B, Wu D, et al. When auditors say 'no,' does the market listen?. European Accounting Review, 2020 (2): 263 - 305.

[129] Chen X, Dai Y, Kong D, et al. Effect of international working experience of individual auditors on audit quality: evidence from China. Journal of Business Finance & Accounting, 2017 (7 -

8): 1073-1108.

[130] Chi W, Huang H, Liao Y, et al. Mandatory audit partner rotation, audit quality, and market perception: evidence from Taiwan. Contemporary Accounting Research, 2009 (2): 359-391.

[131] Chi W, Huang H. Discretionary accruals, audit-firm tenure and audit-partner tenure: empirical evidence from Taiwan. Journal of Contemporary Accounting & Economics, 2005 (1): 65-92.

[132] Chi W, Myers L A, Omer T C, et al. The effects of audit partner pre-client and client-specific experience on audit quality and on perceptions of audit quality. Review of Accounting Studies, 2017, 22 (1): 361-391.

[133] Chow C W, Rice S J. Qualified audit opinions and auditor switching. The Accounting Review, 1982 (2): 326-335.

[134] Christensen B E, Glover S M, Wolfe C J. Do critical audit matter paragraphs in the audit report change nonprofessional investors' decision to invest?. Auditing: a Journal of Practice & Theory, 2014 (4): 71-93.

[135] Christensen B E, Smith K W, Wang D, Williams D. The audit quality effects of small audit firm mergers. Working Paper, 2020.

[136] Chu L, Simunic D A, Ye M, et al. Transaction costs and competition among audit firms in local markets. Journal of Accounting and Economics, 2018 (1): 129-147.

[137] Chu Y, Hirshleifer D, Ma L. The causal effect of limits to arbitrage on asset pricing anomalies. The Journal of Finance, 2020 (5): 2631-2672.

[138] Ciconte W, Kitto A. Profit persistence in the U. S. audit market. Working Paper, 2020.

[139] Cohen J, Krishnamoorthy G, Wright A. Corporate gov-

ernance in the post-Sarbanes-Oxley era: auditors' experiences. Contemporary Accounting Research, 2010 (3): 751-786.

[140] Collins D W, Gong G, Hribar P. Investor sophistication and the mispricing of accruals. Review of Accounting Studies, 2003 (2): 251-276.

[141] Comunale C, Sexton T. Mandatory auditor rotation and retention: impact on market share. Managerial Auditing Journal, 2005 (3): 235-248.

[142] Copley P A, Doucet M S. Auditor tenure, fixed fee contracts, and the supply of substandard single audits. Public Budgeting and Finance, 1993 (3): 23-35.

[143] Corona C, Randhawa R S. The auditor's slippery slope: an analysis of reputational incentives. Management Science, 2010 (6): 924-937.

[144] Daniels B W, Booker Q. The effects of audit firm rotation on perceived auditor independence and audit quality. Research in Accounting Regulation, 2011 (1): 78-82.

[145] DeAngelo L E. Auditor independence, 'low balling', and disclosure regulation. Journal of Accounting and Economics, 1981 (2): 113-127.

[146] DeAngelo L E. Auditor size and audit quality. Journal of Accounting and Economics, 1981 (3): 183-199.

[147] DeFond M L, Lennox C S. The effect of SOX on small auditor exits and audit quality. Journal of Accounting and Economics, 2011 (1): 21-40.

[148] DeFond M, Zhang J. A review of archival auditing research. Journal of Accounting and Economics, 2014 (2-3): 275-326.

[149] Deng M, Kim E, Ye M. Audit partner identification, matching, and the labor market for audit talent. Contemporary Ac-

counting Research, 2023 (3): 2140 - 2163.

[150] Deng X, Gao L, Kim J B. Short-sale constraints and stock price crash risk: causal evidence from a natural experiment. Journal of Corporate Finance, 2020, 60.

[151] Deng Y, Zhang Z, Liu Y. Auditors' hometown ties and audit quality. Journal of Accounting and Public Policy, 2023, 42 (6).

[152] Dey R M, Lim L. Audit fee trends from 2000 to 2014. American Journal of Business, 2018 (1): 61 - 80.

[153] Dirsmith M W, Heian J B, Covaleski M A. Structure and agency in an institutionalized setting: the application and social transformation of control in the big six. Accounting, Organizations and Society, 1997 (1): 1 - 27.

[154] Dodd P, Dopuch N, Holthausen R, et al. Qualified audit opinions and stock prices: information content, announcement dates, and concurrent disclosures. Journal of Accounting and Economics, 1984 (1): 3 - 38.

[155] Dodgson M K, Agoglia C P, Bennett G B, et al. Managing the auditor-client relationship through partner rotations: the experiences of audit firm partners. The Accounting Review, 2020 (2): 89 - 111.

[156] Dopuch N, King R R, Schwartz R. An experimental investigation of retention and rotation requirements. Journal of Accounting Research, 2001 (1): 93 - 117.

[157] Dordzhieva A. Disciplining role of auditor tenure and mandatory auditor rotation. The Accounting Review, 2022 (2): 161 - 182.

[158] Doxey M M, Mcdaniel L S, Ramsay R J. Auditor role and the conflicting effects of audit committee quality on auditor conservatism. Working Paper, 2015.

[159] Drake M S, Thornock J R, Twedt B J. The internet as an information intermediary. Review of Accounting Studies, 2017 (2): 543-576.

[160] Dunn K A, Kohlbeck M J, Mayhew B W. The impact of market structure on audit price and quality. Working Paper, 2013.

[161] Dunn R T, Lundstrom N G, Wilkins M S. The impact of mandatory auditor tenure disclosures on ratification voting, auditor dismissal, and audit pricing. Contemporary Accounting Research, 2021, 38 (4), 2871-2917.

[162] Earley C E, Kuselias S G, MacKenzie N L. Two sides of the same coin: the good and bad of alumni affiliation during auditor evidence collection. The Accounting Review, 2024 (1): 191-206.

[163] El Ghoul S, Guedhami O, Pittman J A, et al. Cross-country evidence on the importance of auditor choice to corporate debt maturity. Contemporary Accounting Research, 2016, 33 (2): 718-751.

[164] Elliott W B, Fanning K, Peecher M E. Do investors value higher financial-reporting quality, and can expanded audit reports unlock this value?. The Accounting Review, 2020 (2): 141-165.

[165] Eshleman J D, Lawson B P. Audit market structure and audit pricing. Accounting Horizons, 2017 (1): 57-81.

[166] Fama E F, French K R. A five-factor asset pricing model. Journal of Financial Economics, 2015 (1): 1-22.

[167] Fama E F, French K R. Multifactor explanations of asset pricing anomalies. The Journal of Finance, 1996 (1): 55-84.

[168] Fama E F. Market efficiency, long-term returns, and behavioral finance. Journal of Financial Economics, 1998 (3): 283-306.

[169] Fang L, Peress J. Media coverage and the cross-section

of stock returns. Journal of Finance, 2009 (5): 2023-2052.

[170] Fargher N, Lee H Y, Mande V. The effect of audit partner tenure on client managers' accounting discretion. Managerial Auditing Journal, 2008, 23 (2): 161-186.

[171] Firth M A, Rui O M, Wu X. Rotate back or not after mandatory audit partner rotation?. Journal of Accounting and Public Policy, 2012, 31 (4): 356-373.

[172] Firth M, Rui O M, Wu X. How do various forms of auditor rotation affect audit quality? evidence from China. The International Journal of Accounting, 2012, 47 (1): 109-138.

[173] Francis J R, Michas P N, Seavey S E. Does audit market concentration harm the quality of audited earnings? evidence from audit markets in 42 countries. Contemporary Accounting Research, 2013, 30 (1): 325-355.

[174] Francis J R, Krishnan J. Evidence on auditor risk management strategies before and after the private securities litigation reform act of 1995. Asia-Pacific Journal of Accounting and Economics, 2002 (2): 135-157.

[175] Francis J R, Yu M D. Big 4 office size and audit quality. The Accounting Review, 2009 (5): 1521-1552.

[176] Friedman H L, Mahieux L. How is the audit market affected by characteristics of the non-audit services market. Journal of Accounting Research, 2021 (3): 959-1020.

[177] Fuller S H, Joe J R, Luippold B L. The effect of auditor reporting choice and audit committee oversight on management financial disclosures. The Accounting Review, 2021 (6): 239-274.

[178] García-Feijóo L, Jensen T K, Koch P D. Operating leverage and stock returns under different aggregate funding conditions. The Accounting Review, 2024 (3): 169-199.

[179] Geiger M A, Raghunandan K. Auditor tenure and audit reporting failures. Auditing: a Journal of Practice & Theory, 2002 (1): 67-78.

[180] Ghosh A, Moon D. Auditor tenure and perceptions of audit quality. The Accounting Review, 2005, 80 (2): 585-612.

[181] Gietzmann M B, Sen P K. Improving auditor independence through selective mandatory rotation. International Journal of Auditing, 2002 (2): 183-210.

[182] Gimbar C, Hansen B, Ozlanski M E. The effects of critical audit matter paragraphs and accounting standard precision on auditor liability. The Accounting Review, 2016 (6): 1629-1646.

[183] Gleason C A, Jenkins N T, Johnson W B. The contagion effects of accounting restatements. The Accounting Review, 2008 (1): 83-110.

[184] Gonthier-Besacier N, Pong C, Schatt A. Determinants of audit fees for French quoted firms. Managerial Auditing Journal, 2007, 22 (2): 139-160.

[185] Goodwin J, Seow J L. The influence of corporate governance mechanisms on the quality of financial reporting and auditing: perceptions of auditors and directors in Singapore. Accounting & Finance, 2002 (3): 195-223.

[186] Goodwin J, Wu D. What is the relationship between audit partner busyness and audit quality?. Contemporary Accounting Research, 2016 (1): 341-377.

[187] Grewal J, Riedl E J, Serafeim G. Market reaction to mandatory nonfinancial disclosure. Management Science, 2019 (7): 3061-3084.

[188] Guan Y, Su L N, Wu D, et al. Do school ties between auditors and client executives influence audit outcomes?. Journal of

Accounting and Economics, 2016 (2-3): 506-525.

[189] Gul F A, Fung S Y K, Jaggi B. Earnings quality: some evidence on the role of auditor tenure and auditors' industry expertise. Journal of Accounting and Economics, 2009 (3): 265-287.

[190] Gul F A, Sami H, Zhou H. Auditor disaffiliation program in China and auditor independence. Auditing: a Journal of Practice & Theory, 2009 (1): 29-51.

[191] Gul F A, Wu D, Yang Z. Do individual auditors affect audit quality? evidence from archival data. The Accounting Review, 2013 (6): 1993-2023.

[192] Gutierrez E, Minutti-Meza M, Tatum K W, et al. Consequences of adopting an expanded auditor's report in the United Kingdom. Review of Accounting Studies, 2018 (4): 1543-1587.

[193] Hallman N J, Kartapanis A, Schmidt J J. How do auditors respond to competition? evidence from the bidding process. Journal of Accounting and Economics, 2022 (2-3).

[194] Hanlon M, Shroff N. Insights into auditor public oversight boards: whether, how, and why they "work". Journal of Accounting and Economics, 2022, 74 (1): 1-26.

[195] Hardies K, Breesch D, Branson J., 2016. Do (fe)male auditors impair audit quality? evidence from going-concern opinions. European Accounting Review, 25 (1): 7-34.

[196] Hardies K, Lennox C, Li B. Gender discrimination? Evidence from the Belgian public accounting profession. Contemporary Accounting Research, 2021 (3): 1509-1541.

[197] Hardies K, Vandenhaute M L, Breesch D. An analysis of auditors' going-concern reporting accuracy in private firms. Accounting Horizons, 2018 (4): 117-132.

[198] Haut Conseil des Commissaires aux Comptes. NEP-705

justification des appre' ciations. In Normes d'exercice Professionnel des Commissaires aux Comptes, 2006.

[199] He X, Pittman J A, Rui O M, et al. Do social ties between external auditors and audit committee members affect audit quality?. The Accounting Review, 2017 (5): 61-87.

[200] Heflin F, Hsu C, Jin Q. Accounting conservatism and street earnings. Review of Accounting Studies, 2015 (2): 674-709.

[201] Hind B. Audit clients get the heave-ho. Business Week, 2003: 7.

[202] Hoang K, Jamal K, Tan H T. Determinants of audit engagement profitability. The Accounting Review, 2019 (6): 253-283.

[203] Holm C, Thinggaard F. From joint to single audits-audit quality differences and auditor pairings. Accounting and Business Research, 2018, 48 (3): 321-344.

[204] Hossain S, Yazawa K, Monroe G S. The relationship between audit team composition, audit fees, and quality. Auditing: a Journal of Practice & Theory, 2017 (3): 115-135.

[205] Hou K, Xue C, Zhang L. Digesting anomalies: an investment approach. The Review of Financial Studies, 2015 (3): 650-705.

[206] Hsieh Y T, Lin C J. Audit firms' client acceptance decisions: does partner-level industry expertise matter?. Auditing: a Journal of Practice & Theory, 2016 (2): 97-120.

[207] Huang T C, Chang H, Chiou J R. Audit market concentration, audit fees, and audit quality: evidence from China. Auditing: a Journal of Practice & Theory, 2016 (2): 121-145.

[208] Ireland J C, Lennox C S. The large audit firm fee premium: a case of selectivity bias?. Journal of Accounting, Auditing & Finance, 2002 (1): 73-91.

[209] Ittonen K, Trønnes P C. Benefits and costs of appointing

joint audit engagement partners. Auditing: a Journal of Practice & Theory, 2015, 34 (3): 23 - 46.

[210] Jackson A B, Moldrich M, Roebuck P. Mandatory audit firm rotation and audit quality. Managerial Auditing Journal, 2008, 23: 420 - 437.

[211] Jia W, Redigolo G, Shu S, et al. Can social media distort price discovery? evidence from merger rumors. Journal of Accounting and Economics, 2020 (1).

[212] Jiang J, Wang I Y, Wang K P. Big N auditors and audit quality: new evidence from quasi-experiments. The Accounting Review, 2019 (1): 205 - 227.

[213] Jiang L, Zhou H. The role of audit verification in debt contracting: evidence from covenant violations. Review of Accounting Studies, 2017 (1): 469 - 501.

[214] Johnson E, Khurana I K, Reynolds J K. Audit-firm tenure and the quality of financial reports. Contemporary Accounting Research, 2002 (4): 637 - 660.

[215] Jones C M, Lamont O A. Short-sale constraints and stock returns. Journal of Financial Economics, 2002 (2 - 3): 207 - 239.

[216] Jost P J. Auditing versus monitoring and the role of commitment. Review of Accounting Studies, 2023 (2): 463 - 496.

[217] Judge S, Goodson B M, Stefaniak C M. Audit firm tenure disclosure and nonprofessional investors' perceptions of auditor independence: the mitigating effect of partner rotation disclosure. Contemporary Accounting Research, 2024 (2): 1284 - 1310.

[218] Kachelmeier S J, Rimkus D, Schmidt J J, et al. The forewarning effect of critical audit matter disclosures involving measurement uncertainty. Contemporary Accounting Research, 2020 (4): 2186 - 2212.

[219] Kallapur S, Sankaraguruswamy S, Zang Y. Audit market concentration and audit quality. Corporate Governance & Accounting E-Journal, 2010.

[220] Kang J K, Lennox C, Pandey V. Client concerns about information spillovers from sharing audit partners. Journal of Accounting and Economics, 2022 (1).

[221] Kaplan S E, Mauldin E G. Auditor rotation and the appearance of independence: evidence from non-professional investors. Journal of Accounting and Public Policy, 2008, 27 (2): 177-192.

[222] Kausar A, Shroff N, White H. Real effects of the audit choice. Journal of Accounting and Economics, 2016 (1): 157-181.

[223] Ke B, Lennox C S, Xin Q. The effect of China's weak institutional environment on the quality of big 4 audits. The Accounting Review, 2015 (4): 1591-1619.

[224] Keune M B, Mayhew B W, Schmidt J J. Non-big 4 local market leadership and its effect on competition. The Accounting Review, 2016 (3): 907-931.

[225] Khan M, Serafeim G, Yoon A. Corporate sustainability: first evidence on materiality. The Accounting Review, 2016 (6): 1697-1724.

[226] Khan U, Li B, Rajgopal S, et al. Do the FASB's standards add shareholder value?. The Accounting Review, 2018 (2): 209-247.

[227] Khurana I K, Raman K K. Litigation risk and the financial reporting credibility of big 4 versus non-big 4 audits: evidence from Anglo-American countries. The Accounting Review, 2004 (2): 473-495.

[228] Kim J B, Cheong H Y. Does auditor designation by the regulatory authority improve audit quality? evidence from Korea.

Journal of Accounting and Public policy, 2009, 28 (3): 207-230.

[229] Kitto A R. The effects of non-big 4 mergers on audit efficiency and audit market competition. Journal of Accounting and Economics, 2024 (1).

[230] Knechel W R, Vanstraelen A. The relationship between auditor tenure and audit quality implied by going concern opinions. Auditing: a Journal of Practice & Theory, 2007 (1): 113-131.

[231] Knechel W R, Williams D. The effect of client industry agglomerations on auditor industry specialization. Journal of Accounting Research, 2023 (61): 1771-1825.

[232] Kohler A, Ratzinger-Sakel N, Theis J. The effects of key audit matters on the auditor's report's communicative value: experimental evidence from investment professionals and non-professional investors. Accounting in Europe, 2020 (4): 1-24.

[233] Kravet T D, McVay S E, Weber D P. Costs and benefits of internal control audits: evidence from M&A transactions. Review of Accounting Studies, 2018 (4): 1389-1423.

[234] Krishnan G V. Does big 6 auditor industry expertise constrain earnings management?. Accounting Horizons, 2003, 17: 1-16.

[235] Krishnan G, Zhang J. Do investors perceive a change in audit quality following the rotation of the engagement partner?. Journal of Accounting and Public Policy, 2019 (2): 146-168.

[236] Lai K M Y, Sasmita A, Gul F A, et al. Busy auditors, ethical behavior, and discretionary accruals quality in Malaysia. Journal of Business Ethics, 2018 (4): 1187-1198.

[237] Langberg N, Rothenberg N. Audit quality and investment efficiency with endogenous analyst information. The Accounting Review, 2023: 1-26.

[238] Laurion H, Lawrence A, Ryans J P. US audit partner

rotations. The Accounting Review, 2017 (3): 209 – 237.

[239] Lawrence A, Minutti-Meza M, Zhang P. Can big 4 versus non-big 4 differences in audit-quality proxies be attributed to client characteristics?. The Accounting Review, 2011 (1): 259 – 286.

[240] Lee H S, Nagy A L, Zimmerman A B. Audit partner assignments and audit quality in the United States. The Accounting Review, 2019 (2): 297 – 323.

[241] Lennox C S, Schmidt J J, Thompson A M. Why are expanded audit reports not informative to investors? evidence from the United Kingdom. Review of Accounting Studies, 2023 (2): 497 – 532.

[242] Lennox C S, Wu X, Zhang T. Does mandatory rotation of audit partners improve audit quality?. The Accounting Review, 2014 (5): 1775 – 1803.

[243] Lennox C S, Wu X. A review of the archival literature on audit partners. Accounting Horizons, 2018 (2): 1 – 35.

[244] Lin Z J, Liu M, Wang Z. Market implications of the audit quality and auditor switches: evidence from China. Journal of International Financial Management & Accounting, 2009 (1): 35 – 78.

[245] Lisowsky P, Minnis M, Sutherland A. Economic growth and financial statement verification. Journal of Accounting Research, 2017 (4): 745 – 794.

[246] Lo A K. Accounting credibility and liquidity constraints: evidence from reactions of small banks to monetary tightening. The Accounting Review, 2015 (3): 1079 – 1113.

[247] Loudis J A. Stock price reactions to the information and bias in analyst-expected returns. The Accounting Review, 2024, 99 (4): 281 – 313.

[248] Lu T. Does opinion shopping impair auditor independence and audit quality?. Journal of Accounting Research, 2006, 44 (3):

561-583.

[249] Mansi S A, Maxwell W F, Miller D P. Does auditor quality and tenure matter to investors? evidence from the bond market. Journal of Accounting Research, 2004 (4): 755-793.

[250] Martinez I. Le Contenu informatif des chiffres comptables: vers de nouvelles amliorations mthodologiques. Comptabilite Controle Audit, 2004 (2): 9.

[251] Mgbame C O, Izedonmi F I O, Enofe A. Gender factor in audit quality: evidence from Nigeria. Research Journal of Finance and Accounting, 2012 (4): 81-88.

[252] Miller E M. Risk, uncertainty, and divergence of opinion. The Journal of Finance, 1977 (4): 1151-1168.

[253] Miller T. Do we need to consider the individual auditor when discussing auditor independence. Accounting Auditing and Accountability Journal, 1992, 5 (2): 74-84.

[254] Minnis M. The value of financial statement verification in debt financing: evidence from private US firms. Journal of Accounting Research, 2011 (2): 457-506.

[255] Moroney R. Does industry expertise improve the efficiency of audit judgment?. Auditing: a Journal of Practice & Theory, 2007 (2): 69-94.

[256] Myers L A, Shipman J E, Swanquist Q T, et al. Measuring the market response to going concern modifications: the importance of disclosure timing. Review of Accounting Studies, 2018 (4): 1512-1542.

[257] Nagy A L. Mandatory audit firm turnover, financial reporting quality, and client bargaining power: the case of Arthur Andersen. Accounting Horizons, 2005 (2): 51-68.

[258] Nekrasov A, Teoh S H, Wu S. Visuals and attention to

earnings news on Twitter. Review of Accounting Studies, 2022 (4): 1233-1275.

[259] Newton N J, Wang D, Wilkins M S. Does a lack of choice lead to lower quality? evidence from auditor competition and client restatements. Auditing: a Journal of Practice & Theory, 2013 (3): 31-67.

[260] Nichols D R, Smith D B. Auditor credibility and auditor changes. Journal of Accounting Research, 1983 (2): 534-544.

[261] Okolie A O. Audit quality and earnings response coefficients of quoted companies in Nigeria. Journal of Applied Finance and Banking, 2014 (2): 139-161.

[262] Ozdagli A, Velikov M. Show me the money: the monetary policy risk premium. Journal of Financial Economics, 2020 (2): 320-339.

[263] Palmrose Z V, Richardson V J, Scholz S. Determinants of market reactions to restatement announcements. Journal of Accounting and Economics, 2004 (1): 59-89.

[264] Palmrose Z V. 1987 competitive manuscript co-winner: an analysis of auditor litigation and audit service quality. The Accounting review, 1988 (1): 55-73.

[265] Pan Y, Shroff N, Zhang P. The dark side of audit market competition. Journal of Accounting and Economics, 2023 (1).

[266] Penman S H, Zhang X J. Accounting conservatism, the quality of earnings, and stock returns. The Accounting Review, 2002 (2): 237-264.

[267] Pittman J A, Fortin S. Auditor choice and the cost of debt capital for newly public firms. Journal of Accounting and Economics, 2004, 37 (1): 113-136.

[268] Pittman J, Wang L, Wu D. Network analysis of audit

partner rotation. Contemporary Accounting Research, 2022 (2): 1085 – 1119.

[269] Pornpitakpan C. The persuasiveness of source credibility: a critical review of five decades of evidence. Journal of Applied Social Psychology, 2004 (3): 243 – 281.

[270] Porumb V A, Zengin-Karaibrahimoglu Y, Lobo G J, et al. Expanded auditor's report disclosures and loan contracting. Contemporary Accounting Research, 2021 (4): 3214 – 3253.

[271] Prendergast C, Stole L. Impetuous youngsters and jaded old-timers: acquiring a reputation for learning. Journal of Political Economy, 1996 (6): 1105 – 1134.

[272] Quick R, Schmidt F. Do audit firm rotation, auditor retention, and joint audits matter? an experimental investigation of bank directors' and institutional investors' perceptions. Journal of Accounting Literature, 2018, 41: 1 – 21.

[273] Raak J V, Peek E, Meuwissen R et al. The effect of audit market structure on audit quality and audit pricing in the private-client market. Journal of Business Finance and Accounting, 2020 (3 – 4): 456 –488.

[274] Rapley E T, Robertson J C, Smith J L. The effects of disclosing critical audit matters and auditor tenure on nonprofessional investors' judgments. Journal of Accounting and Public Policy, 2021 (5).

[275] Reffett A. Can identifying and investigating fraud risks increase auditors' liability?. The Accounting Review, 2010 (6): 2145 – 2167.

[276] Reid L C, Carcello J V, Chan L, et al. Impact of auditor report changes on financial reporting quality and audit costs: evidence from the United Kingdom. Contemporary Accounting Research, 2019 (3): 1501 – 1539.

[277] Reid L C, Carcello J V. Investor reaction to the prospect of mandatory audit firm rotation. The Accounting Review, 2017 (1): 183 - 211.

[278] Rickett L K, Maggina A, Alam P. Auditor tenure and accounting conservatism: evidence from Greece. Managerial Auditing Journal, 2016, 31 (6): 538 - 565.

[279] Romanus R N, Maher J J, Fleming D M. Auditor industry specialization, auditor changes, and accounting restatements. Accounting Horizons, 2008 (4): 389 - 413.

[280] Rousseau L M, Zehms K M. It's a matter of style: the role of audit firms and audit partners in key audit matter reporting. Contemporary Accounting Research, 2024 (1): 529 - 561.

[281] Savor P, Wilson M. How much do investors care about macroeconomic risk? evidence from scheduled economic announcements. Journal of Financial and Quantitative Analysis, 2013 (2): 343 - 375.

[282] Schipper K. Required disclosures in financial reports. The Accounting Review, 2007 (2): 301 - 326.

[283] Schroeder J H. The impact of audit completeness and quality on earnings announcement GAAP disclosures. The Accounting Review, 2016 (2): 677 - 705.

[284] Seavey S E, Imhof M J, Westfall T J. Audit firms as networks of offices. Auditing: a Journal of Practice and Theory, 2017, 37 (3): 211 - 242.

[285] Serafeim G, Yoon A. Stock price reactions to ESG news: the role of ESG ratings and disagreement. Review of Accounting Studies, 2023, 28: 1500 - 1530.

[286] Sharpe W F. Capital asset prices: a theory of market equilibrium under conditions of risk. The Journal of Finance, 1964,

19 (3): 425-442.

[287] Sharpe W F. A simplified model for portfolio analysis. Management Science, 1963 (2): 277-293.

[288] Shepperd J A, McNulty J K. The affective consequences of expected and unexpected outcomes. Psychological Science, 2002 (1): 85-88.

[289] Shleifer A, Vishny R W. A survey of corporate governance. The Journal of Finance, 1997 (2): 737-783.

[290] Shroff N. Real effects of PCAOB international inspections. The Accounting Review, 2020 (5): 399-433.

[291] Sinnett W M. Are there good reasons for auditor rotation?. Financial Executive, 2004, 20 (7): 29-33.

[292] Sirois L P, Bédard J, Bera P. The informational value of key audit matters in the auditor's report: evidence from an eye-tracking study. Accounting Horizons, 2018 (2): 141-162.

[293] Sloan R G. Do stock prices fully reflect information in accruals and cash flows about future earnings?. The Accounting Review, 1996 (3): 289-315.

[294] Smith K W. Tell me more: a content analysis of expanded auditor reporting in the United Kingdom. Accounting, Organizations and Society, 2023, 108 (2).

[295] Stefaniak C M, Robertson J C, Houston RW. The causes and consequences of auditor switching: a review of the literature. Journal of Accounting Literature, 2009, 28: 47-121.

[296] Stein S E. Auditor industry specialization and accounting estimates: evidence from assets impairments. Auditing: a Journal of Practice & Theory, 2019 (2): 207-234.

[297] Stewart J, Kent P, Routledge J. The association between audit partner rotation and audit fees: empirical evidence from

the Australian market. Auditing: a Journal of Practice & Theory, 2016 (1): 181-97.

[298] Stiglitz J E. Competition and the number of firms in a market: are duopolies more competitive than atomistic markets. Journal of Political Economy, 1987 (5): 1041-1061.

[299] St. Pierre K, Anderson J A. An analysis of the factors associated with lawsuits against public accountants. Accounting Review, 1984: 242-263.

[300] Su L, Zhao X, Zhou G. Auditor tenure and stock price idiosyncratic volatility: the moderating role of industry specialization. Auditing: a Journal of Practice & Theory, 2016 (2): 147-166.

[301] Sundgren S. Svanstrom T. Auditor-in-charge characteristics and going-concern reporting. Contemporary Accounting Research, 2014 (2): 531-550.

[302] Sweeney J T, Summers S L. The effect of the busy season workload on public accountants' job burnout. Behavioral Research in Accounting, 2002 (1): 223-245.

[303] Tan H T, Yeo F. What happens when managers are informed? effects of critical audit matter awareness and auditor relationship on managers' accounting estimates. The Accounting Review, 2022 (4): 399-416.

[304] Teoh S H, Wong T J. Perceived auditor quality and the earnings response coefficient. The Accounting Review, 1993 (2): 346-366.

[305] Titman S, Trueman B. Information quality and the valuation of new issues. Journal of Accounting and Economics, 1986 (2): 159-172.

[306] Vanstraelen A. Impact of renewable long-term audit mandates on audit quality. European Accounting Review, 2000, 9 (3): 419-442.

[307] Velte P. External rotation of the auditor. Journal of Management Control, 2012, 23: 81-91.

[308] Vermeer T E. Market for former Andersen clients: evidence from government and non-profit sectors. Journal of Accounting and Public Policy, 2008, 27 (5), 394-408.

[309] Wang W, Su C, Duxbury D. Investor sentiment and stock returns: global evidence. Journal of Empirical Finance, 2021, 63 (10): 365-391.

[310] Watts R L, Zimmerman J L. Agency problems, auditing, and the theory of the firm: some evidence. The Journal of Law and Economics, 1983 (3): 613-633.

[311] Worcester D A. Why "dominant firms" decline. Journal of Political Economy, 1957 (4): 338-346.

[312] Yazawa K. Does long audit partner tenure decrease audit quality? evidence from Japan. SSRN, 2014.

[313] Yip P C W, Pang E. Investors' perceptions of auditor independence: evidence from Hong Kong. E-Journal of Social & Behavioural Research in Business, 2017, 8 (2): 70-82.

[314] Zeng Y, Zhang J H, Zhang J, et al. Key audit matters reports in China: their descriptions and implications of audit quality. Accounting Horizons, 2021 (2): 167-192.

图书在版编目（CIP）数据

商业银行审计质量：中国探索与国际比较/陈汉文，刘思义，杨道广著. -- 北京：中国人民大学出版社，2024.12. -- （财会文库）. -- ISBN 978-7-300-33476-9

Ⅰ．F239.65

中国国家版本馆 CIP 数据核字第 2025F00J38 号

财会文库

商业银行审计质量：中国探索与国际比较

陈汉文　刘思义　杨道广　著

Shangye Yinhang Shenji Zhiliang: Zhongguo Tansuo yu Guoji Bijiao

出版发行	中国人民大学出版社		
社　　址	北京中关村大街 31 号	邮政编码	100080
电　　话	010-62511242（总编室）		010-62511770（质管部）
	010-82501766（邮购部）		010-62514148（门市部）
	010-62515195（发行公司）		010-62515275（盗版举报）
网　　址	http://www.crup.com.cn		
经　　销	新华书店		
印　　刷	唐山玺诚印务有限公司		
开　　本	720 mm×1000 mm　1/16	版　次	2024 年 12 月第 1 版
印　　张	16.75 插页 2	印　次	2024 年 12 月第 1 次印刷
字　　数	221 000	定　价	79.00 元

版权所有　　侵权必究　　印装差错　　负责调换